U0125411

STRATEGIC
MANAGEMENT
A Stakeholder Approach

利益
相关者

战略管理全新视角

R. Edward Freeman

[美] R. 爱德华 · 弗里曼 ◎著

马旭飞 许雅岚 ◎译

机械工业出版社
CHINA MACHINE PRESS

图书在版编目（CIP）数据

利益相关者：战略管理全新视角 /（美）R. 爱德华·弗里曼（R. Edward Freeman）著；马旭飞，许雅岚译 .—北京：机械工业出版社，2023.10

书名原文：Strategic Management: A Stakeholder Approach

ISBN 978-7-111-73952-4

Ⅰ. ①利…　Ⅱ. ① R…②马…③许…　Ⅲ. ①企业战略 – 战略管理　Ⅳ. ① F272.1

中国国家版本馆 CIP 数据核字（2023）第 209447 号

机械工业出版社（北京市百万庄大街 22 号　邮政编码 100037）

策划编辑：孟宪勐　　　　　责任编辑：孟宪勐　岳晓月

责任校对：张亚楠　周伟伟　　责任印制：李　昂

河北宝昌佳彩印刷有限公司印刷

2024 年 1 月第 1 版第 1 次印刷

170mm×230mm・19 印张・1 插页・235 千字

标准书号：ISBN 978-7-111-73952-4

定价：79.00 元

电话服务　　　　　　　　　网络服务

客服电话：010-88361066　　机 工 官 网：www.cmpbook.com

　　　　　010-88379833　　机 工 官 博：weibo.com/cmp1952

　　　　　010-68326294　　金 书 网：www.golden-book.com

封底无防伪标均为盗版　机工教育服务网：www.cmpedu.com

光滑如菱鲆，蜿蜒蠕动，
缠绕似藤萝，转动裕如，
摹仿诚可信，真伪难辨，
反应虽敏捷，难掩愚蠢。

——刘易斯·卡罗尔，
《爱丽丝镜中奇遇记》
（*Through The Looking Glass*）

再版前言 | PREFACE

当我在 1982 年 6 月坐下来撰写《利益相关者：战略管理全新视角》时，我并不知道它在大约 25 年后仍然对商业学者和实践者具有现实意义。我总结了许多商业思想家的成果，这些人包括罗素·阿科夫（Russell Ackoff）、吉姆·埃姆肖夫（Jim Emshoff）、埃里克·莱曼（Eric Rhenman）、埃里克·特里斯特（Eric Trist）等，并陈述了我认为是显而易见的、简单的常识。经理人必须与那些可能影响公司或受到公司影响的群体和个人（即利益相关者）打交道。在我看来，这似乎是战略思维的本质，现在仍然如此。

许多人认为这个想法很激进。通过将"利益相关者"置于战略思维的中心，分析单元转变为更具相关性的企业观。"利益相关者管理"并没有像往常一样区分"经济"与"社会"，或者"商业"与"非商业"。讽刺的是，使用和发展这一理念最多的学者是企业社会责任领域的学者。我在书中表明，并且仍然相信，"社会责任"是支撑不再有用的企业故事的那些理念之一。我非常感谢多年来参加我的研讨会的数千名经理人发现了利益相关者管理理念的实用性。如今它在许多商业领域都已经过时了。

然而，我们仍然需要一个关于企业的新故事。全球金融危机已经说明了这一点。我相信这个故事的中心人物一定是公司及其客户、员工、供应商、社区和金融家。非政府组织、政府、工会等其他群体对特定企业来说可能也很重要。认为其中一个群体（如金融家）总是优先于其他群体的想法完全忽略了企业和资本主义的主要贡献。商业运作之所以有效，是因为所有这些利益相关者的利益都可以随着时间的推移得到满足。这些利益的交集是有效和可持续的利益相关者管理的核心。

许多人认为，与多个利益相关者打交道会导致权衡和冲突。我开始相信这是"企业利益相关者理论"的错误焦点。当利益相关者的利益发生冲突时，就有机会"创造价值"。当批评者提出有关产品和服务以及公司行为存在问题时，还有另一个创造价值的机会。在本书中，我过多地关注了多个利益相关者之间的冲突，而不是寻找可以解决这些冲突的综合性产品、服务和行为。这种关于企业的新叙述也必须是"社会中的企业"之一。它需要将道德、责任和可持续性放在与利润同等的位置关注。它们都十分重要，不可忽视。我们比以往任何时候都更需要一个"负责任的资本主义"的故事。

我相信，利益相关者方法以及过去 25 年来发展出这一想法的学者们的研究，是一个很好的开始。我和同事在弗里曼、杰弗里·哈里森、安德鲁·威克斯、比丹·帕马和西蒙·德科尔所著的《利益相关者理论：研究现状》（剑桥大学出版社，2010）中总结了这些成果。我因开发了利益相关者的商业方法而获得了太多的赞誉。它深深烙印在 20 世纪 70 年代末和 80 年代初沃顿应用研究中心和沃顿布希中心的 DNA 中。许多学者的成果已经开始将这一理念融入他们的商业理论和实践的 DNA 中。正是为了他们，我感谢我的编辑保拉·帕里什和剑桥大学出版社的团队再版本书。

R. 爱德华·弗里曼
2009 年 10 月

当今公司的经理人正受到抨击。在世界各地,他们管理公司事务的能力正受到质疑。大量政府法规、公司评论家、媒体攻击的出现,以及最重要的是,来自远东和欧洲公司的激烈竞争,将现代经理人置于高压境地。他们发现施加在公司身上的外部需求增加了,公司内部应对的灵活性却降低了。业绩标准不再清晰,"有效管理"的概念越来越成为术语上的矛盾。

与此同时,现代经理人困境的"解决方案"占据了畅销书榜单。它们吸取了日本、美国和欧洲公司的经验教训;鼓吹心理学的最新技术可以解决"人的问题";发出强烈的呼声,要求减少政府干预、劳动福利归还以及制定新的产业政策;敦促经理人更努力、更长时间地工作,学习更多课程,掌握最新的技术,专注于重建自己的公司,以在全球市场上更具竞争力。

我认为,目前这些对管理困境的分析只是部分正确。而且,我认为根本的问题是,经理人必须有新的概念,使他们能够现实地看待自己的工作。这些新概念必须帮助经理人正确看待当今世界,而不是30年前的世界。社会学家林德(R.S.Lynd)在他1939年出版的书《知识何为》(*Knowledge for What*)(普林斯顿大学出版社,第207页)中很好地阐述了这一点;

如果祈求上帝降雨不能增加我们田地的肥力，那么加倍祈祷或改变祈祷的措辞也毫无用处，我们最好把精力转向农业技术改良。

本书讲述的是一个开始将管理能量转向正确方向的概念——"利益相关者"。简单地说，利益相关者是能够影响公司目标实现或受公司目标实现影响的所有群体或个人。利益相关者包括员工、客户、供应商、股东、银行、环保主义者、政府，以及其他可以帮助或伤害公司的群体。利益相关者的概念为战略管理提供了一种新的思维方式——一家公司可以并且应该如何设定和实施其方向。通过关注战略管理，高管可以带领公司重新走上成功之路。

本书是沃顿商学院于1977年在沃顿应用研究中心的赞助下开展的一个项目的成果，该项目在沃顿商学院管理学系的政策和战略实施研究项目中继续进行。我非常幸运拥有一个具有支持性的和激发智力的环境来研究本书所表达的想法。此外，各单位也酌情提供了必要的资金。特别是，应用研究中心的几位主任和高级职员提供了帮助。我必须感谢吉姆·埃姆肖夫、亚瑟·芬尼尔（Arthur Finnel）、维尼·卡罗尔（Vinnie Carroll）、鲍勃·班克（Bob Banker）、鲍勃·米特施塔特（Bob Mittlestadt）、比尔·汉密尔顿（Bill Hamilton）和其他在本书成形过程中做出巨大贡献的人。更幸运的是，我遇到了许多杰出的研究助理、高级研究助理以及学生们，他们花了非常多的时间与我谈论利益相关者的战略方法。这些学生中的大多数现在都凭借他们自身的实力成了成功的高管。特别值得一提的是，埃米莉·萨斯坎德（Emily Susskind）、马克·克雷默（Mark Kramer）、马西·普拉斯科（Marci Plaskow）、丽萨·阿姆斯特朗（Lisa Armstrong）、萨利·施赖伯

（Sally Schreiber）、洛蕾塔·墨菲（Loretta Murphy）、亚瑟·科恩（Arthur Cohen）、罗伯塔·威伦斯基（Roberta Wilensky）、艾伦·韦斯特（Ellen West）、戴维·翁特科（David Ontko）以及吉姆·塞尔（Jim Sayre），他们都准备了案例草稿和简报文件，为本书奠定了大部分实证基础。在两年多的时间里，马西·普拉斯科特别努力地让我注意到相关文章。戴维·里德（David Reed）与我合作撰写了一篇论文，作为第七章以及其他想法的基础。里德对美国企业界有惊人的了解，他将利益相关者概念应用于许多不同问题的能力让我看到了这个概念的逻辑。拉里·理查兹（Larry Richards）与我一起将第四章中提出的利益相关者审计概念应用于多个组织。吉尔·戈德曼（Jill Goldman）、乔伊斯·阿克曼（Joyce Ackerman）和杰夫·贝拉诺夫（Jeff Belanoff）自愿抽出时间对大量论文、案例和想法进行评论。此外，宾夕法尼亚大学的一些本科生和研究生也提供了帮助。可以说，戈登·索拉斯（Gordon Sollars）做出了最大的智慧贡献，如果没有他的专注和灵活的头脑，我就不会撰写本书，即使他可能对最终的内容感到震惊。

我在管理学系的同事也提供了帮助。约翰·卢宾（John Lubin）鼓励我将利益相关者方法发展成为一种成熟的战略管理方法。彼得·洛朗格（Peter Lorange）在我理解战略管理流程方面发挥了重要作用，我大量参考了他的成果。保罗·布朗（Paul Browne）和巴拉·查克拉瓦蒂（Bala Chakravarthy）一直是我灵感的源泉。威廉·埃文（William Evan）迫使我对利益相关者的概念提出了一系列与这里概述的利益相关者概念完全不同的问题。目前的工作极大地受益于我们尝试将"管理"概念理解为"与利益相关者的信托关系"。威廉·冈伯格（William Gomberg）教会我不要害怕价值观或与此相关的任何东西，我很感激他在与冈伯格和安迪·范德文（Andy Van de Ven）合作的管理哲学课程中提供的建议。特别感谢格雷格·谢伊（Greg Shea）的支持。其他大型多元化学校的学生也提供了帮助，尤其是格雷厄姆·阿斯特利（Graham Astley）、汤姆·邓菲（Tom Dunfee）、查尔斯·丰布兰（Charles Fombrun）、多拉·富特曼（Dora Futterman）、威廉·莱恩（William Lanen）、保罗·蒂芙尼（Paul Tiffany）、威廉·汉密尔顿（William Hamilton）和琼·泽林斯基（Joan Zielinski）。宾夕法尼亚大学哲学系的罗伯特·沃克布罗伊特（Robert Wachbroit）教授在让我更清楚地思考组织问题方面发挥了不可估量的作用。

我同样受益于许多沃顿商学院之外大学同行的帮助。麻省理工学院的梅尔·霍维奇（Mel Horwitch）教授，俄亥俄州立大学的弗雷德·斯特迪文特（Fred Sturdivant）教授，波士顿大学的吉姆·波斯特（Jim Post）、亨利·摩根（Henry Morgan）、泰德·默里（Ted Murray）和约翰·马洪（John Mahon），哈佛大学和肯尼迪图书馆的丹·芬恩（Dan Fenn），匹兹堡大学的巴里·米特尼克（Barry Mitnick）、威廉·金（William King）以及奥布里·门德洛（Aubrey Mendelow），弗吉尼亚大学的约翰·罗森布拉姆（John Rosenblum）和阿莱克·霍尼曼（Alec Horniman），以及华盛顿大学的罗伯特·维吉尔（Robert Virgil），他们都提供了宝贵的意见和见解。明尼苏达大学的安德鲁·范德文为"你代表什么"负责，因为它激发了关于企业层级战略的讨论。我对"囚徒困境"的痴迷归功于华盛顿大学的内德·麦克伦南（Ned McClennen）。本书因为埃德·爱泼斯坦（Ed Epstein）的仔细审阅而大为改善，他的热情和支持，以及他对公司本质的学术洞察力对我帮助良多。

在利益相关者项目的研究过程中，许多组织和经理人都提供了帮助和支持。在过去五年中，我通过正式访谈与非正式访谈的方式与数千名经理人进行了交谈，感谢他们对外部环境问题以及利益相关者处理这些问题的方法提供了看法，特别是罗伯特·赫森（Robert Herson）、克莱姆·霍夫曼（Clem Huffman）、弗雷德·米切尔（Fred Mitchell）和马克·麦卡锡（Mac McCarthy），在这些想法的发展中发挥了重要作用。拉姆·查兰（Ram Charan）教会了我很多商业知识。埃德温·哈特曼（Edwin Hartman）使我免于许多错误，并提醒我仍然存在的问题。Pitman Publishing 出版社的比尔·罗伯茨（Bill Roberts）和迈克尔·温斯坦（Michael Weinstein）力求使本书更具可读性。

从 1976 年开始，沃顿商学院的吉姆·埃姆肖夫、唐纳德·卡罗尔（Donald Carroll）院长和约翰·卢宾教授一直愿意倾听我这样一位哲学家的疯狂想法。我非常感谢他们冒这样的风险，并教会我有关组织生活的知识。如此多的人参与了这些想法的发展，以至于我很想把仍然存在的缺点和困惑归咎于他们所有人。

我的妻子和朋友莫琳·韦伦（Maureen Wellen）给了我必要的支持来做这项研究并真正写下本书。我很幸运，在她作为经理人的专业角色中，她也是我最严厉的批评者，当然，本书是献给她的。手稿的打字归功于我的 IBM 个人电脑"多拉"和我的电脑奥斯本 1 号"S.G."。还有沙利文（Sullivan）和西蒙娜（Simone），他们毫不打扰，让我心无旁骛地完成了本书。

于普林斯顿火车站

1983 年 8 月

CONTENTS | **目录**

第一部分

利益相关者方法

第一部分旨在解释如何利用一个近期出现的概念——"组织中的利益相关者",来丰富我们对组织的思考方式。我们将讨论为什么美国的经理人要在当前的企业环境中取得成功需要新的概念、工具和技术以及新的理论。

第一章"动荡时代的管理"探讨了最近企业环境的变化,以及企业对这些变化的反应。目前理解企业环境的方法没有考虑到更为广泛的、能够影响到公司或受到公司影响的群体,即"利益相关者"。时移世易,当前的公司架构已变得不合时宜,而我们的管理基于对过去的认识,而非对未来的认识,我们的回应也是针对过去的企业环境,而非今天的企业环境。本章概述了问题所在,并呼吁大家改变对商业组织的思考方式。

第二章"利益相关者概念与战略管理"介绍了组织中利益相关者的概念，并通过管理学思想的几大研究领域，尤其是公司规划、组织理论、社会责任、系统论和战略管理，追溯了这一概念的历史。本章强烈建议，利益相关者的概念可以用来丰富战略管理的研究现状，并对近期的实证研究进行总结。第二章比其他几章更为"学术"，因为它专注于利益相关者概念的理论发展史，而不是其应用。

第三章"利益相关者管理：框架与理念"从三个层面强调了分析利益相关者问题的必要性，即"理性"层面、"流程"层面、"交易"层面。本章提出了一个将这三个分析层面"结合"起来的框架，解释了描绘利益相关者、理解组织流程以及分析与利益相关者互动所需的技巧，最后提供了一些成功的利益相关者管理的基本主张。

CHAPTER 1

第一章

"动荡时代的管理"

引　言

鲍勃·科林伍德（Bob Collingwood）是大型跨国公司伍德兰国际公司（Woodland International）美国子公司的总裁兼首席执行官，公司总部设在欧洲。鲍勃负责伍德兰国际公司在美国的所有事务。由于伍德兰的美国业务具有一体化运作的特征，鲍勃在负责子公司生产制造的同时，还需要处理公共事务，而公司则依据盈利能力以及其他几个财务标准来衡量他的绩效。在查看未来两周的预约日程表时，鲍勃发现他需要接待一个又一个外部代表团来访，议题包括传统的劳工管理问题以及对伍德兰社会责任的关注等。

周一，伍德兰主要工厂所在的东北部州立法机构将就一项法案召开为期两天的听证会，该法案要求公司在将工厂迁到州外之前通知州政府。周四，要启动一条新产品线的测试营销计划，鲍勃需要与市场营销人员一起做最终决定。周六，某消费者组织联盟的领导将前来听取鲍勃对伍德兰几种产品的优点和安全性的介绍。在周日，一个环保组织将举行示威，抗议伍德兰一家工厂所造成的空气污染。

在接下来的一周里，鲍勃计划前往华盛顿参加一个会议，讨论他是否遵守了最新的监管要求。会议结束后，他要赶回来与当地的一个工会会面，就他们即将签订的新合同进行磋商。据传工会领导层已经开始计划将伍德兰大量"朝九晚五"的员工联合起来。在与工会会面后，鲍勃将与几位少数族裔群体的领导商讨为失业青年提供暑期工作的计划。

审计主任的报告已放在鲍勃的办公桌上等待审阅。销售额下降了15%，他的业绩指标与第一季度的目标还有20%的差距。

鲍勃在伍德兰国际公司可谓青云直上。如果他愿意的话，他将成为欧洲总部的"明星"。然而，鲍勃并没有为他目前所面临的复杂情况做好准备。不同压力群体所带来的各式各样的问题都需要一个即时解决方案。这些问题，甚至是其中的一个问题，都可以使鲍勃和他最优秀的员工比平时工作更长时间。尽管他的员工在生产和运营方面都十分有能力，但似乎就是没有办法将如此繁杂多样的管理任务整合起来。

虽然鲍勃和他的员工拥有应对各种突发情况和危机管理的技巧和能力，但这些技能是远远不够的。鲍勃知道，

他需要一个管理多样性和动荡的框架和战略，才能摆脱
"危机—反应—危机"的循环。

本书讲述的就是鲍勃以及世界上成千上万和他一样的
经理人，他们符合"优秀经理人"的所有标准，但在当今
快速变化的企业环境中，他们似乎无法很好地完成管理工
作。本书阐明了一个管理框架——利益相关者框架，它为
鲍勃和他的同事提供了一种方法，使他们能够系统地了解
所处的环境，并以积极主动的方式进行管理。本书为管理
战略决策开发了一种可普及且可检验的方法，因此，本书
在一定意义上是一本理论著作。然而，任何战略决策的理
论都必须适用于"现实世界"的组织，因而本书同样具有
实用性。搭建理论与实践之桥的任务很艰巨。通过与高管
和学者的交谈，我将力求架起这样一座桥梁，因为这些问
题具有重要意义，任何一方都不能忽视。[1]

动荡的时代

商业组织和服务组织都在经历动荡。[2]地方性、全国性和全球性的
问题和群体对组织的影响深远。过去只需要关注如何将产品和服务推
向市场的"美好时光"一去不复返了，强调"产品—市场"框架内效
率和效益的管理理论也不再起效。[3]

我们的"世界观""范式""框架"或者"看待世界的方式"并不包
含这种动荡。[4]事实上，20世纪80年代企业环境中所发生的变化在数
量和种类上都与我们当前的理论并不相符。目前的研究方法强调组织
的静态性质，以及组织外部环境的可预测和相对确定的要素。[5]因此，
我们需要一个新的概念框架。

STRATEGIC
MANAGEMENT

过去，组织相当简单，"做生意"不外乎是从供应商处购买原材料，然后进行产品生产，最后将其出售给客户。图1-1描述了公司的这种"生产观"。在大多数情况下，企业主都会创建这种简单的企业，并与他们的家人一起经营。家族控制的企业在现如今创办的新企业中仍占较大比例。其重点在于，在以上述生产观为理论框架指导的企业中，所有者—经理人—员工仅需关注如何满足供应商和客户就能够成功。

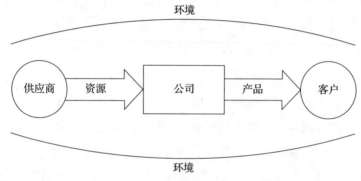

图 1-1　公司的生产观

许多因素的结合使得公司随着规模的扩大得以实现经济效益。例如，流水线等新生产流程的发展意味着工作可以实现专业化，并且可以完成更多的工作；新技术和能源的获取轻而易举；人口因素开始有利于城市地区的生产集中。这些因素以及其他社会和政治力量结合起来，对更为大额的资本提出了要求，而这种资本需求量远远超出了大多数个体所有者—经理人—员工力所能及的范围。此外，"工人"或非家庭成员逐渐开始在公司中占据优势，这已经成为常规而非特例。图1-2描述了由此产生的所有权与控制权的分离，我们可以将其称为公司的"管理观"。由于银行、股东和其他机构为现代公司的兴起提供了资金，公司的所有权变得更加分散。为了取得成功，公司的高层管理人员必须同时满足所有者、员工、工会、供应商和客户的要求。[6]

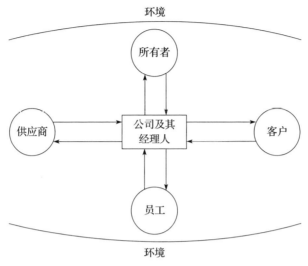

图 1-2 公司的管理观

公司的管理观所描绘的理论模型比生产观更为复杂。如果经理人仅采用生产观去认识世界，只使用由生产观所产生的概念和技术来管理企业，那么失败将是必然的结果。对所有者和员工（他们现在与企业有利益关系）不加以关注，以及对他们与企业的关系的管理毫无概念，必然导致经理人在新型管理或是具有破坏性的罢工和停工中走向失败。在"新"环境中取得成功需要观念的转变。它要求采用新概念和新想法，将与所有者和员工打交道视为日常而非特例。

对这种观念转变的必要性做一个类比能够帮助我们加深理解。假设你在新年下决心要好好整理你的办公室。你买了一个文件抽屉，并创建了一个"目录"，以把你所有的重要文件、备忘录以及报告都分门别类地归档，每一份文件都被仔细贴上标签。假设你热衷于保持办公桌的整洁并归档文件，你会发现，你的系统在一段时间内工作得很好，但是随着时间的推移，被标记为"杂项"的文件越来越多。你必须添加新文件并建立新目录，而其中的一些目录将与旧目录重叠。结果交叉条目对照变成了一场噩梦，以至于你和你的秘书最终不得不放弃。

此外，你会发现一些文件不再有用，而你对这些旧文件极少进行添加或删除操作。如果这些问题不能妥善解决，你的档案系统很快就会变得一团糟，你再也找不到任何"重要"的东西了。你的文件抽屉仅仅是处理过去的一种有效方式，对现在和未来却收效甚微。你的办公桌很快就会恢复原本凌乱的样子，你必须努力在新的一年里重新开始。[7]

在这个简单的例子中，哪里出了问题？当周围的世界发生了变化，你的归档系统变得过时了。通过添加新文件来修补系统在一段时间内或许奏效，但最终你需要"重新思考"整个文件抽屉的安排，以建立一组更新的、更合适的文件和目录。简言之，你需要一场"观念革命"。

现代公司的经理人也面临着同样的困境。我们需要新的观念、新的"概念归档系统"，它将重新调整我们看待世界的方式，以涵盖当前以及未来的变化。一些零星的解决方案，如呼吁使用日本的、欧洲的或其他某个理论的技术以"提高生产力"，并不是解决问题的答案，因为它们只不过是对亟待解决的问题进行的增加、删减或重新归档。同样地，对企业—政府—劳工合作的呼吁也只是解决方案的一部分。这种"产业政策"的提议并没有解决我们所必需的深层次的观念变革。

我认为图 1-2 展现了现代公司的主要架构。公司被视为一个资源转换的实体，购入原材料后将其转化为产品，并用美元来衡量交易。所有者以股息或资本增值的形式获取回报，而员工则获得工资和福利，通常还有职业保障。显然，图 1-2 已经不再适用于现代公司的现状。[8]

人们对这个被称为现代公司的资源转换实体周围的外部环境素来有着不同的认识。自亚当·斯密（1759）开始，许多人认为企业是一种社会机构，但它的作用只能通过允许"自由资本主义"的外部环境来实现。这一政策要求主导的思维模式应当以"生产"为导向，同时认可，或者至少是提到过企业是一个社会机构。此外，有人呼吁将商业活动国有化，理由是现代公司与其社会根源相去甚远。[9]

这两种方法似乎都没有切中要害。我认为，我们需要更加仔细地了解这种外部动荡产生的原因，并构建一个能够让管理者更有效应对外部动荡环境的框架。企业经理人近年来经历的动荡可以理解为源自两大因素：第一个因素，我称之为"内部变化"，或者图 1-2 中的关系变化；第二个因素是"外部变化"，即图 1-2 中的本质变化，因此它不再适用于描述现代公司的外部环境。[10]我将要列出的变化并非立刻发生的，其中一些甚至不是最近发生的。问题在于我们用来理解和处理这些问题的概念系统已经不再有效。外部动荡对企业经理人来说并不是什么新鲜事。我们有必要发展一个理论或框架，以更有效地管理这些变化。我们需要一个新的归档系统。

内部变化

图 1-2 中所展示的每个关系都发生了变化。对管理观所展现的概念系统而言，这些变化属于内部变化。内部变化要求我们依据我们习惯与之打交道的客户、员工及其工会、股东和供应商等群体的新需求，不断重新评估当前的目标和政策。内部变化需要切实的行动，但它并不会直接挑战我们的世界观。[11]内部变化发生在当前的"归档系统"中；它是根据众所周知的规则发生的；而且，尽管很困难，但内部变化是我们每天习惯处理的事情。让我们来看一看过去几年间发生的内部变化的一些例子。

所有者

管理层再也不能理所当然地假设股份持有者最关心的是投资回报。

20 世纪 60 年代对那些不仅追求投资回报，还想索求控制权的所有者来说是一个·成熟的时期。因此，往口华尔街的规则——"如果你不喜欢管理层，那就卖掉股票"，已经摇身变成了"如果你不喜欢管理层，那就买足够多的股票，把讨厌鬼赶出去"。[12]《华尔街日报》有很多有关兼并者、收购者和救星的最新消息。只关心向股东支付股息或通过每股收益和股价上涨来增加股权价值的首席执行官必然会成为接管后面临失业的主要候选人。当然，如果市盈率足够高，公司被接管的机会就会大大降低，我们看到一些首席执行官过分强调市盈率，而不惜以牺牲未来所需的投资为代价。这一困境是众所周知的对短期结果和长期健康发展之间的权衡。通过专注于短期发展，首席执行官以管理市盈率的形式保持免于被接管的安全边际。然而，公司却可能因此而面临竞争性攻击、股价快速下跌和最终被收购的风险，从而使高市盈率所带来的安全边际失效。

与所有者关系的变化还体现在另一个方面，这一方面也许更为重要。1969 年，拉尔夫·纳德（Ralph Nader）宣布成立"通用汽车运动"（Campaign GM）组织，该组织购买了两股通用汽车公司的股票，旨在就公共交通需求、妇女和少数族裔权利等社会问题以及针对安全和排放控制的产品设计等商业问题展开代理权之争。[13] 不仅是通用汽车的高管，随着"股东激进主义"运动越来越多，大多数《财富》500强公司的高管也都面临着这样的处境。尽管直接结果难以衡量，但这足以说明首席执行官在管理所有者关系时仅仅关注回报和接管问题是远远不够的。[14]

客户

多年以来，美国企业在美国国内占据主导地位，它们的技术在全球也具有领先优势。然而，这种优势已经终结。如今，客户拥有更多的选择，他们对美国产品的看法已经发生了改变，无论是消费品还是工业品。"日本制造"树立了新的产品质量标准，而在这些标准一直被忽视的地方，客户关系发生了巨大变化。

海斯和阿伯内西（Hayes and Abernathy，1980）曾有力地论证，美国的经理人专注于设计和生产模仿性的而非创新性的产品。由于美国经理人过分强调"市场驱动"的理念，我们在技术创新方面的天赋被抑制了。对产品差异化和包装上细微差别的强调，使得我们的公司几乎无法进行诸如激光和晶体管等真正的创新，取而代之的是对企业形象和基于不同客户感知而带来的短期回报的关注。海斯和阿伯内西认为，美国经理人倾向于将后向整合作为主要的投资方案，且不愿投资于新的制造工艺，难怪他们发现自己在一个强调质量的市场上表现得不如外国竞争对手。[15]

员工

在过去的几年里，美国经历了前所未有的生产率下降。尽管这是一个复杂的现象，也不容易理解或归结为单一的原因，但它应该引起学者以及经理们对"经理人—员工"关系的反思。[16]《商业周刊》（*Business Week*，1980）谈到了"新劳资关系"，甚至像美国电话电报公司（AT&T）这样的高生产率公司都开始试验将"质量圈"和"工作生活质量"作为它们与工会签订合同的一部分。美国的劳动力更为年轻，他们的价值观尚未定型。许多人认为集权的管理风格应当被更加"人性化"的方式所取代，或者必须在实践中深入探索"参与"这一概念。特别值得一提的是，彼得斯和沃特曼（Peters and Waterman，1982）认为，管理"文化"或员工的"共享价值观"比理解战略和结构重要。他们对一些"业绩卓越"公司的研究引人注目，因为他们发现了一种强调员工对公司重要性的管理风格。

每一家企业都必须了解其员工关系变化的本质，我们必须采取行动，因为低生产率是一个不容忽视的衰败的警告信号。然而，这一问题并不单单是理解员工作为员工身份的需求那么简单。员工通常是客户、股东和特殊利益集团的成员。因此，对这种关系中内部变化的分析必须结合组织周围的外部变化进行。[17]

供应商

石油输出国组织（OPEC，也称欧佩克）是企业—供应商关系性质不断变化的众多标志之一。[18]原材料来自世界各地，一个像美国这样的国家再也不能仅仅依赖其境内的丰富资源。跨国公司与全球市场打交道以获取原材料。[19]然而，问题并不仅仅是"市场在哪里"，正如欧佩克付出高昂代价所表明的那样，问题远不止大宗商品的价格和质量这么简单。在管理供应商关系时，政治问题和控制政治与价格—质量关系同样重要。尽管近年来欧佩克的影响力有所降低，但由于市场适应了更高的价格，增长率下降，同时替代能源变得更具成本效益，从管理的角度来看，控制权已经从石油公司转移到欧佩克国家。

现如今，20世纪90年代的欧佩克身在何处？欧佩克成立于1960年，在13年的时间里逐渐攫取了主要石油公司的权力和控制权，直到1973年的"石油危机"。这些战略惊喜并不局限于令人兴奋的国际政治和金融领域。在快速发展的"硅芯片"行业，经理人还必须应对"稀缺管理"的问题。当预算大幅缩水时，公共机构的管理者也感受到了同样的压力。那么如何在资源稀缺的情况下保持服务水准？

因此，公司以往舒适的框架内部开始发生变化。所有者、客户、员工和供应商已不再是曾经的样子，管理理论和实践的意义也必须改变以适应这些转变。

外部变化

我们不再假设图 1-2 中描述的每个群体仍然追求公司的传统产出，并期望管理层做出相同类型的决策。然而，更困难的任务是理解外部的变化，即那些影响图 1-2 的本质的变化，这些变化起源于标示为"环境"的阴暗区域，影响着我们应对内部变化的能力。当外部变化加入内部变化时，我们需要重新绘制图 1-2。但首先，让我们更仔细地审视这些外部变化。

外部变化是指难以用现有模型或理论框架来理解的新群体、新事件和新问题。它体现了我们概念系统中对新文件夹以及最终对完整的新归档系统的需求。正是这个被称为"环境"的黑暗而危险的区域，为我们的无知提供了合宜的标签。正是这个公司规划中的深奥领域预测了监管变化、通胀和利率的上升以及人口结构的变化。

外部变化会产生不确定性。这让我们感到不适，因为它不能轻易地融入与供应商、所有者、客户和员工之间相对舒适的关系中。图 1-3 描述了内部变化和外部变化之间的差异。值得注意的是，内部变化和外部变化之间的差异是相对于一个特定的框架或理论的。运用图 1-1 所描绘的公司生产观，如果不补充或不改变我们的理论，我们就无法理解所有者和员工的出现。当有足够的外部变化发生，以至于我们现有的理论不再能给我们提供合理的答案时，我们就必须放弃这个理论，转向一套既能解释外部变化又能解释内部变化的新概念。简言之，我们需要的是一种理论或一套概念，能够将外部变化转化为内部变化，从而减少不确定性和不适感。这种"智力"或"观念"的转变作为一种合法化的力量，使得我们可以积极地管理这些变化。它还允许我们的扫描系统在更广泛的范围内寻找更新类型的外部变化。外部变化被描述为一组来自外部环境的箭，这些箭影响我们与供应商、所有者、客户和员工之间的舒适关系。外部变化可以理解为几个新群体的出现以及一些不太重要的旧关系的重组，这些关系已经与公司的作为或不作为产生了利益关系。其中许多变化存在已久，但我们在将它们纳入我们管理公司的框架方面相当缓慢。因此，我们应该熟悉的事件和压力群体就变成了危机，因为在日常工作中我们尚未考虑它们的存在。

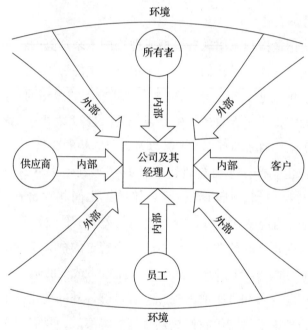

图 1-3　内部变化和外部变化

政府

　　最近，人们对政府在企业中作用的认识日益增加。政府的影响作用如此之大，以至于政府公职人员想要当选就需要承诺削弱这一作用，并寻求"自由企业"的回归。美国的企业—政府关系建立在"看门人"的原则之上，即政府是为了公共利益而对企业进行监管的合法角色，并为确保企业遵守市场准则而执行严格的反垄断法。此外，国会和法院在影响现代公司的战略和政策的制定方面一直发挥着重要作用，至少是间接的作用。爱泼斯坦（Epstein，1969）、林德布鲁姆（Lindbloom，1977）、麦奎德（McQuaid，1982）以及许多其他学者已经戳破了商业和政治领域分离的"神话"。[20]

虽然企业总是不得不以各种形式与政府抗争，但目前对其普遍深入的影响力的看法仍然需要更仔细地审视。过去，只要有几名律师或说客甚至公关人员就足够了，他们的作用是确保法规得到遵守，处理法律纠纷，或者代表公司与国会和州立法机构打交道。然而，第二次世界大战（简称"二战"）后美国经济中政府作用范围的爆炸式增加使得这种应对方式失效。大多数公司不再仅仅依靠几个贸易组织和游说团体（例如美国商会和美国全国制造商协会）的能力来处理它们与政府中多个参与者的关系。

韦登鲍姆（Weidenbaum，1980）等对"大政府"持批判态度的学者估计，政府对企业的监管成本将超过1000亿美元。研究表明，美国环境保护局（EPA）、平等就业机会委员会（EEO）、职业安全与健康管理局（OSHA）、能源部（DOE）、雇员退休收入保障法委员会（ERISA）和联邦贸易委员会（FTC）这六个机构的成本预计将增加26亿美元。[21]

当然，这些数字很容易引起争议，各方就如何衡量政府的成本和收益展开了激烈的争论。几位对"自由资本主义"持批判态度的学者称，业界对政府弊病的攻击是没有根据的，如果我们仔细观察就会发现，监管机构往往有益于并保护其监管的企业。此外，一些批评家认为，政府对市场的干预带来了实际的社会效益，如果没有政府的介入，这些效益是不会产生的。因此，更加清洁的空气和水、更安全的汽车以及人民生活水平的普遍提高，在一定程度上要归功于政府的行动。

这里提出的问题还远无定论，政治学家和政策制定者仍在辩论其因果关系。从管理的角度来看，我认为这些争论忽略了一个重要问题：如何在一个受到各级政府或者更恰当地说来自政府多重影响，以及公司及其经理人反过来也可以影响公共政策和政府行动方向的世界中进行管理？回答这个问题的一个必要条件是，我们了解企业和各种政府行为者之间可能存在的相互作用。政府不是一个独立的实体，也不存在于真空中。政府机构、国会委员会、总统委员会、工作人员都容易受到多重影响。（每个人都必须对那些可能施加影响的群体和个人做出回应。）图1-4是一个简化图，它部分展示了一些关键的政府行为者及其在企业中的利益关系。[22]

大多数关于改革的讨论都集中在企业圆桌会议研究中所谓的"骚扰"机构里。然而，美国联邦官僚机构是一个庞大且支离破碎的"实体"。总统是多个机构的共同老板，相互竞争的机构之间的冲突根本不能通过升级的标准商业惯例来解决，因为决策系统会因此而陷入瘫痪。因此，许多相互矛盾的规章制度被制定，官僚机构似乎有着自己的生存方式。

此外，还有许多影响企业的"准政府组织"，如世界银行、国际货币基金组织（IMF）、联合国（UN）、美洲国家组织（OAS）等。这些组织并非完全由美国控制，它们有时会制定限制性政策，例如，事实上一些国家可用于购买商品和服务的信贷额度就是由它们决定的。

如果我们要在其他国家取得成功，我们必须了解外国政府本身的结构。我们最常听到的抱怨是他国政府不"公平竞争"，这意味着它们对国内和国外公司采用不同的规则。"当我们必须耗费大量资源以克服政府方面的障碍，而日本公司不仅没有障碍，甚至在市场准入、资金和基础研发等方面还有保护和援助时，我们怎么能与它们竞争呢？"

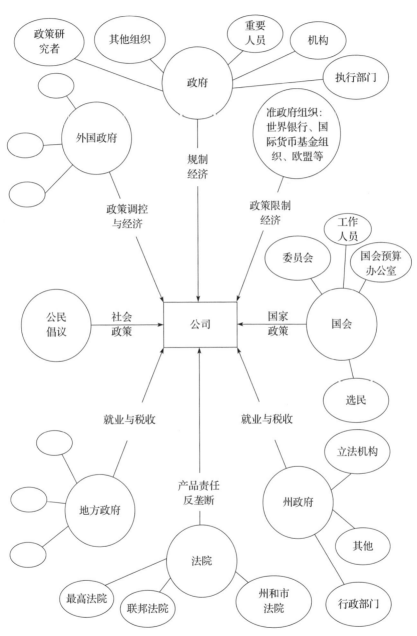

图 1-4 美国企业与政府的关系：一幅简化图

　　国会的每届会议都会审议数千项立法，其中一些条款可能会对企业产生巨大的影响。此外，国家政策的变化，如税收和折旧细则、资本形成的激励措施以及新监管形式的创建等，都会影响整个企业界，即使对单个公司的边际影响微乎其微。因此，今天的首席执行官必须花费大量的时间和资源来考虑国会提出的公共政策法规。

　　美国各州政府为管理提出了一系列不同的问题，这些问题因地区而异。在全国范围内经营的公司往往会发现自己面临着许多套监管规定。例如，大多数全国经营的啤酒厂从大型地区性啤酒厂将货物运往多个州，不但税收和包装要求因州而异，甚至所允许的包装类型也不尽相同。州立法机构每届会议都会审议数十万项立法，仅仅为了保持消息畅通就需要耗费大量的资源，更不用说积极参与了。在美国东北地区，就业和税收的问题受到广泛的关注，而在西南地区，人们更多地关注如何管理近年来的巨大增长。鼓励工厂设立和惩罚关闭旧厂的法律在每次立法会上都被提议，这使得以传统的零散立法方式难以制定和实施政策。

　　法院为政府对企业施加影响提供了另一个来源。我们从文法学校的公民课本上学到的政府行政、立法和司法部门分立的旧模式在当今世界根本不适用；再多的眼泪也不能使我们重返那个原始的杰斐逊式世界。[23] 从传统的产品责任判决和机会均等的案例，到反垄断问题，无论是州还是联邦层级的法院都可能影响企业的性质。

　　当地政府较之于其他政府更直接依赖于企业产生的收入以维持其命脉。人们只需去东北部衰败的城市地区看一看就能理解这一点。当企业不再经营时，不仅税基会受到侵蚀，更重要的是，产生收入的工作岗位会消失，因此当地经济会大幅下滑。

　　最后，还有一种方式是通过公民倡议实现直接政府治理的。一些州的民意调查显示，公民的积极性将直接影响企业。这些法案包括几个州通过的瓶装商品预付押金法案和限制公共场所吸烟的法案。甚至有人提议修正美国宪法以建立一种全民公投制度，这与许多欧洲国家所采用的制度相类似。这对私人企业的影响毫无疑问是巨大的。

图 1-4 的目的不仅仅是重申任何一个政府或政府部门都可以影响一家公司，而当我们将它们结合起来考虑时，我们会发现累积效应是巨大的。管理层必须通过系统规划，以战略的方式与政府打交道，如果公司的模式是如图 1-2 所示的模式，那么它是几乎不可能做到这一点的。它们将对短期内的事件和危机做出反应，而无法在公共政策的制定过程中发挥必要的作用。[24]

竞争者

竞争一向是我们管理资本主义制度的基石，或许近年来竞争本质的改变应该被理解为一种内部变化更为恰当。然而，主要竞争因素是来自外部的，而这是美国企业过去不必去应对的，如外国竞争者。因此，竞争被定义为外部变化。在 20 世纪 50 年代，"日本制造"意味着"垃圾"或"廉价"，或是类似的贬义词，而在 20 世纪 80 年代，它却被认为是质量的标志。美国汽车工业因为竞争的影响而逐渐衰弱。通用汽车真正的竞争对手不是福特或克莱斯勒的传统新车型，而是本田、日产、丰田和大众的市场领先行为。同样，这种现象也不仅仅局限于汽车行业。几乎每一个"美国主导"的行业都面临着来自国外的竞争。对于外国竞争者而言，最困难的问题是，在政府、文化和其他因素方面，它们并非遵循同样的规则。因此，理解竞争是一项艰巨的任务，它需要我们能够从根本上透彻地了解其他文化——从语言到其他生活方式。

在某种程度上，正是外国竞争者的出现使得我们摒弃传统公司管理观的必要性变得尤其迫切。只要所有重要的竞争都是国内竞争，那么每家公司都必须遵守相同的规则。每个竞争者都承担着来自政府、变化无常的消费者群体、环保主义者等的负担和压力，但同时也享受着它们带来的利益。由于同一行业中的公司具有"保护伞效应"，它们可以或含蓄或明确地针对各种问题进行协调并做出回应。没有人处于竞争劣势，因此所有公司都有能力继续运作，似乎这种管理观仍然是合适的。当外国竞争对手发掘出如何以高质量的产品使客户和政府满意，同时这些产品更加便宜，也符合各项要求时，这个保护伞就要折叠起来了。这一幕已经在多家企业中发生过。

消费者权益倡导者

自20世纪60年代初肯尼迪总统宣布"消费者权利法案"开启了现代"消费者运动"以来，发生了许多事情。如今，消费者权益倡导者几乎能够影响到所有涉及消费品营销的行业。大多数高管都熟悉拉尔夫·纳德和通用汽车旗下的雪佛兰科维尔（Corvair）的故事⊖，这使得纳德在美国声名鹊起，通用汽车的一条产品线因此而终结。可能是受到纳德最初成功的推动，其他活动家也开始向其他行业发难，参与到从制药、婴儿配方奶粉到公用事业等行业的活动中。[25] 尽管如今"新右翼"公共政策方针受到了多方的青睐，但是我们仍然可以发现消费者权益倡导者的呼声——尽管他们通过联邦贸易委员会等政府机构迅速采取行动的能力已经减弱。[26]

然而，这个问题的实际意义要深远得多。一种观点，消费者运动

⊖ 1965年，美国著名律师和政治活动家拉尔夫·纳德出版了《任何速度都不安全：美国汽车设计埋下的危险》一书，公开指责美国汽车厂商忽视汽车设计中的安全问题和污染问题。在书中，他点名批评了通用汽车旗下的雪佛兰科维尔。这一举动触怒了通用汽车公司，它用各种手段试图封住纳德的口并毁坏他的个人名誉，但纳德不畏强势，状告通用汽车公司侵犯其个人隐私并胜诉。事件败露后，通用汽车形象大受影响，不得不改良雪佛兰科维尔，以赢得用户的好感度。——译者注

可以仅仅被视为一些有抱负的政治家效仿纳德以进行宣传和提高知名度的一种手段。这些消费者权益倡导者不断寻求关注和媒体报道，他们必须找到既能吸引媒体又能迎合大多数公众的热点问题。毫无疑问，有一些消费者权益倡导者符合这种模式。

消费者运动的另一种观点，也许用赫西曼（Hirschman，1970）的退出、呼吁和忠诚模型来解释更容易理解。[27] 赫西曼认为，在大多数情况下，人们可以从这三种可能战略中选择一种来理解社会现象。让我们考察一家公司的客户，假设无论出于什么原因，客户对产品都不满意。他可以退出，到其他地方做这笔生意，从另一家生产商那里购买，因为有相当数量的竞争公司。退出是"经济"战略的范式。当有足够多的客户退出时，该公司得到的信息是它的产品不再是可行的选择，它的生产不再处于"效率前沿"。对于那些完全依赖客户退出战略的经理人来说，他们的反馈是"糟糕、令人讨厌、粗暴和简短的"。

或者，客户可以行使"发言权"，也就是抱怨，并试图让公司做出改变或给予补偿。"发言"（呼吁）是政治战略的范式，或者说是利用政治过程来实现变革。它有多种形式：选民在投票箱前行使发言权；利益集团试图通过向政府或企业施压来行使发言权；消费者团体可能会对生产商提起诉讼，或者它可能会利用政治程序，通过向监管机构施压、倡议、国会游说等方式发起变革。当客户使用呼吁策略时，给经理人的反馈更直接（事实上，如果客户没有给产品足够的时间来使用，或者没有习惯它的副作用，或者他可能有某种怪癖，那么可以想见，这种战略或许过于直接了）。

赫西曼认为，对组织的忠诚将决定退出和呼吁相结合的混合使用。他认为，退出和呼吁两种机制对于市场的有效运作都是必要的，仅仅使用退出机制成本可能过高，因为那样的话公司永远没有机会东山再起。呼吁成为提示管理层的信号，表明变革可能是顺理成章的。当然，呼吁也是有成本的。呼吁所提供的信息并不是免费提供给经理人的。对呼吁机制的评估，一方面必须评估其是否具有成本效益，另一方面需要参考可用的替代方案。

赫西曼的模型对消费者运动进行了有趣的分析。我们不应该把它视为对抗性的，或者是应该加以避免的，而应该将它视为一种理性的反应。我们应该鼓励呼吁，张开双臂欢迎抱怨。通过告知管理层某些行为、特定政策或产品是不可接受的，消费者权益倡导者迫使管理层不断地对变化的市场需求做出回应。

许多成功的公司都认识到消费者运动的重要性。宝洁公司花费大量资源处理消费者投诉，AT&T 成立了消费者咨询小组（CAP），帮助它们判断消费者对费率结构以及新产品和服务可能产生的变化的反应。这些公司在与消费者领袖打交道时并不轻松，但现在它们知道，替代方案也并不令人愉快。在与几位日本经理人召开的一次会议上得出了一份可能影响日本公司的团体名单。进一步的讨论表明，"消费者权益倡导者"被认为是最重要的。当被问及原因时，日本经理的回答简单明了："我们想倾听，这样我们才能解决产品的问题。"

许多消费者领袖希望改变市场。他们知道，如果有必要，政府也可以介入。然而，无论是更高的税收还是更高的产品成本，成本最终都将由消费者承担。因此，他们可以接受真正的自愿主义，也可以在政府正式舞台之外进行谈判。企业领导者对消费者权益倡导者的主要反应是对抗性的，而这反过来又加剧了消费者领袖的警惕性，结果是冲突升级，两败俱伤。如果我们相信消费者运动仍将继续，并且根据赫西曼的分析，我们有理由希望它将继续存在下去，那么利用消费者运动所带来的机会将成为一项主要的管理挑战。

环保主义者

20 世纪 60 年代所爆发的另一种动荡源于对环境质量的担忧：对清洁的空气、水和土壤，以及自然资源的保护。"环保运动"的起源与拓荒者一样古老。几个著名的组织，如塞拉俱乐部（Sierra Club）和奥杜邦协会（Audubon Society），已经存在很长时间了。20 世纪 60 年代的几起事件提高了公众的环保意识，由此诞生了许多高管如今需要面对的环保倡导者。

在人类历史的早期，以及最近在人造卫星及其后果的刺激下，人们认为技术是恒久有益的。对于技术可能产生的意外后果，人们没有加以重视。很少有人思考污染水和空气资源的代价，因为大自然似乎可以无限地自我更新。蕾切尔·卡森（Rachel Carson）于 1962 年出版的《寂静的春天》中提出疑问：我们的社会会否因污染及其后遗症而陷入困境。"罪魁祸首"自然是"大企业"，而解决问题的办法是政府监管。

在此期间，美国继续载人登月计划，要建造一架巨大的超音速客机（SST），这对技术的要求比英法协和式飞机（Horwitch，1982）要高得多。环保激进主义者抨击建造这种飞机是一种浪费，并且有害于环境，诸如音爆、对臭氧层和海洋的危害等有争议的问题也被陆续提了出来。而政府部门赞助的研究试图证明批评者是错误的，从而激化了争论。关于超音速客机的争议，其重要意义在于第一次在全美范围内掀起了一场关于特定技术的成本和收益的辩论，并且是从环境角度出发考虑这些成本和收益的。在这场辩论之后，1970 年的《清洁空气法》和 1972 年的《清洁水法》相继出台。此后美国国家环境保护局成立，并将环境问题制度化。

高管们对这些烦琐的监管规定抱怨不已。汽车制造商再次受到重创，汽车成本节节攀升。外国竞争对手可以比美国制造商更有效地满足新标准，部分原因是它们的产品线不依赖于大型"高油耗汽车"，这使得该行业面临来自德国和日本的竞争。一些公司试图去达到环境保护要求，但几代人的忽视所带来的清理成本令人震惊。

环保人士提出的问题和议题尚未找出简单的解决方案。尽管最近右翼分子占了上风，但我们仍然需要考虑到这种外部变化。当考虑到这些变化的累积效应时，图1-2所示的公司管理观就会再次变得不堪重负。

特殊利益集团

在政府、外国竞争者、消费者权益倡导者和环保主义者所引发的企业环境变化中，存在一个更为普遍的现象，即对"特殊利益集团"（SIG）、"社会利益集团"或"单一议题政治"的关注。特殊利益集团所承载的理念是，任何群体或个人可以利用政治进程在特定问题上进一步表明立场，例如枪支管制、堕胎、妇女权利、学校祈祷、联邦贸易委员会的国会否决权，或者数百个其他问题中的任何一个问题。对于经理人来说，特殊利益集团所代表的问题是，人们永远无法确定会不会形成一个特殊利益集团针对任何的特定问题来反对公司。

特殊利益政治并不是一个新现象。[28] 然而，现代通信技术和选举筹资的变化使得经理人了解利益集团的议程尤为重要。爱泼斯坦（Epstein，1980）分析了政治行动委员会（Political Action Committee，PAC）的出现及其影响，这些委员会就其本质而言会引起立法者的注意。有组织的抗议团体可以吸引全国媒体的注意，并且可以利用政治进程使其对自己有利。因此，企业经理人应对各种问题和事件的能力对其成功至关重要，尤其是在那些易受特殊利益集团影响的行业中。

今天的经理人需要理论和现实的帮助来与特殊利益集团打交道，

因为这些群体将影响他们的企业。在制定商业战略时，他们尤其需要把这部分外部变化考虑在内。

媒体

没有什么比媒体上一则"不公平"的报道更能激起高管的愤怒了。当一个人的公司或产品，甚至一个人的人格在某个论坛上受到攻击，而他们却鲜少有机会反击时，这种愤怒的感觉很快就会变成无助。"水门事件"后，越来越多的参与调查的记者将注意力转向私营部门。在那里，受到诸如《中国综合征》等电影的推动，关于"如何应对媒体"的新研讨会应运而生。当《60分钟》节目组毫无征兆地出现在一家公司总部调查最新的消费者或员工投诉时，人们很容易从噩梦中惊醒，浑身冷汗。

大众传播技术确实改变了媒体在企业中的作用。大型组织比以往任何时候都更像是生活在一个鱼缸里，它们的言行举止都要接受某种形式的公众监督。对于希望在今天的环境中取得成功的高管来说，媒体代表着另一种形式的外部变化。

建立框架的需要

当像鲍勃·科林伍德这样的经理人试图制订连贯的战略计划，并以类似于原来的形式实施这些计划时，他们的做法往往会与外部环境产生冲突。公司的管理观根本没有提供一种统一的方式来理解那些已经和将要发生的变化。经理人很难将实质的变化与不足道的琐碎变化区分开来，也很难决定在哪里需要做出反应，在哪里需要采取预防措施。

此外，外部事件并不是发生了然后就消逝了，而是会对日常事务产生持久的影响。外部变化的区别在于强度，而非种类。例如，环境保护主义者的关注影响到直接涉及"开发"环境的行业，如林业以及使用这些行业产品的石油行业。但大多数企业在某种程度上都依赖于交通运输系统，而对环境的关注改变了产品设计和其他战略因素。

对于高管和理论家来说，他们乐于参加一种更流行的电视节目，我喜欢称之为"谴责利益相关者"。在"谴责利益相关者"节目中，参赛者必须是经历过上述一些变化的公司经理，他们被要求选择一个利益相关者群体，并将公司的现状归咎于该利益相关者群体。当然，"政府"和"特殊利益集团"都是最受欢迎的选择。"谴责利益相关者"并没有取得什么进展，无论它让我们感觉多么美好，我们都必须更仔细地审视我们可能面临的各种反应。

弗洛伊德（Freud, 1933）告诫我们，否认和投射会带来虚假的安慰。当我们拒绝承认外部世界就是这样的时候，否认就发生了。在我们的案例中，这是拒绝承认外部群体确实与公司有利益关系，而且它们可以影响公司。否认意味着认为利益相关者本身是不合理、不合法的，而我们花时间思考利益相关者战略才是合理的，因为它们会影响我们目标和计划的实现。当我们把自己的缺点归咎于别人或某些外部事件时，投射就会发生。我们很容易将自己无法满足利益相关者的担忧和要求投射到利益相关者组织上，并称之为"不合理"或"不理性"的。

由此我们还得出了另一种反应模式，它在漫画 *Pogo* 中得到了最好的概括：我们遇到了敌人，而敌人就是我们自己。经理人的职责是接受并承认因组织未能满足利益相关者需求而产生的问题。并不是所有的需求都能够或应该得到满足，我们有时也无法避免犯下可怕的错误，然而我们自己的错误并不能成为否认不足、继续"谴责利益相关者"的借口。

组织对环境中这些变化的反应与变化本身一样多种多样。阿科夫（Ackoff，1974）和波斯特（Post，1978）认为，组织有四种基本模式来应对不断变化的外部环境。第一种模式，静态模式（inactivity），即忽略这些变化，继续照常营业；第二种模式，反应模式（reactivity），即等待某事发生并对这种变化做出反应，然而，反应必须借由外力刺激；第三种模式，主动模式（proactivity），是指尝试预测即将发生的外部变化，并在事实发生之前调整组织以应对这些变化，这种模式具有预见性；第四种应对外部力量的模式是互动模式（interactive），即积极应对来自外部的力量和压力，为有关各方创造未来。虽然这些反应模式中的每一种都适用于某些特定的情况，但它们都假定存在一套处理所有外部变化的思想，即使是在静态模式下也是如此。简言之，采取这些应对模式中的一种或另一种的必要条件是能够理解外部已经发生的变化。

我们应对变化的能力基础是需要修复的，以上描述的大量变化需要新的想法和实践，然后我们才能制定有意义的应对措施，无论是什么模式。（想象一下，有人采用静态模式，但由于缺乏适当的理论武装，这一模式最终产生了主动响应！）

如果现代公司的主要概念模型是如图1-2所描述的那样，那我们就不可能彻底理解已经发生的战略转变，无论是对整个企业界，还是对特定行业的企业。企业环境的重大战略转变要求管理者的观念转变（Emshoff，1978；McCaskey，1982）。正如伯利和梅恩斯（Berle and Means，1932）所分析的，就像所有者—经理人—员工的分离需要重新思考控制权和私有财产的概念一样，大量利益相关者群体的出现以及新的战略问题也要求我们重新思考传统的公司概念。

因此，已经发生的环境变化使我们陷入了一个两难境地：一方面，我们需要逐个理解每一个变化，以调整当下公司在面临单个变化时的立场；另一方面，如果发生足够多的小变化，那么零星的反应是无济于事的。无论是内部还是外部发生的变化，都需要对我们的公司模式进行彻底的重新思考。这种重新思考，或者说观念革命，是一个微妙的问题。就像它打算化解的两难境地一样，它必须重新划定经理人的工作界限，让他能够理解，同时考虑到已经发生的所有变化的总和。我们要使用的概念必须有助于我们理解影响公司的群体之间的个体关系的变化，并且帮助我们将各个部分重新整合在一起。这艘船即使在检修期间也必须保持漂浮状态。

利益相关者概念

解决公司外部环境这一概念性问题的一种可能的方法是重新描绘我们对公司的描述，如图 1-2 所示，以说明本章中所描述的变化。图 1-5 是一张公司的利益相关者示意图，它将所有可能影响组织目标实现或受其影响的群体和个人都考虑在内了。在当今的环境下，这其中的每一个群体都对企业的成功起着至关重要的作用。这些群体中的每一个都与现代公司存在利益关系，术语"利益相关者"和"利益相关者模型或框架"或"利益相关者管理"由此而来。图 1-5 中描述的利益相关者观点是极为简化的，因为每一类利益相关者都可以再细分为几个更小的类别。所有的员工都各不相同，就像所有的政府都各不相同一样。我们将在第三章对图 1-5 的复杂之处做更为详细的介绍。

如果我们从实践的角度，即组织如何在当前和未来的企业环境中取得成功这一角度出发探讨这个概念的逻辑，我们就走上了理解和管理动荡时代的正确道路。然而，这条路并不平坦。为人们所铭记的神话根深蒂固，且合情合理：过去它们曾经很好地为我们服务过。考虑到目前的情况，犯错的代价是相当高昂的。美国企业将不仅仅在法律诉讼以及法规方面看到在新环境中使用旧模式的结果，也将看到能满足各类利益相关者需求的外国竞争者所提供的更好的产品和服务。

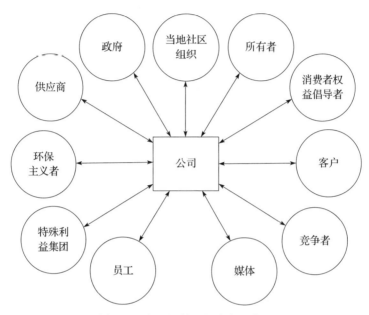

图 1-5　公司的利益相关者示意图

注：利益相关者＝能够影响公司目标实现或受公司目标实现影响的群体或个人。此处列出的群体是利益相关者类别的示例。

图 1-5 使得两个问题立时浮现在我们的脑海中。第一个问题是，我们需要关于某些非传统群体的新理论和模型，并且需要组织过程来使这些概念模型发挥作用。因此，与"七年级公民学课本"模式相反，经理人必须了解政府到底是如何运作的（Fenn，1979；Horwitch，1982）。我们需要了解新问题是如何产生并提上国会议员和其他政府官员议程的，我们还需要了解形成议程所需的组织机制。传统的"游说""投票给共和党"或最近的"组织政治行动委员会"不需要被摒弃，但除非我们对当前的企业和政府关系感到满意，否则从其他方面重新考虑这些战略的必要性是至关重要的。

我们可以针对每个利益相关者群体构建类似的论点。关键在于，我们必须了解我们对每个群体所采取的战略，并且必须对战略进行实际评估。正如在企业管理观中我们对每个群体都有明确的管理概念一样，我们也必须在新的领域发展专门知识，与消费者权益倡导者、环保主义者、媒体、特殊利益集团等打交道。我们必须了解利益相关者群体和每个群体的问题是如何开始的，关键问题的重要性以及在这些问题上各个群体所愿意花费的资源究竟是在帮助还是损害公司。

第二个主要的分析领域是整合的必要性。考虑到管理革命造成的动荡以及图1-2所示的概念的需求，我们不能像阿尔弗雷德·斯隆（Alfred Sloan）那样孤立地管理通用汽车。因此，我们需要一些概念和流程，以便能够提供在众多问题上与多个利益相关者群体打交道的综合性方法。对于每个重大战略问题，我们都必须考虑其对各利益相关者的影响，因此，我们需要一套流程，帮助我们考虑众多群体的利益。对于每个主要利益相关者来说，负责处理与他们关系的经理人必须确定影响该利益相关者的战略问题，并能够理解如何制定、实施和监控与该利益相关者群体打交道时所使用的战略。许多组织在与某一个利益相关者群体（如IBM与它的客户、AT&T与其监管机构、金宝汤与供应商等）打交道时就很好地做到了这一点。这种综合性的隐喻是必要的，它将"客户服务""员工参与""所有者回报"等久经考验的真实智慧考虑在内。然而，这些隐喻或组织价值必须将各个利益相关者的利益综合起来考虑。

小结和展望

本章表明，企业的外部环境已经发生了变化，这就需要企业高管转变其对组织和工作的看法。我还特别指出，与供应商、客户、所有者和员工等外部群体的传统关系的转变，以及政府、外国竞争者、环保主义者、消费者权益倡导者、特殊利益集团、媒体和其他群体的出现及其重要性的更新，这意味着需要一种新的概念方法。

本书将从实践的角度探索新的方法，我称之为"利益相关者方法"。我的重点是高管如何使用利益相关者方法的概念、框架、理念和流程来更有效地管理组织。这只是一个起点，而不是灵丹妙药。我将借鉴其他人的成果，并尝试利用他们的见解，开始构建公司的利益相关者模型。我将特别注意以上提到的问题：处理特定群体和问题的理论和战略的需要，以及跨群体整合流程的需要。

第一部分的其余章节将进一步描述利益相关者模型的构建。第二章阐述了利益相关者方法的相关历史和概念；第三章更详细地描述了利益相关者的框架和理念。第二部分重点介绍使用利益相关者概念所需的管理流程。第四章阐述了"方向设定"的过程；第五章描述了为特定利益相关者制订战略方案的过程；第六章着重于实施和监控，并描述了一个大型组织已经开始实施利益相关者方法的经验。第三部分的章节探讨了如果我们将利益相关者的概念从边缘转移到中心，对管理实践和理论的影响。第七章考察了董事会的工作；第八章着眼于管理的职能划分问题；第九章阐述了考虑到利益相关者方法，需要对高管人员的角色进行新的认识。第九章还包含了一个简短的总结，并对未来的研究进行了讨论。

注 释

1. 鲍勃·科林伍德的简介是对参与本书研究的高管们综合而成的。在过去的五年里，我有机会与多个行业的数千名经理人交谈。这些谈话的形式多种多样，既有从我所拥有数据档案的结构化访谈，也有高管培训项目期间的非正式对话。我曾尝试在许多组织中走动，试图从概念上处理这些组织中经理人日常处理的各种外部问题。我的目标是开始构建一个理论，所以我一直在努力理解这个理论所涉及的实体。关于理论构建的更复杂的观点，我大体上是同意的，尽管目前的努力肯定达不到相应的标准，参见 Goodman（1955），Quine（1960）和 Rudner（1966）。在 Freeman（1977）一书中，我试图区分理论建构和理论验证。Quine（1960）使用 Neurath 的比喻，巧妙地将理论变革比作重建一艘还在漂浮的船："这艘船的结构可能在一定程度上归功于那些轻率的前辈，他们只是因为愚蠢的运气而错过了沉没它的机会。但我们不能丢弃它的任何部分，除非我们有现成的替代手段，这些手段将服务于同样的基本目的。"（Quine，1960）

2. 虽然我要说的话既适用于商业组织，也适用于非商业组织，但我将集中讨论利益相关者概念在企业中的应用，特别是在营利企业中的应用。同样应该明确的是，政府机构也有利益相关者，非营利组织和志愿者组织也是如此。将这种方法应用于医院的一个例子，参见 Freeman，Banker 和 Lee（1981）。

3. 当然，这是对问题的极大简化。企业总是与非市场利益相关者打交道。Joseph Wharton 本人也积极参与游说政府制定进口保护法（Sass，1982）。关于资本主义本质的更早观点，参见 Braudel（1981）。

4. "范式"是一个完全被滥用和误解的术语，尤其是在社会科学领域。要讨论为什么"范式"并不是通常被认为的固定，请参见 Kuhn（1970）、Lakatos 和 Musgrave（1970），Feyerabend（1975）和 Gutting（1980）；或者，参见 Barnes（1982）和 Mohr（1982），了解更直接的社会科学应用。McCaskey（1982）使用了"概念地图"的概念，这可能更适用于这里提出的论点。

5. 随着时间的推移，关于组织—环境关系的长期研究相对较少，原因很明显，纵向研究相当困难且费用高昂。参见 Van de Ven 和 Joyce（1981）对几个纵向研究项目的回顾。Emery 和 Trist（1965）分析了环境动荡的根本原因，并提出了一个框架，用于理解环境中的关系，这些关系不会直接影响组织，但可以决定组织环境的动荡程度。第二章总体上讨论了组织理论家的贡献。

6. 有关现代公司产生的文献很多。Chandler（1962；1977）提供了一个颇具可读性的描述，并且提供了一个在脚注中包含了许多其他来源的指南。

7. 我感谢麦吉尔大学的 Mariann Jellinek 教授用文件抽屉来类比。

8. 我在这里的论点是概念性的。我不知道有什么逻辑上的保证可以支持"世界观"是某种类型的说法。Quine（1960）讨论了在具有不同世界观或说不同语言的人之间产生的"翻译问题"。有较弱的证据表明，从商业教科书作者的角度来看，图 1-2 确实描绘了管理者预期的世界观。我只是认为，如果图 1-2 是占主导地位的世界观，那么我们今天看到的大多数公司的组织—环境动荡就是一个合乎逻辑的结果。

9. 人们经常忽视的是，法国政府拥有的雷诺（Renault）拥有美国汽车公司（American Motors，Inc.）51% 的股份，而英国政府拥有的英国石油公司（British Petroleum）拥有美国标准石油公司（SOHIO）的多数股权。这种现象还有其他的例子。

10. 我对内部变化和外部变化的区分直接得益于 Watzlawick、Weakland 和 Fisch（1974）。然而，这两种变化是相当古老的，与亚里士多德对程度差异（内部）和种类差异（外部）的区分有关。

11. 有关概念图的讨论，请参阅 McCaskey（1982）。

12. 关于股东的"利益相关者"方法，参见第七章。我很感谢 David Reed 帮助我理解了利益相关者的概念可以用来分析企业和所有者的关系。

13. 关于拉尔夫·纳德事件的描述见 Nader（1972）和 Hay, Gray 和 Gates（1976）。

14. 有关股东激进主义的说明，请参阅 Vogel（1978）。

15. 这里的论点相当复杂。近年来，对美国管理做法的一些批评浮出水面。参见 Hayes 和 Abernathy（1980），Charan 和 Freeman（1980），Ouchi（1981），Pascale 和 Athos（1981） 以 及 Peters（1981）。事实上，这些批评可以追溯到 Barnard（1938）阐述的基本原理。

16. 最近的评论家包括 Lasch（1978）和 Yankelovich（1981），以及 Calleo（1982）的经济论点。

17. 这一点同样适用于所有利益相关者。

18. 欧佩克的形成已经被充分记录。例如，参见 Stobaugh 和 Yergin（1979）。

19. 对跨国公司崛起的一种解释是 Vernon（1977）。

20. 真的很难想象"商业"和"政治"怎么会没有内在的联系。尽管如此，过去几年我采访过的无数高管坚持认为，企业和政府（应该）没有任何共同点。"市场就是市场，政治就是政治！"

21. 这项由商业圆桌会议发起的监管研究是由会计师事务所安达信（Arthur Andersen and Co.）进行的。它依赖于受影响行业经理人的报告，并汇总了各行业的成本。这项研究可从商业圆桌会议和安达信获得。

22. 我要感谢丹·芬恩教授、艾德·爱泼斯坦教授和保罗·蒂芙尼教授帮助我了解企业和政府之间的关系。

23. 参见 Fenn（1979）。

24. 关于公司在公共政策制定过程中的作用的分析，参见 Epstein（1969）。

25. 关于消费者运动的兴起，远远超出了人们普遍认为的始于 20 世纪 60 年代拉尔夫·纳德的说法，参见 Kelley（1973）以及 Aaker 和 Day 编辑的论文集（1974）。我感谢亚利桑那大学的 Currin Shields 教授和消费者组织大会前主席以及底特律消费者权益倡导者 Esther Shapiro 女士，他们对消费者运动进行了许多有益的讨论。

26. 参见 Pertschuck（1982）对消费者运动现状的分析。

27. 我相信赫西曼的分析适用于许多利益相关者群体。在经济学和社会学文献中，对他的观点进行了大量的讨论。关于赫西曼（1970）的论文集，请参阅赫西曼（1981）。埃文（1975）将赫西曼的分析应用于一个组织宪政模型。

28. 有关美国特殊利益的描述，请参阅 Wilson（1981）。

CHAPTER 2
第二章
利益相关者概念与战略管理

引　言

　　上一章中列出的变化在管理学科中引发了概念上的混乱。从管理咨询公司开发的罐头包装，到学者的理论论文，给经理人提供的建议激增。鉴于管理和组织理论所依托的基本假设正在经历根本性的转变，在转瞬即逝的事物中厘清哪些是真实的并不是一件容易的事情。因此，在简要阐述利益相关者概念的历史时，我将介绍这个概念在学术和非学术文献中的应用，并将这个概念的发展与战略规划和战略管理文献联系起来。我将尽力帮助鲍勃·科林伍德以及像他一样的经理人走出学术文献和行业术语的迷宫。

"利益相关者"的历史

"利益相关者"这个词最早出现在 1963 年斯坦福研究院（现为 SRI 国际公司，简称 SRI）的一份内部备忘录中的管理文献里。[1]这个术语本意是将股东作为管理层需要回应的唯一群体的泛化概念。因此，利益相关者的概念最初被定义为"没有其支持，组织将不复存在的那些群体"。利益相关者最初包括股东、员工、客户、供应商、债权人以及社会。洛克希德·马丁公司规划部门的伊戈尔·安索夫（Igor Ansoff）和罗伯特·斯图尔特（Robert Stewart），以及后来 SRI 的马里恩·多舍尔（Marion Doscher）和斯图尔特对这一概念的早期研究，在 SRI 的规划过程中发挥了重要的信息作用。[2]SRI 的研究人员认为，除非经理人了解这些利益相关者群体的需求和关切，否则他们无法制定能够为公司的持续生存提供必要支持的公司目标。

如图 2-1 所示，从 SRI 的早期工作来看，利益相关者概念的历史发展轨迹有诸多方向：（1）企业规划文献；（2）罗素·阿科夫、C·韦斯特·丘奇曼（C.West Churchman）和系统理论家的著作；（3）关于企业社会责任的文献；（4）埃里克·瑞安曼（Eric Rhenman）和其他组织理论家的著作。

企业规划文献

安索夫在他的经典之作《公司战略》（1965）中，主张摒弃利益相关者理论，他在下面的段落中详细阐述了这一理论：

> 尽管如我们稍后将看到的，"责任"和"目标"并非同义词，但它们在关于目标的"利益相关者理论"中是一体的。这一理论主张，企业的目标应该平衡考虑企业的各个"利益

相关者"——管理人员、工人、股东、供应商、顾客之间相互冲突的索取权。

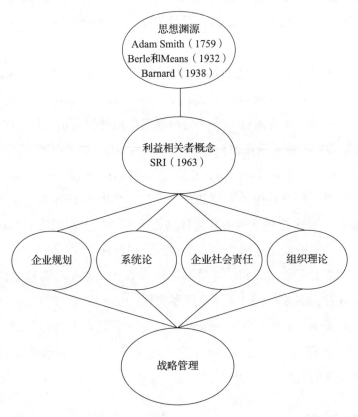

图 2-1 利益相关者概念的发展史

安索夫认为艾布拉姆斯（Abrams，1954）、西尔特和马奇（Cyert and March，1963）也有类似的观点，但他依然拒绝接受这一理论支持将目标分为"经济目标"和"社会目标"，后者是对前者的"二次修正和约束影响"的观点。[3] 上面引用的那段话清楚地表明，安索夫在阐述利益相关者的观点时，主张组织的"主导联盟"的观点。然而，SRI 定义的要点略有不同。原因十分简单：生存。从"利益相关者"的定义来看，如果没有这些关键群体的支持，公司将无法生存。当然，SRI是否拥有合适的群体是另外一个问题。对一家没有债务的公司来说，债权人是生存所必需的吗？"社会"（不管这个宽泛的术语是怎么定义的）对于一家私营特种钢公司的生存是必需的吗？相反，难道政府对于公用事业的生存不是必需的吗？ [4]

安索夫批评的核心在于指出了利益相关者的支持是企业生存的必需其实是一种偶然现象，取决于许多情境变量。但是，我认为安索夫的这一观点是错误的：他拒绝接受这样一种理论，该理论支持寻求一种普遍的目标函数，利益相关者对在某一时间点可获得的目标水平起制约作用。在随后数年里，这种对公司真正目标的探索在企业规划文献中占据了很大一部分。[5]

到了 20 世纪 70 年代，利益相关者的概念开始在战略规划文献中大量出现。伯纳德·泰勒（Bernard Taylor，1971）在一篇关于公司战略发展现状的评论文章中声称，股东的重要性将会降低。他写道，"在实践中，显而易见的是，在 20 世纪 70 年代，企业的经营也将为其他利益相关者的利益服务"（Taylor，1971）。哈塞尔霍夫（Haselhoff，1976）探讨了组织目标的含义。金和克莱兰（King and Cleland，1978）在他们编撰的教材《战略规划与政策》中提出了一种分析"客户群体""索赔人"或"利益相关者"的方法，这些方法源于他们早期在项目管理方面的工作。泰勒（1977）总结了 SRI 最新的研究成果。罗斯柴尔德（Rothschild，1976）运用这一概念解释了通用电气开发的一个规划流程。赫西和兰厄姆（Hussey and Langham，1978）提出了一个组织及其环境的模型，将利益相关者与公司和消费者区别开来，并用它来分析管理层在有效的企业规划流程中所扮演的角色。德金德伦和克鲁姆（Derkinderen and Crum，1979）在对项目设定战略的分析中使用了利益相关者的概念，这一思想在希南和珀尔马特（Heenan and

Perlmutter，1979）对跨国公司组织发展的分析中发挥了核心作用。在战略规划文献中，该概念在管理过程中的具体应用包括戴维斯和弗里曼（Davis and Freeman，1978）的技术评估方法和米特罗夫和埃姆肖夫（Mitroff and Emshoff，1979）的被称为"战略假设分析"的战略制定方法——这一方法后来得到埃姆肖夫（Emshoff，1980）以及梅森和米特罗夫（Mason and Mitroff，1982）的进一步发展，罗、梅森和迪克尔（Rowe，Mason and Dickel，1982）则提出了战略分析的技术公式。

虽然"战略""政策""规划"及其变体有许多定义，但其基本思想是，规划和政策关注的是组织资源与其外部环境相关的配置。战略规划这一概念与根据对组织能力、环境机会以及威胁的分析为组织设定发展方向有着内在的联系。因此，充分了解环境、过去和未来变化以及新出现的战略问题和难题对有效的公司规划或决策过程至关重要。随着规划从被动的政策制定转向主动的战略制定，对"环境扫描"的需求有增无减。[6]

SRI 最初使用利益相关者分析正是在这一领域。通过为组织的持续生存提供必要支持的群体制定"满意度衡量标准"，一种企业规划过程中的重要投入便形成了。然后可以开发出信息系统用以分析和追踪关键利益相关者群体对公司战略变化的反应。如果利益相关者的期望值远远高于他们撤回其支持的"红线"，就可以进行调整。用安索夫的话来说，利益相关者的行为被认为是既定的，或者是对战略的约束。战略是针对长期可预测的静态环境而制定的。这种对利益相关者概念的使用是将其作为一种情报收集机制，以更准确地预测环境中的机会和威胁。

"利益相关者"用于"企业规划"的第二个特点是，利益相关者在一般层面上被确定为客户、供应商、所有者、公众、社会等，并在该层面进行分析。因此，公众态度调查、股东访谈等都是可采用的分析技术。鉴于企业规划的主要任务是预测未来的环境，而不是改变特定的利益相关者的行为，因此没有必要超越这种一般的利益相关者分析。

基于对利益相关者行为不会发生巨大变化的假设，对利益相关者行为未来预测的关注，使得公司可以计划其"最佳回应"。因为利益相关者环境被认为是静态的，并且只需要一般性分析，所以对立团体并不被视为利益相关者。对谈判感兴趣的"特殊利益集团"没有立足之地。人们与拉尔夫·纳德谈判，而不是与作为一般实体的"特殊利益集团"谈判。因此，企业规划模型实际上是分析图1-2的另一种方式，也是获取那些"友好"群体的更多有用信息以适应内部变化的另一种方式。利益相关者概念的使用是为了在一般层面上为战略家提供有关传统意义上的股东"亲属"的信息，比如员工、经理人、供应商、消费者和公众等。只要环境是稳定的，就极少会发生战略意外，而这使得对利益相关者概念的解释是充分的。

由于利益相关者概念的使用是例外而非规则，战略规划的主流研究遵循完全不同的路线。哈佛商学院商业政策课程始于20世纪20年代，沿袭课程传统的研究人员开始将情景分析技术形式化为SWOT分析（优势—劣势—机会—威胁）等过程。安德鲁斯（Andrews，1980）等人提出了确定组织"独特能力"的方法，并通过"纵向一体化""为产品找到新用途""寻找产品新市场"等通用战略，将这些能力与机会相匹配。甚至在今天，克里斯滕森、安德鲁斯和鲍尔（Christenson，Andrews and Bower，1980）在其被认为是情景分析和案例方法经典教材的第四版中仍沿用这些方法。钱德勒（Chandler，1962）对通用汽车、杜邦和西尔斯（Sears）的开创性研究将战略和结构联系起来，并提出了关于这两个变量之间正确关系的假设。阿圭勒（Aguilar，1967）

提出了一个理解环境扫描的框架，并研究了经理人如何获取和利用外部信息。

与安索夫最初优化经济目标的职责相一致，针对适当的商业战略的研究应运而生。布鲁斯·亨德森（Bruce Henderson）和波士顿咨询集团（Boston Consulting Group）基于对经验曲线——单位成本随着产量的增加而降低的现象的分析，提出了一种关于业务层级战略（相对于公司层级战略）的理论。亨德森（1979）的理论主张，在制定战略时只需要考虑两个变量：以市场增长率衡量的市场吸引力，以及以市场份额衡量的企业实力。它催生了所谓的"投资组合分析法"战略，以及众所周知的矩阵，其中的产品被描述为"明星"（stars）、"问题儿童"（problem children）、"现金牛"（cash cows）和"瘦狗"（dogs）。罗斯柴尔德（Rothschild，1976）总结了这种方法的变体。

战略规划的另一个主要研究方向是关注与规划或管理过程相关的问题。也就是说，经理人如何确定什么是正确的战略，需要怎样的规划体系。洛朗格（Lorange，1980）总结了管理系统研究的三个阶段。对管理系统的研究自然引起了人们对"环境扫描"系统的关注。然而，这些早期系统主要聚焦于，如果要形成准确的商业层面战略，就要确定需要关注的宏观经济指标。随着计量经济学模型变得越来越复杂，规划过程开始越来越多地使用计算机进行模拟。

因此，主流研究完全不考量外部利益相关者群体的具体行为。[7]在20世纪50—60年代以及70年代初，大多数美国公司的商业环境相当稳定。因此，依赖预测和预言方法的规划流程是合适的。人们在理解战略制定的流程和内容方面取得了很大进展。然而，对外部环境的关注是普遍的，而且仅仅是从经济角度出发来考虑。利益相关者概念的使用范围有限，基本上只涉及收集关于传统外部群体的一般性信息。

系统论文献

20 世纪 70 年代中期，以罗素·阿科夫和韦斯特·丘奇曼为首的系统论研究人员"重新发现"了利益相关者分析，或者说，至少更认真地对待了安索夫的劝告。[8] 源于他们共同致力于应用荣格心理学而发展出可用于解决商业问题的人格理论（Ackoff and Churchman，1947），他们在将系统论发展成为解决许多社会科学问题的强大工具方面发挥了重要作用（Churchman，1968；Ackman，1970）。阿科夫（1974）重申了安索夫的论点，并为组织系统的利益相关者分析定义了一套方法。阿科夫本质上提出了一种组织的"开放系统"观（Barnard，1938），他认为在系统中的利益相关者的支持和互动下，许多社会问题可以通过重新设计基本制度来解决。"系统中的利益相关者"这一概念区别于战略文献中对这一概念的使用。关注组织层面的分析是错误的。问题不应该通过聚焦或分析来定义，而应该通过扩大或综合来确定。例如，一个影响股东的低收益问题；首先应该从整个利益相关者系统的角度来理解，这构成了问题的背景。其他利益相关者对低收益问题的关切将首先得到说明。阿科夫认为，只有利益相关者参与进来，系统设计才能够完成，因此他主张在解决系统范围内的问题时纳入利益相关者群体。阿科夫（1974）列举了几个案例研究来说明如何在设计大型项目时运用这种方法。戴维斯和弗里曼（Davis and Freeman，1978）提出了一种利用利益相关者参与技术评估的具体方法。

从这种系统观来看，公司战略或组织战略的概念似乎让位于集体战略的概念——这是一个现在流行的组织理论中的概念。[9] 从系统观的角度来看，为系统中的组织进行这种规划是错误的，因为这样的规划可能会优化了一个子系统，却破坏了更大的系统目标和意图。组织规划只能在与系统目标相关的范围内进行。

这一观点有两个重要的变体，值得加以考虑。第一个变体或许可以被称为"笼络"观，即组织及其利益相关者共同规划组织的未来。由于组织及其利益相关者试图就组织如何发展达成一致（希望是互利的，因为"笼络"可能意味着"合作"），更大的系统目标被忽视或推迟考虑了。第二个变体包含为各自未来规划的利益相关者的子集之间的协作。这一观点最好的例证是劳动管理规划的工作生活质量实验，以及特里斯特（Trist，1981）在社会技术系统方面的研究。

这些变体都试图克服系统观没有起点或切入点的问题，对于如何就"系统观"（必然是"神一般的观点"）进行协作必然是一个需要进一步探索的重要问题。因此，一家公用事业公司可能会与其"消费者权益倡导者"利益相关者坐下来，设法规划它应当如何推进提高收费的提案。但是，要创造利益相关者系统，包括公用事业、消费者群体和其他利益相关者的未来，即便是可能的，也是一项异常艰巨的任务。强调参与的利益相关者系统模型，是一种对组织和社会本质的意义深远的看法。它在问题描述上非常有用，代表了正在使用利益相关者概念进行研究的主流。然而，它并不侧重于解决比整个系统设计更为狭隘的战略管理问题。

企业社会责任文献

在 SRI 中，关于利益相关者概念的早期工作的另一个研究线索是许多研究人员对商业组织的社会责任的关注。企业社会责任文献种类繁多，在这里无法一一加以分类阐述。[10] 它催生了许多思想、概念和技术，给组织带来了真实而又短暂的变化。波斯特（Post，1981）对该领域的研究主线和一些选集（Sethi，1971；Votaw and Sethi，1974；Preston，1979，1980，1981，1982）进行了分类，显示了该研究问题的广度和深度。可以说，20 世纪六七十年代，在民权、反战、消费主义、环保主义和女权等方面的社会运动是重新思考企业在社会中角色的催化剂。从米尔顿·弗里德曼（Milton Friedman）到约翰·肯尼斯·加尔布雷斯（John Kenneth Galbraith），观点众多。[11]

企业社会责任文献的显著特点是，它将利益相关者的概念应用于非传统的利益相关者群体，这些群体通常被认为与公司存在对抗关系。尤其是，它们较少强调满足所有者，而相对较多地强调满足公众、社区或员工。迪尔（Dill，1975）认为：

> 长期以来，我们一直认为利益相关者的观点和倡议可以作为战略规划和管理流程的外部因素来处理：作为帮助管理层形成决策的信息，或者作为限制决策的法律和社会约束。尽管我们不情愿，但不得不承认，一些外部利益相关者可能会寻求并积极参与管理层的决策。如今的转变是，从利益相关者施加影响转向了利益相关者参与。

迪尔接着阐述了战略经理作为与利益相关者沟通的角色，并考虑了对立团体（如纳德袭击队⊖）在战略过程中的作用。在迪尔的论文以及对社会责任的关注之前，利益相关者在大多数情况下都会被认为是非对抗性的或对抗性的，其意义仅限于"劳资"谈判的范围，这种情形已经有很长的历史了。通过将利益相关者的范围扩大到"外部人员……那些对企业的经济和社会绩效应该包括什么有自己想法的人"，迪尔为将利益相关者概念用作战略管理的保护伞奠定了基础。

在这一时期出现了两个主要的研究团体，它们创立了管理学的一个分支学科，但对该学科的称谓不一，有的人称之为"商业与社会"，

⊖　纳德袭击队，由拉尔夫·纳德领导的消费者咨询团，主要由大学生和年轻律师组成，旨在促进以增进产品的安全性、广告、商标及信用为目的的消费者立法。——译者注

有的人称之为"管理中的社会问题",等等。在伯克利管理学院,许多学者开始研究范围更为广泛的问题。沃陶(Votaw,1964)研究了欧洲公司的权力;爱泼斯坦(Epstein,1969)在美国的商界和政界进行了一项经典研究;塞西(Sethi,1970)通过研究柯达与"战斗团"⊖(FIGHT)之争,分析了少数派对公司的影响。大约在同一时期,哈佛商学院开展了一个关于企业社会责任的项目。该项目的成果丰硕,其中尤为重要的是开发了一种实用的社会责任模型,称为"企业社会响应模型"。从本质上讲,它解决了迪尔关于社会问题的挑战:公司如何主动应对与日俱增的积极社会变革的压力?通过关注"响应性"而非"责任",哈佛大学的研究人员将对社会问题的分析与传统的战略和组织领域联系起来(Ackerman,1975;Ackerman and Bauer,1976;Murray,1976)。

尽管阿克曼(Ackerman)和鲍尔(Bauer)分析了如何将社会目标与传统商业目标相结合,但大多数利益相关者都是在一般层面进行分析的,从而回到了安索夫的原始论点。哈格里夫斯和多曼(Hargreaves and Dauman,1975)创造了"利益相关者审计"一词,作为更通用的"企业社会审计"的一部分(Bauer and Fenn,1972)。[12] 社会审计和由此产生的社会绩效相关文献的目的是重新思考传统的商业计分卡。社会审计试图构建一个社会"资产负债表",从社会成本和收益的角度分析企业的行为。然而,方法论问题使得寻找与资产负债表和利润表类似的社会指标变得难以捉摸。

除了这些寻求关注企业社会责任的概念,商业和社会学领域的学者还借鉴了更为古老的文献。历史学家、政治学家、经济学家(尤其

⊖ 战斗团(Freedom-Integration-God-Honor-Today,FIGHT),是一个民权团体,通过组织运动迫使当地企业改善黑人员工的待遇和任用制度,其中最著名的是与柯达公司的对抗。——译者注

是最近的公共选择理论方面的经济学家）和政治哲学家一直关注企业和政府之间的关系。爱泼斯坦（1969）分析了有关企业在美国政治中的作用的文献，并得出结论："目前，企业不应屈从于限制其政治参与的性质或程度的特殊局限。"他继续辩称，所有"联合政治参与者"都应该受到信息披露和游说方面要求的约束。政治学的丰富历史以及对权力概念和正义的分析，可以追溯到柏拉图的《理想国》和亚里士多德的《政治学》。然而，正如爱泼斯坦（1969，1980）所指出的，关于企业政治活动的学术研究非常匮乏。虽然在政治学文献中"选民"[⊖]"利益集团""公众"和"公共利益"这样类似的概念已经存在了一段时间，但除了约翰·R.康芒斯（John R.Commons）这样的"制度经济学家"，几乎没有什么人认识到并处理现代企业发现的自身的复杂性。

　　虽然对企业社会责任的研究批评众多，但也许最棘手的问题是"企业社会责任"的本质究竟是什么，我们似乎需要用这个概念来增强对商业政策的研究。¹³企业社会责任经常被视为"企业正常经营"的"附加"，我们经常从高管那里听到的一句话是"企业社会责任很好，如果你负担得起的话"。这种"盈利"业务与"利润支出"（或"社会责任"部分）在概念上的分歧在学术界得到了反映，管理学院设有"管理中的社会问题"分部以及"商业政策和战略"分部。¹⁴

　　鉴于商业组织目前所面临的动荡，以及由经济和社会政治力量组成的外部环境的本质，需要一个理论框架对这些力量进行综合分析。我们需要了解经济和社会力量之间复杂的相互联系。孤立"社会问题"，剥离其产生的经济影响，或是反过来孤立经济问题，就好像它们没有受到社会影响一样，无论在管理上还是认知上都是错误的。仅针对一方的行动解决不了另一方的关切。不考虑所有这些力量的流程、

　　⊖（相关研究参见 Mitnick，1980）。

技术和理论，将无法描述和预测真实的商业世界。

虽然企业社会责任文献在组织研究中给予社会和政治问题以特别的关注，这一点确实非常重要，但它没有指出如何以非临时性的方式将这些关注整合到企业的战略系统中。

组织理论文献

在 20 世纪 60 年代，利益相关者概念的发展基本上是停滞不前的。唯一的例外是几位试图理解组织与环境关系的组织理论家的研究。虽然这些理论家中的大多数并没有着意使用"利益相关者"一词，但他们的研究仍然是持续洞见的源泉。瑞典的埃里克·瑞安曼（Eric Rhenman，1968）在其关于工业民主的著作中明确使用了利益相关者的概念。[15] 瑞安曼认为：

> 我们将使用"利益相关者"一词来指代有赖于公司实现其目标的个人或群体。从这个意义上说，员工、所有者、客户、供应商、债权人以及许多其他群体都可以被视为公司的利益相关者。

瑞安曼的定义虽然与 SRI 提出的概念相似，但其范围更为狭窄。在他的定义中，利益相关者包括任何对公司提出要求以及公司对其有要求的群体，而不是任何其支持对于公司生存必不可少的群体。瑞安曼继续辩称，企业的"利益相关者"概念可以导致工业民主理论。[16] 瑞安曼对利益相关者概念的使用与 SRI 的使用类似。同样，他对一般层级上的利益相关者或作为特定群体的利益相关者感兴趣。他使用"和"一词指出公司和利益相关者必须拥有共同权利这一事实，然而这种对概念的狭义解释可能会排除重要的群体，最明显的是政府和对立团体，因为这些群体依赖于公司，但公司并不依赖它们。[17]

在同一时期，其他几位组织理论家也致力于探索组织与环境之间的关系，因为单纯依赖于考察组织内部的组织分析似乎没有足够的解释力。20 世纪 60 年代初，威廉·埃文（William Evan）开始发展"组织集合"（Organization-set）的概念，该概念分析了组织与"其环境中的组织网络"的相互作用。埃文（1966）提出了几个可以用来研究跨组织现象的概念和假设，他认为原来大多数组织研究都集中在了组织内的关系上。埃文的成果引发了后续一系列关于跨组织关系的研究，既有理论研究，也有实证研究，这里我就不予总结了。[18]

大约在同一时期，卡茨和卡恩（Katz and Kahn，1966）提出了一个重要的概念模型，提倡采用"开放系统"的方法来研究组织，该方法侧重于相对于其所属的更大系统来定义组织，而埃默里和特里斯特（Emery and Trist，1965）探索了组织的二阶环境，发现环境要素之间的联系会影响组织。詹姆斯·汤普森（James Thompson，1967）关于组织的经典研究复活了"客户"的概念，将其作为一种指定外部群体的方式，并使用了迪尔（1958）关于组织的"任务环境"的概念。汤普森把这个概念简单地阐释为："我们现在正在与环境中的那些对组织产生不同的影响的组织合作……"

正是这种"那些产生影响的群体"的概念构成了利益相关者概念的基础，从战略管理的角度来看尤为如此，因为前一章所描述的对企业环境中的经理人的关注，应该是对那些"产生影响"的群体的关系的管理。马洪（Mahon，1982）明确指出，当把汤普森对组织社会责任的观点考虑在内时，他预见了利益相关者的概念。劳伦斯和洛尔施（Lawrence and Lorsch，1967）提出了一个"差异化和整合"模型，即组织将自己分割成更小的单元以应对特定的外部环境，以及由于这种差异化以及任务的整合或"各部门之间存在的协作状态的质量，以实现环境需求下的统一努力"而产生的态度和信念。[19] 范德文、埃米特和凯尼格（Van de Ven, Emmett and Koenig, 1979）回顾了组织—环境的文献，并提出了几个用以理解这一新兴研究的元概念框架。

最近，普费弗和萨兰西克（Pfeffer and Salancik, 1978）回顾了相关文献，并构建了一个组织—环境相互作用的模型，该模型依赖于对组织资源的分析以及组织对提供这些资源的环境参与者的相对依赖性。虽然他们没有明确定义"利益相关者"，但他们声称：

> 我们的立场是，组织的生存取决于它们是否有效。它们的有效性源于对需求的管理，特别是对组织所依赖的用来获得资源和资助的利益集团的需求。[20]

他们进而主张一种"激进"的组织外部观点，在这种观点中，理论家从环境中寻找组织理论的大部分解释力。他们认为，在大多数情况下，虽然许多人声称需要关注外部环境，但很少有理论家提出允许环境进入组织方程的概念。他们依据依赖性和资源对利益集团而做的定义，也与 SRI 的利益相关者概念非常相似。

最近，奈斯特龙和斯塔巴克（Nystrom and Starbuck, 1981）编辑的两卷文集中包含了评估理解组织—环境关系的最新水平的文章。其中特别重要的是奥尔德里奇和惠滕（Aldrich and Whetten, 1981）的文章，他们分析了关于组织"种群"的概念及其演变，提出了据说"超越"了"组织集合"概念的网络分析，并且对利益相关者予以关注。彭宁斯（Pennings, 1981）分析了"战略上相互依赖的组织"的概念，并提出了一套战略，组织可以利用这套战略应对相互依赖所带来的不确定性。文集中的其他文章，再加上卡茨、卡恩和亚当斯（Katz, Kahn and Adams, 1980）以及范德文和乔伊斯（Van de Ven and Joyce, 1981）所编辑的另外两卷文集，都是利益相关者概念发展的丰富思想来源，因为它适用于战略管理。然而，我的目的不是回顾文献，而是展示利益相关者概念的学术根源。

　　组织理论的文献在多数情况下都没有提出一个设定和实现组织方向的框架。在大多数情况下，它只是试图进行纯粹的描述。组织理论文献和战略规划文献，以及系统理论和企业社会责任文献之间几乎没有明确的"契合"。[21] 这些研究主流中的每一种都与战略管理的利益相关者方法的构建有关，在开发这种方法时，我将以其他人的研究和见解为基础。然而，研究结果必须适用于第一章所讨论的问题，即企业高管如何开始了解和管理他们当前所面临的外部环境，我的方法本质上是"管理"。它是一种"理论"，或者更确切地说，它是一种"框架"，这一理论或者说框架首先与管理行为相关，其次与组织行为有关。

战略管理的利益相关者方法

　　虽然利益相关者概念的发展史从表面上看是相对短暂的，但这个概念可以用来把丰富的文献联系在一起。每个主要研究领域的关注焦点并不是相互排斥的。对于管理者和组织研究者来说，关注企业级实体的规划和规划系统的制定，认识企业在社会系统中所扮演的角色、企业的社会责任，以及需要用综合理论来解释大量组织及其环境的行为，是至关重要的。利益相关者概念有助于将一些问题整合到战略概念中，即组织如何配置自己并采取行动使自己与外部环境保持一致。

　　任何战略管理模式都必须处理一些关键问题。下面列出的一些问题可以部分地从利益相关者的角度来理解。

- 组织的方向或使命是什么？（战略方向）
- 哪些路径或战略将实现这样的使命？（战略方案制订）
- 为了战略的实施，必须进行哪些资源分配或预算？（预算编制）

- 如何确保战略按照既定轨道执行或者在控制之中？（控制）
- 执行战略所必需的宏观制度和结构是什么？（结构和系统）

后续章节将依次讨论这些问题。图 2-2 是典型的战略管理流程示意图，可用于描述一些大公司中使用的实际战略管理流程。洛朗格（Lorange，1980）详细解释了每一项战略任务。申德尔和霍弗（Schendel and Hofer，1979）根据这些任务对战略管理的研究进行了分类，并阐明了战略管理的"范式"，而弗里曼和洛朗格（1983）提供了一种启发式方法，以理解和开发关于战略管理流程的新研究问题。

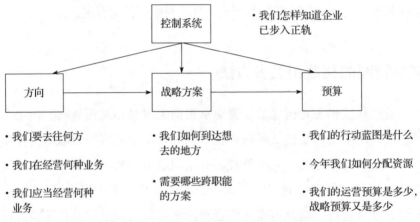

图 2-2　典型的战略管理流程示意图（洛朗格，1980）

从"战略规划"到"战略管理"的概念转变，意味着向行动导向迈出了重要的一步。仅仅为利益相关者所关注的事项进行规划是远远不够的。能够实施和控制的方案和政策，必须是这些规划的结果。此外，公司的经理人必须以一种"战略方式"，即在公司的指导下，完成他们的工作。利益相关者的概念可以依据商业环境的内部和外部变化来丰富我们对战略任务的理解，因为它为经理人和研究人员提供了一个框架，让他们懂得如何在动荡环境中回答大多数美国公司的战略问题。

　　根据以上引用的所有研究，人们可能会问，组织理论家和管理者是否需要一个"新"的概念，比如"利益相关者"。虽然这一批评是有道理的，但我可以回答说，语言会改变我们看待世界的方式。通过使用"利益相关者"的概念，经理人和理论家都会认为这些群体拥有"利益关系"。"利益相关者"意味着"合法性"，虽然经理人可能并不认为某些群体是"合法的"，因为他们对公司的要求是不恰当的，但经理人最好根据他们影响公司方向的能力赋予这些群体"合法性"。因此，"合法性"从管理意义上理解，意味着在利益相关者身上"花费时间和资源是合法的"，无论他们的要求是否适当。

　　当然，这里所讨论的合法性是一个比较宽泛的概念。是不是所有的利益相关者对公司的资源都有平等的"合法"要求权？公司的商品和服务的分配问题是否要留待市场来解决？或者，是否要凭借各种利益相关者群体的政治"影响力"来解决这一问题？目前，我将暂时搁置这些问题，不是因为研究它们不会获得丰硕的成果，而是因为，我认为我们首先必须理解较弱意义上的"利益相关者合法性"：如果你想成为一名高效的经理人，那么你就必须考虑利益相关者。如果我们能够将关注的问题与从政府到所有者再到客户的多个群体整合起来，那么我们将更好地回答利益相关者概念提出的重要政策问题。[22]

　　与汤普森（1967）的主张一致，"利益相关者"应该指"那些有影响力的群体"，或者更正式地说：

　　　　组织中的利益相关者（根据定义）是能够影响公司目标实现或受公司目标实现影响的群体或个人。

　　从我在第一章中的论点可以明显看出，为什么那些能够影响公司的群体应该是"利益相关者"。从某种意义上说，战略管理的目的是为企业指明方向。在战略管理过程中，必须考虑能够影响公司发展方向及其实施的群体。然而，由于并非所有能够影响公司的群体本身都会受到公司的影响，对于"那些受公司影响的群体"也是利益相关者这个问题，并不是很容易理解。我之所以下这个对称性的定义，是因为公司在过去几年里经历了一些变化。20 年前对公司行为没有影响的群体，今天却可以产生影响，这很大程度上是因为公司行为忽视了对这些群体的影响。因此，通过将这些受影响的群体称为"利益相关者"，之后的战略管理模式会对未来的变化非常敏感，并能够将新的"外部变化"转化为内部变化。理解该定义的一种方法是将利益相关者概念视为解决企业战略和企业社会响应度问题的保护伞。要成为一名有效的战略家，你必须与那些可能影响你的群体打交道，同时作为回应（从长期有效性来看），你必须与那些受你影响的群体打交道。

已经有一些研究明确地以这种形式使用了利益相关者概念，我将在这里做简要综述，并在之后的章节中回到它们各自的观点。

斯特迪文特（Sturdivant，1979）调查了公司高级管理层和某些利益相关者的价值观是否不同的问题。他使用了一种之前测试过的工具——斯特迪文特 – 金特尔（Sturdivant-Ginter）问卷，并对激进团体的样本进行了广泛的抽样调查。斯特迪文特发现，用这一工具衡量的高管和激进主义者的价值观存在根本差异。

索南费尔德（Sonnenfeld，1981）对林产品行业进行了调查，试图定义一系列公共问题以及对这些问题的回应。他测量了每个相关职能部门与利益相关者互动的时间，并调查了利益相关者，以确定他们对公司对公共问题反应能力的看法。索南费尔德的研究是第一个使用系统调查和访谈资料作为数据，并对一个行业进行深入分析的研究。他的研究结果对于理解战略管理模式应对公共问题的能力大有裨益。

查克拉瓦蒂（Chakravarthy，1981）研究了煤炭行业中几家公司应对环境变化的能力。他所研究的问题比以往的研究更加深入，因为他开发了一个部分使用利益相关者概念的适应模型，这一模型既适用于商业问题，也适用于公共问题。迈尔斯（Miles，1982）对烟草行业进行了深入的分析，并试图将这些概念融入公司战略、"利益相关者"和企业与政府的关系中。蒂芙尼（Tiffany，1982）分析了钢铁行业自20世纪初以来的演变，展示了复杂的相互作用以及为管理利益相关者群体而有意识地制定的战略。

埃姆肖夫和弗里曼（1979）报告了对新英格兰电话公司在一个更为传统的、为一些利益相关者所关注的"商业"问题上进行的具体干预的结果，并开始制定一些规范性的管理主张。埃姆肖夫和弗里曼（1981）在美国酿酒师协会和饮料容器立法问题的临床研究中应用了一种特定的管理流程。埃姆肖夫和芬尼尔（Emshoff and Finnel，1979）在另一项临床研究中将这一概念用于战略制定的分析，米特罗夫和埃姆肖夫（Mitroff and Emshoff，1979）以及梅森和米特罗夫（Mason and Mitroff，1982）在他们构建和测试"战略假设分析"的过程中，以多种方式运用了这一概念。埃姆肖夫（1980）将利益相关者分析和战略假设分析结合为一个通用战略制定模型。弗里曼和里德（Freeman and Reed，1983）认为利益相关者概念可以用来理解关于公司治理的争论，弗里曼（1983）将利益相关者概念用作战略管理的保护伞[○]。

在接下来的章节中，我将继续进行这项研究，通过借鉴以上提到的文献来丰富它，并通过将利益相关者的概念发展成一种战略管理方法来扩展它。这就需要对范围更加广泛的、从战略制定到组织结构的战略任务进行分析，并且需要额外增添一些概念。我的重点始终放在

○ 弗里曼（1983）将外部的利益相关者纳入利益相关者范畴，使得"利益相关者"概念涵盖了战略管理中所有影响或受到组织影响的重要主体，因此可以说对利益相关者进行管理本质上是一个"战略保护伞"。——译者注

战略管理上，即如何使用利益相关者概念来丰富我们对组织如何以及应该如何设定和实施方向的理解。

管理理论注释

我认为，管理理论本质上是规定性的，但这并不意味着规定是没有根据的、与真实组织的描述是没有关系的。这里开发的利益相关者模型是规范性的，因为它在理性的意义上规定了组织管理者的行动。"如果你想进行有效的管理，那么你必须以系统的方式考虑你的利益相关者"，这是一种规范，但它与"你应该与批评者沟通"有根本差异。[23] 相较于后者，我更确定前一种规范的相关性。然而，我确实认为，经理人必须理解第二个描述所阐释的那些价值命题。事实上，制定企业层级战略的重点正是理解这些价值命题。

好的管理理论是实用的，也就是说，它们与实践的管理者有关。它们不仅预测可能发生的事情，并允许管理者根据这些预测进行调整，还解释了某些现象（与理论有关的）的存在，以及这些现象与其他现象之间的关系。利益相关者方法研究的是影响组织的群体和个人，以及对这些群体和个人做出反应的管理行为。我希望，在接下来的章节中对这些细节的关注可以进行恰当地解释，并厘清利益相关者方法的实际影响和局限性。因为好的理论是实用的，所以人们常说这种相关性是以牺牲"严谨性"为代价的。然而，我认为这一论点遗漏了一个逻辑点。任何在逻辑或概念上不严谨的理论或模型都不实用。它根本不能保证管理者从中得出的结论是正确有效的。这一理论不需要经过实证检验。然而，支持该理论命题的实证证据越多，我们对它就越有信心。理论的实证支持在理论构建和验证中都很重要，然而，理论的严谨性比实证支持更为重要。我的目的是对战略管理的利益相关者方法进行严谨的陈述。然而，我将专注于构建方法，而不是可以用来验证它的实证研究。我认为战略管理方面的理论太少了，我希望用利益相关者的概念来补充一些理论命题。

小　结

利益相关者的概念在其历史进程中已经在许多学科中得到了发展。战略规划、系统论、企业社会责任和组织理论的文献可以用来发展一种战略管理的方法。我曾说过，需要对利益相关者下一个包容性的定义：能够影响公司目标实现或受公司目标实现影响的群体或个人。而且我推测，战略管理的方法，例如在后续章节中发展的方法，必须规定有效的管理行为，并且在概念上是严谨的。

注　释

1."利益相关者"的确切来源出奇地难以追查。Ackoff（1974）将这一术语的创造归功于 Ansoff（1965），并引用了 Ansoff 书中提到的 Abrams（1954）和 Cyert 与 March（1963）。Mason 和 Mitroff（1982）将这一术语归因于 Rhenman（1968）。《管理科学应用》的一位匿名审稿人向我指出，这个概念起源于 SRI，我在 Emshoff 和 Freeman（1981）的著作中确认了这一点。不久之后，SRI 的 William Royce 博士在与我的私人通信中讲述了 20 世纪 60 年代初 Ansoff、Robert Stewart 和 Marion Doscher 在洛克希德·马丁和 SRI 的故事。斯坦福大学的 Kirk Hanson 教授随后向我指出，Rhenman 是在斯坦福大学访问期间撰写了《工作场所的工业民主》

（*Industrial Democracy in The Workplace*）。1980 年夏天我的 SRI 之旅以及与 Royce 博士和 Arnold Mitchell 博士的一次谈话澄清了许多历史问题。他们非常慷慨地分享了那段时间的一些原始文件，我对他们以及 SRI 十分感激。

2. William Royce，私人信件。

3. 在 Ansoff（1979），Hayes 和 Abernathy（1980），Charan 和 Freeman（1980）以及许多其他地方都论证了将社会和政治问题与经济和技术问题结合起来分析的必要性。"经济"和"社会"分析之间的分歧在概念上一直具有任意性，或者至少从作为经济学基础的现代效用理论问世以来就是如此［von Neumann 和 Morgenstern（1946）］。理性的行动者对许多东西都有偏好，其中只有一部分是用美元来衡量的。理性的概念比一些商业理论家想象的要广泛得多。例如，参见 Schelling（1960，1978）、Buchanan 和 Tullock（1965）以及其他许多"决策理论家"的研究。

4. 关于定义在理论中扮演的角色，这里有一句告诫是恰当的。Quine（1960）声称"判决并不仅仅由经验来决定"。Austin（1961），Wisdom（1953）和 Wittgenstein（1953）以及由此产生的语言哲学文献对定义在语言中所起到的作用进行了相当复杂而深入的分析。

5. 有关商业政策"范式"的简史，请参阅 Ansoff（1977），Hofer、Murray、Charan 和 Pitts（1980）以及 Schendel 和 Hofer（1979，1979a）。

6. 有关将环境扫描作为一项战略任务的分析，请参阅 Utterback（1979）。

7. 有关多角度的战略规划和管理文献，请参阅 Abell（1980），

Ansoff（1979a），Ansoff、Declerk 和 Hayes（1976），Grant
和 King（1979），Hofer 和 Schendel（1978），Lorange（1979，
1980），Porter（1980），Schendel 和 Hofer（1979）　以 及 Vansel
（1979）。

8. 系统论的确切起源很难确定。当然，Barnard（1938）是创始
人的候选人之一。然而，关于解决问题的系统观可以追溯到更早的时
候。Descartes（c.1628）认为，在他经常被嘲笑的"理性方法"中，
分析（将事物分解成多个组成部分）和整合（通过观察事物的组成部分
来构建整体）是结合在一起的。关于将系统方法与传统哲学联系起来的
尝试，参见 Churchman（1971）。

9. 关于界定集体战略概念的一个最新尝试，参见 Astley（1981）。

10. 这些文献数不胜数，此处无法一一加以评述。参见 Carroll 和
Beiler（1977），Sturdivant（1977）和 Post（1978，1981）对这些
文献的综述。

11. 对美国这一时期的评论，请参阅 Broder（1981），Calleo
（1982），Halberstam（1969），Schlesinger（1965）和 White（1982）。

12. 有关"利益相关者审计"概念的不同用法，请参阅 Freeman，
Banker 和 Lee（1981）以及本书第四章。

13. Keim（1978，1978a）提出了一个关于公共物品理论的有趣
论点。

14. 虽然不能对专业组织选择自己组织的方式做太多的解释，但应
该指出的是，这样的组织原则从知识分子的角度来看可能会强化"企
业"和"社会"问题之间的分歧。

15. Mason 和 Mitroff（1982）错误地认为 Rhenman 发展了利益
相关者的概念。感谢 Kirk Hanson 教授在跟踪 Rhenman 对利益相关

者概念发展的影响方面的帮助。

16. 奇怪的是，利益相关者的概念并没有在 Rhenman（1973）中发挥作用。

17. 如果我们把 Rhenman 定义中的"和"（and）替换为"或"（or），我们会得到一个类似于在本书中贯穿始终的概念。

18. 关于这一概念的一些应用例证可参阅 Hirsch（1972），Terreberry（1968）和 Evan（1972）。

19. Lawrence 和 Lorsch（1967）第 11 页。我将在本书的第八章中讨论利益相关者方法在管理职能部门中的应用。

20. Pfeffer 和 Salancik（1978）第 2 页。

21. Rhenman（1973）是个例外。

22. 利益相关者合法性这一更为广泛的问题，以及现代公司最终的正当性，超出了本书讨论的范围，它是我与 W.M.Evan 联合研究项目的主题。Evan（1975）实质上是在一个利益相关者框架中提出了这些问题。

23. Kant（1787）区分了假言命令和定言命令。现代的理性概念与假言命令有关，比如，"如果你想最大化市场份额，你就必须与消费者权益倡导者打交道"。虽然这些声明是规范性的，但它们不是绝对的。手段与目的的关系以及理性与道德之间的联系经常被误解，可参见 Sen 和 Williams（1982）的一系列关于这种联系的论文。

CHAPTER 3

第三章

利益相关者管理：框架与理念

引　言

组织有其利益相关者。也就是说，有一些群体和个人可以影响组织使命的实现或受其影响。我已经证明，如果商业组织要在当前和未来的环境中取得成功，那么高管必须考虑多个利益相关者群体。本章旨在讨论如何使用利益相关者管理框架来更好地理解和管理内部和外部的变化，以及与此框架相伴而生的管理理念如何融入我们对于组织的更习惯的思考方式。[1]

利益相关者框架

第二章中讨论的文献产生了利益相关者概念的广义定义。无论是从战略管理的角度，还是从实现组织目标的角度来看，我们都需要一个包容性的定义。我们不能遗漏任何能够影响组织目标或被组织目标影响的群体或个人，因为遗漏其中任何一个都可能阻碍我们实现目标。因此，从理论上来说，"利益相关者"必须能够涵盖范围较为广泛的群体和个人，即使当我们将这一概念付诸实际检验时，我们也一定会忽略某些此时对公司影响很小或没有影响的群体。这样一个宽泛的"利益相关者"概念将包括一些可能不"合法"的群体，因为他们拥有与我们截然不同的价值观和行动议程。有些群体的目的可能仅仅是为了干扰我们业务的顺利运作。例如，一些公司必须将"恐怖组织"视作利益相关者。尽管承认这样的"非法"群体与我们的业务有利益关系十分令人不快，但从战略管理的角度来看，公司必须这样做。如果"恐怖分子"能够对企业的运作产生重大影响，就必须针对他们制定应对的战略。

利益相关者概念必须能够捕捉特定的群体和个人作为"利益相关者"。当我们从战略规划理论转向战略管理理论时，我们必须以行动为导向。[2] 因此，如果利益相关者的概念要具有实践意义，它必须能够产生针对特定群体和个人的具体行动。"利益相关者管理"作为一个概念，是指组织必须以行动为导向管理它与特定利益相关者群体的关系。

将"利益相关者"定义为"能够影响组织目标实现或受其影响的任何群体或个人"，这就产生了以流程和技术来提升组织战略管理能力的需要。我们至少要从三个层面理解组织用来管理与利益相关者关系的流程。[3]

首先，我们必须从理性的角度理解，谁是组织中的利益相关者，以及所感知的利益关系是什么；其次，我们必须了解明显或隐晦地用于管理组织与其利益相关者关系的组织流程，以及这些流程是否"符合"组织的理性"利益相关者地图"；最后，我们必须理解组织及其利益相关者之间的交易或谈判，并推断这些谈判是否"符合"利益相关者地图和利益相关者的组织流程。

我们可以根据组织结合这三个层面分析的能力来定义组织的"利益相关者管理能力"。[4]例如，如果一个组织了解其利益相关者地图以及与每个群体的利益关系，该组织可以被认为具有较高的（或具有优势的）利益相关者管理能力；作为组织标准操作程序的一部分，该组织有组织流程定期将这些群体及其利益考虑在内；组织实施一系列交易或谈判来平衡这些利益相关者的利益，以实现组织的目的。此外，如果一个组织不了解谁是其利益相关者，没有处理利益相关者所关注的问题的流程，也没有与利益相关者谈判的交易行为，则可以说其利益相关者管理能力较低（或存在劣势）。如果利益相关者管理框架要成为一种有用的管理工具，就需要更详细地对每一个层面的分析进行讨论。

"理性"层面：利益相关者地图

任何旨在提高组织利益相关者管理能力的框架都必须从基本定义的应用开始。谁是那些能够影响组织目标实现或受组织目标实现影响的群体和个人？我们如何构建一张组织的利益相关者地图？构建这样一张地图有什么问题？

在第一章中我们看到，由客户、供应商、员工和所有者组成的公司的传统图景必须改变，从而将环保主义者、消费者权益倡导者、媒体、政府、全球竞争者等包含在内。基于对过去 20 年企业环境变化的分析，我提出了这一观点。由此产生的通用的利益相关者地图（见图 1-5）可以作为构建一个典型公司的利益相关者地图的起点。理想情况下，为特定公司构建地图的起点是对该特定公司的环境的历史分析。[5]在没有此类历史文档的情况下，图 1-5 可以作为初始通用利益相关者地图的检查点。

图 3-1 描述了一个主要位于美国的大型组织 XYZ 公司围绕一个主

要战略问题的利益相关者地图。但是，该组织的高管认为，图 3-1 可以作为公司几乎所有重要问题的出发点。不幸的是，大多数"利益相关者分析"的尝试都仅仅停留在构建图 3-1 上。正如第二章的文献所表明的那样，利益相关者概念的主要用途是作为收集一般利益相关者信息的工具。"一般利益相关者"是指"那些可以影响……的各类群体"。"政府"是一个类别，正是美国环境保护局、职业安全与健康管理局、联邦贸易委员会、国会等可以采取行动来影响组织目标的实现。因此，要使利益相关者分析有意义，图 3-1 就必须更进一步，必须确定特定的利益相关者群体。表 3-1 是 XYZ 公司特定的利益相关者附表，可以补充图 3-1。为了掩盖公司的身份，一些群体在表 3-1 中被合并起来。因此在表 3-1 中，真正投资于 XYZ 公司的那些投资银行的名称将被"投资银行"所取代。

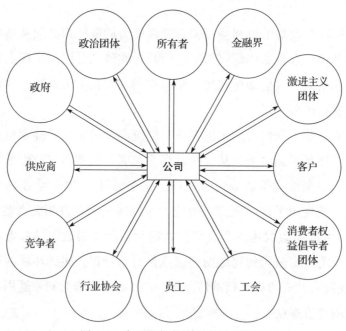

图 3-1　大型组织的利益相关者地图

表 3-1　超大型组织中的特定利益相关者[①]

所有者	金融界	激进团体
股东	分析师	安全卫生组织
债权人	投资银行	环境组织
员工	商业银行	"大企业"集团
	联邦储备系统	单一议题团体
供应商	**政府**	**政治团体**
公司 #1	国会	政党 #1
公司 #2	法院	政党 #2
公司 #3	内阁部门	全国城市联盟
⋮	机构 #1	全国市长委员会
	机构 #2	⋮
客户	**消费者权益倡导者团体**	**工会**
客户群体 #1	美国消费者联合会	工会 #1
客户群体 #2	消费者联盟	工会 #2
⋮	消费者委员会	⋮
	⋮	工会政治行动委员会
员工	**行业协会**	**竞争者**
员工群体 #1	商业圆桌会议	国内竞争者 #1
员工群体 #2	全国制造商协会	国内竞争者 #2
⋮	消费者行业组织 #1	⋮
	消费者行业组织 #2	国外竞争者 #1
	⋮	⋮

①大多数利益相关者群体的名称都是假定的。

　　大多数超大型组织都有利益相关者地图及其利益相关者附表，它们与上面的图表大致相似。在特定利益相关者的层级上，行业、公司和地理位置之间将存在差异，但这两张图表可以用作利益相关者群体的一览表。在后续章节分析的几个行业中，一般层级上几乎没有差异。

　　表 3-2 是对利益相关者附表（见表 3-1）中列出的某些特定利益相关者群体的利益分析。因此，政党 #1 和政党 #2 的利益是作为 XYZ

公司产品的主要用户，能够影响监管过程以强制改变 XYZ 公司的运营，并能够通过政治手段提升 XYZ 公司的全国关注度。XYZ 公司所有者的利益因不同的特定利益相关者群体而异。XYZ 公司的员工以及 XYZ 公司工会的养老基金都十分关注 XYZ 公司股票的长期增长，因为他们的退休金将取决于 XYZ 公司在他们退休后的盈利能力。其他股东则希望获得当期收入，因为 XYZ 公司一直以长期稳定而温和的增长闻名。客户群体 #1 使用了大量 XYZ 公司的产品，他们对如何随着时间的推移以较小的增量成本来改进产品感兴趣；客户群体 #2 只使用了少量 XYZ 公司的产品，但这一小部分却是客户群体 #2 的产品的关键原料，并且没有现成的替代品。因此，不同客户群体利益相关者的利益是不同的。一个消费者权益倡导者团体担心 XYZ 公司的产品决策对老年人的影响，因为老年人高度依赖于 XYZ 公司的产品；另一个消费者权益倡导者团体则担心 XYZ 公司其他产品的安全性。

表 3-2　XYZ 公司特定利益相关者的"利益"分析

客户群体 #1	政党 #1 和政党 #2
产品的大量使用者	产品的大量使用者
产品的改良	能够影响监管过程
	能够在全国范围内获得媒体关注度
客户群体 #2	**消费者权益倡导者团体 #1**
产品的少量使用者	XYZ 公司产品对老年人的影响
无替代品	
员工	**消费者权益倡导者团体 #2**
工作以及工作保障	XYZ 公司产品的安全性
养老金福利	
所有者	
公司增长率以及收入	
股价和股息的稳定性	

　　正如 XYZ 公司的这三个图表所显示的那样，构建一个合理的"利益相关者地图"并不是一件容易的事情，因为要识别特定的群体以及每个群体的利益。这些图表过于简单化了，因为它们对 XYZ 公司利益相关者的描述是静态的，而实际上，它们会随着时间的推移而变化，其利益关系也会随着所考虑的战略问题的变化而变化。同样，构建一个准确的投资组合并不是一件容易的事情，正如衡量市场份额问题所表明的那样。[6] 当我们考虑到这三个图表的多个含义时，这项任务就变得越发困难了。

　　第一个含义是，正如莫顿（Merton，1957）确定了个人在社会中所扮演的角色集，而埃文（Evan，1966）将组织这一概念推广为组织集，我们可以将这些概念组合成"利益相关者角色集"，或者个人或群体作为组织的利益相关者可能扮演的角色集。例如，员工可能是 XYZ 公司产品的客户，可能属于 XYZ 公司的工会，可能是 XYZ 公司的所有者，可能是政党 #1 的成员，甚至可能是消费者权益倡导者团体中的一员。某些特定利益相关者群体的许多成员也是其他利益相关者群体的成员，作为组织中的利益相关者，他们可能必须平衡（或不平衡）相互冲突、相互竞争的角色。这就可能导致每个人与自身或者与团体成员之间产生冲突。特定利益相关者的角色组合很可能会对组织行动产生不同且相互冲突的期望。对于某些组织和利益相关者群体，"利益相关者角色集"的分析也许是合适的。图 3-2 举例说明了员工和政府官员可能扮演的利益相关者角色集。

　　图 3-1 和表 3-1、表 3-2 的第二个含义是利益相关者群体间的相互联系，或者组织间存在的关系，这一现象在组织理论中得到了很好的研究。[7]XYZ 公司发现，工会也是一个对立的消费者权益倡导者团体的主要贡献者，该团体向一个关键的政府机构施压，要求对 XYZ 公司实施更为严格的监管。利益相关者群体的网络很容易针对特定的问题

出现，并随着时间的推移而持续存在。团体联盟的形成是为了在某个特定问题上帮助或反对某个公司。此外，一些公司非常善于间接达到目的，即通过影响利益相关者 A 来影响利益相关者 B，进而影响利益相关者 C。[8]

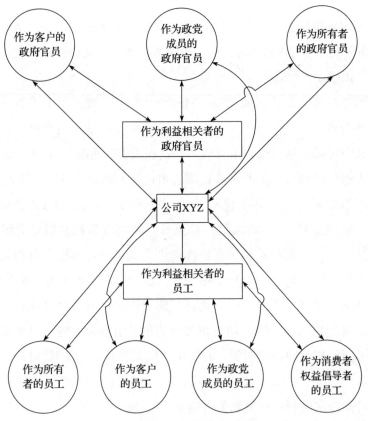

图 3-2　员工和政府官员可能扮演的利益相关者角色集

更传统的例子包括法院作为收购要约的关键利益相关者的出现。马拉松石油公司（Marathon Oil）成功地利用法院和反垄断机构击退了美孚（Mobil）的收购要约，同时得到了美国钢铁公司（U.S.Steel）的援助。AT&T 调动了员工和股东的支持，试图通过上书运动的方式来影响国会。虽然已经有一些关于权力和影响网络的研究，但很少有人知道如何以积极和主动的方式利用这类网络来制定战略。对于想要利用这种间接方法与利益相关者打交道的经理人可以选择的备选方案，我们同样知之甚少。图 3-3 描述了几个网络，阐述了为实现组织的目标，必须考虑到每一个可能出现的或被创建的网络的必要性。我们将在第五章谈论如何分析网络和联盟的问题。

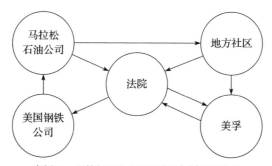

案例#1：马拉松石油公司和美国钢铁公司合并

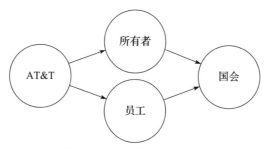

案例#2：AT&T 与众议院5158号法案

图 3-3　典型的联盟或间接战略

法院和一些政府机构在这些群体互动的过程中扮演着特殊的角色。它们有一种特殊的"利益关系"，是一种正式的权力。虽然它们通常不会主动采取行动，但它们可以充当冲突的解决者或者正当程序的保证人。如果进一步归纳这一概念，我们可以看到，图 3-1 和表 3-1、表 3-2 表明组织拥有不同种类的利益，而不同群体对利益持有不同的看法。"利益"显然是多维的，不能仅仅用美元来衡量。然而，"利益"的具体维度究竟是什么，这是一个更加难以回答的问题。表 3-2 涵盖了一系列广泛的现象，从更传统的给予股东美元回报到呼吁在 XYZ 公司的管理事务中"发言权"（Hirschman，1970）。显然，我们需要更详细地理解"利益"。

一种分析工具是将组织的利益相关者描绘在一个二维网格上。[9] 第一个维度是根据"权益"或"利益"对利益相关者进行分类。其目的是观察多个利益相关者感知到的利益范围。虽然这里没有严格的标准可供使用，但一个典型的分类是将"利益"从"在公司拥有股权"归类为"对公司施加影响者"，或者用迪尔（Dill，1975）的话说，"是干预者（kibbitzer），或者对公司的所作所为感兴趣的人，因为公司以某种方式影响了他们，即使不是从市场的角度直接对他们施加影响"。我们可以在股权和"干预者"之间加入一个中间类别，称之为拥有"市场"利益。这个序列的分类旨在代表更为传统的理论中的公司所有者（股权）、客户和供应商（市场份额）以及政府（干预者）的不同利益。

这种分类网格的第二个维度可以理解为权力，或者笼统地说，就是利用资源使事件真正发生的能力。[10] 这个序列上的三个利益点是投票权、经济权力和政治权力。所有者可以利用其投票权，通过投票选举董事或支持管理层，甚至可以在收购战中为他们的股份在市场上"投票"。客户和供应商可以根据经济实力来消耗资源，具体可以用在研发上投入资金、将资金转投另一家公司、提高价格或停止供应来衡量。政府可以通过立法、制定新法规或向法院提起诉讼来利用政治权力方面的资源。

图 3-4 展示了这种二维网格，所有者（股东）可被视为股权和投票权的典型代表；客户和供应商拥有市场份额和经济实力；政府拥有影响力和政治权力。图 3-4 的对角线网格中对利益相关者的关注代表了古典管理思想的发展，以及现代企业盛行的"世界观"。管理理念和原则已经演变为沿着这条对角线来对待利益相关者。经理人学习如何通过使用在某些关键决策上的投票权来应对股东和董事会，并通过写入公司章程的程序和流程或者正式的法律手段来解决冲突。战略规划者、市场部经理、财务分析师和运营主管的决策往往基于市场变化，以及基于对市场力量进行经济分析的智慧和研究的悠久传统。公关和公共事务经理以及游说者学会如何在政治舞台上打交道，讨好政客，如何战略性地利用政治行动委员会、"津贴"和监管程序。

权力 / 利益	正式权力或投票权	经济权力	政治权力
股权	股东 董事会 少数股东权益		
经济	债权人	客户 竞争者 供应商 工会	外国政府
施加影响者			消费者权益倡导者 政府 纳德袭击队 塞拉俱乐部 行业协会

图 3-4　经典利益相关者网格

　　只要"现实世界"近似于图3-4对角线的情况，就没什么问题。每一组管理问题和难题都有一个既定的知识体系，可以在变革时期加以借鉴。进一步支持第一章论点的另一种方式是说，不能再用图3-4中的对角线来看待世界了。

　　例如，在汽车行业，一部分政府机构获得了正式权力，如克莱斯勒贷款担保委员会（Chrysler Loan Guarantee Board）；而在钢铁行业，一些机构在实施进口配额或触发价格机制方面获得了经济权力。在信息披露和会计规则方面，美国证券交易委员会可能被视为拥有正式权力的干预者。现在，外部董事不一定拥有股权。对于女性、少数人群体成员和学者来说尤其如此，他们在大公司的董事会中越来越常见，尽管还远不能确定这些董事是真正发挥了作用，而不仅仅是象征性的成员。一些传统的干预集团正在买入股票并收购股权。虽然它们也获得了正式权力，但每年在股东大会上的示威或围绕社会问题的代理权之争，都是建立在它们的政治权力的基础上的。看看教会团体如何利用政治程序在年度股东大会上提出一些议题，如在发展中国家出售婴儿配方奶粉，或是在南非投资。工会正在利用政治权力以及它们在养老基金投资方面的利益关系来影响公司管理层的决策。消费者权益倡导者正在组织和引导客户行使话语权，从而使市场政治化。

　　简言之，图3-4中所展现的整洁、有序、美好的世界已不再现实。现实世界看起来更像图3-5那样，它列出了之前提到的一些不同的利益关系。当然，每个组织都有自己的独立网格，并且考虑到利益相关者角色集的复杂性，有些群体可能会被归入网格中的多个方框里。图3-5的"杂乱无章"印证了我们需要寻找更传统的管理知识和流程的替代应用。仅仅利用图3-4中对角线上的知识已经不够了，我们必须另辟蹊径，以更好地理解各种有影响力和相互关联的利益相关者群体的权力和利益。因此，麦克米伦（MacMillan，1978）认为，战略规划的要素，传统上只为具有经济权力的市场利益相关者保留，可以适用于纯粹的政治案例。虽然将经济分析应用于公共政策问题有着悠久的传统，但通过最近关于共同决议制和工作生活质量的讨论，我们看到政治概念开始被应用于经济问题。[11]

权力 利益	正式权力或投票权	经济权力	政治权力
股权	股东 董事会 少数股东权益		持反对意见的股东
经济		供应商 债权人 客户 工会	地方政府 外国政府 消费者组织 工会
施加影响者	政府 美国证券交易委员会 独立董事	美国环境保护局 美国职业安全与 健康管理局	纳德袭击队 政府 行业协会

图 3-5 "现实世界"中的利益相关者网格

"权力与利益"分析提出的第二个问题是组织及其利益相关者之间认知的一致性问题。人们对权力和利益可能会有不同的看法，这取决于每个人的观点。某个组织可能并不理解某个特定的工会拥有政治权力，并可能将工会视为一个"纯粹的经济实体"，结果它惊讶地发现，工会在州议会上提出法律草案以阻挠工厂关闭。ABC 公司完全误解了一群房地产经纪人的权力和利益，他们对 ABC 公司变更产品的提议十分不满。ABC 公司运营地所在州的立法机构由许多房地产经纪人组成，他们轻而易举地提出一项法案以阻挠 ABC 公司产品变更。经过一番艰苦协商，ABC 公司才得以逃脱一些完全毁灭性的立法。公用事业公司 DEF 无法理解为什么消费者权益倡导者团体要在对该团体没有经济影响的特定问题上反对它。最终，它与一位消费者领袖交谈，这位领袖告诉它，该组织反对它的唯一原因是，它在立案之前没有告知该组织拟议的费率变化。简言之，该消费者组织认为它拥有的利益与 DEF 公司管理人员所认为的利益不同。DEF 公司经理自然认为，只要拟议的费率变化符合消费者团体及其选民的经济利益，就不会有问题。消费者团体则持有不同意见，它认为自己作为干预者或批评者扮演着至关重要的角色。

仅仅根据组织对其权力和利益的看法来分析利益相关者是不够的。当组织与利益相关者的认知不符时，世界上所有辉煌的战略思维都不会奏效。一致性问题在大多数公司中都是真实存在的，因为很少有组织流程去检查经理们每天对其利益相关者所做的假设。这里提出的关于利益相关者地图方面的理性分析，必须通过对组织运作方式的透彻理解来调整，而要透彻理解组织的运作方式，就要分析它的战略和运营流程。

"流程"层面：环境扫描等

大型复杂组织有许多完成任务的流程。从程序和政策的常规应用到更复杂的分析工具的使用，经理人们发明了各种流程来完成常规任务，并将复杂的任务常规化。要理解这些组织及其如何管理与各种利益相关者的关系，我们有必要看一看"标准运营流程""我们在这里做事的方式"，或者用于实现与外部环境某种"匹配"的组织流程。虽然这样的流程有很多，但我将集中讨论三个众所周知且经常使用的流程，它们旨在帮助经理人进行公司的战略管理，即投资组合分析流程、战略审查流程和环境扫描流程。许多大型复杂的组织都曾使用过这些战略管理流程的变体。就考虑复杂的利益相关者关系而言，通常每一个流程都是不足的，但可以通过利益相关者的概念加以充实。

正如第二章所提到的，在过去 20 年里，人们做了大量的研究，逐步认识到一个公司如何被视为一组业务或业务组合。[12] 与公司作为一个整体相比，业务层面上的离散业务单元更容易管理，成功所需的因素也更易于辨别。其思想是将这一组业务视为投资组合中的股票，赢家将被赋予选择权和养分，而失败者只能失意离场。公司规划师和部门经理（或战略业务部门经理）将公司的业务集绘制在一个矩阵上，该矩阵将外部维度与内部维度进行排列。外部维度通常被标记为"行业吸引力"，由所考虑的行业的增长率来衡量；内部维度通常被标记为"企业实力"，由市场份额来衡量。公司经理在规划好企业投资组合后，努力寻求一个均衡的投资组合，从而使得收益最大化（以股本回报率、每股收益或投资回报率等来衡量），并将风险降至最低。然后，基于特定业务单元在整组业务中的地位以及它们的发展潜力，把战略任务分配给它们的经理。

作为一种分析工具以及一种管理流程，投资组合分析法可能很容易与前面图表中所描述的大多数公司的利益相关者地图脱节。它仅仅着眼于过于狭窄的利益相关者范围，企业业绩的衡量也局限于极为狭窄的维度。虽然行业增长率可能会受到许多非市场利益相关者的影响，但仅仅依赖它就是放弃影响利益相关者的机会，而这些利益相关者可能决定行业未来的增长率。例如，在汽车业，外国竞争者和外国政府、美国政府机构、国会、法院、拉尔夫·纳德和汽车安全中心、环保组织、全美汽车工人联合会（United Auto Workers）等，都会对该行业未来的增长率产生影响。但是，如果以市场份额作为衡量竞争力的唯一标准，我们不一定会投入资源去应对所有能够影响未来市场地位的群体。市场份额作为衡量标准过于宽泛，过度依赖它可能是有害的。

为了说明这一点，让我们来看一下 JKL 公司的命运吧。该公司花费数百万美元进行研发，以开发一种新产品作为一个大型成熟市场中相似品的替代品。JKL 公司认为该产品具有很大的增长潜力，并根据公认的理论，在获得一个关键政府机构的批准之前就推出了新产品，而该政府机构对 JKL 公司将要参与竞争的行业有着严格监管。该产品后来被发现具有致癌性，不得不退出市场，JKL 公司蒙受了巨大损失。对于 JKL 公司来说，市场份额并不是其成功的唯一指标。

或者，想想宝洁公司（P&G）在"Rely"卫生棉条上的经历。宝洁公司凭借一种新产品进入了一个成熟的市场，并斥巨资赢得了很大的市场份额。当有报道将"Rely"卫生棉条与中毒性休克综合征联系起来之后，宝洁主动将该产品撤出市场，而不是放任其危及未来的产品和公司声誉。行业吸引力并不是"Rely"卫生棉条成功的唯一标准。将未来市场的吸引力和损害宝洁卓越声誉的可能性综合起来考虑，使宝洁做出了一个代价相当高昂的决定。尽管并没有证据能证明使用该卫生棉条导致了这种疾病，但仅仅是两者之间存在联系的可能性，就足以让宝洁召回该产品。

相似地，强生公司迅速采取行动召回了速效泰诺胶囊的全部库存，因为此前有报道称，有犯罪分子换装了该产品，导致数人死亡。据称，在该产品上架后，有人将装有氰化物的胶囊装进了药瓶里。强生公司的行为在《60分钟》节目中备受称赞，这个节目有时会批评大公司的行为。强生公司以"防篡改"包装重新推出了该产品，并做了大量的广告宣传。投资组合分析法根本无法使公司在处理上述这些问题时有所准备。在经济、社会和政治力量与新技术相结合的领域，行业或市场吸引力分析还不够复杂，不足以得出切实的结论。

　　这种对投资组合分析法的批评，并不是说经理人在采取行动之前就必须确定可以成功，也不是说，既然市场份额和行业吸引力不能带来确定性，就必须拒绝它们。相反，我们使用的战略流程至少必须先提出正确的问题。投资组合分析流程在帮助经理人理解企业成功的一些因素方面非常有用，但在很大程度上，它们忽略了非市场利益相关者，这些利益相关者通常（尽管并不总是）可以决定企业的成败。

　　与此相关的一个问题是，将公司视为一个业务组合，像管理投资组合中的股票一样对其进行管理，存在管理过程中过度关注公司财务绩效的风险。[13] 虽然财务绩效对一个企业的健康发展至关重要，但这只是外部利益相关者用来判断公司长期生存能力的一个标准。如果过于狭隘地理解，投资组合流程会招致更多的"外部"管制、更多的社会批评，最终导致工作低效。

　　第二个战略管理流程是战略审查流程（Pascale and Athos，1981；Charan，1982），它因 AT&T 的哈罗德·吉宁（Harold Geneen）而知名。这一流程的主要思想是让公司的高管人员定期与部门或战略业务单元（SBU）的经理举行正式的审查会议。他们对计划目标的进展情况进行审查，有时还会制定新的战略。高管们通常由其智囊团专家陪同，被审查者需要回答他们提出的棘手的问题。这些评审通常会被纳入战略规划周期，并被用作沟通期望和评估个人和业务绩效的方法。

　　就与组织的利益相关者地图同步而言，战略审查的主要问题是它们不鼓励和奖励外部导向或利益相关者思维。从接受考核的部门经理的角度来看，重点是要让正在考核业绩的高管人员觉得"看起来不错"。大多数战略评审流程的烦琐程序，以及个人评估和业务评估的混合，使得部门经理难以顾及多个利益相关者关注的问题，这可能与企业对某一特定业务成功因素的既定知识相矛盾。组织的本性是，它不喜欢也不奖励坏消息，很难容忍创新。（除此之外，我们还能如何解释美国企业的状况呢？）在事后上演"谴责利益相关者"这出戏要容易得多。"哪个头脑清醒的高管能让部门经理为一项导致利润损失的规定负责？"虽然在大多数大型多业务公司里，获取利润的责任已经分散，但管理非市场利益相关者（以及一些市场利益相关者）的责任并非如此。公司公共关系和公共事务部门在很大程度上承担着确保公司的所有业务有一个稳定的经营环境的责任。部门经理自然会认为他们缺乏对关键利益相关者变量的控制。在与部门经理举行的一次利益相关者分析研讨会上，大多数人的反应是"太棒了，可惜我的老板不在这里，听不到"。在给公司高管举办同样的研讨会时，大多数人的反应是"太棒了，可惜我们的员工（部门经理）不在场，听不到"。虽然许多问题不是由一个孤立的因素导致的，但像战略审查流程这样的流程，却能够让组织无力提出正确问题的状况愈加恶化。

　　第三个战略管理流程是明确试图关注组织外部的环境扫描流程。[14]采用雷达技术的比喻，其观点是让公司经理们"竖起他们的天线"，扫描他们的业务领域，寻找在未来可能影响业务的重要事件和趋势等。环境扫描有若干版本，每一种都有其优缺点。场景构建是一些公司规划者最喜欢的技术，也是几家咨询公司的杰作，它将几个关键事件和趋势联系在一起，为组织构建一个可能的未来。另一种技术是趋势分析，即监测关键变量（通常是人口和经济变量）的变化。此外，还有一种帮助经理人扫描外部环境的技术——未来研究法，它可以预测未来。

　　虽然所有这些流程都是有用的，但它们中的大多数都不能制定出具体的行动步骤。一个对未来10年的预测方案很难帮助担忧如何克服最新监管规定的SBU经理。因此，大多数公司的规划都会在其规划的开头部分进行环境扫描，它说明了该规划所基于的环境假设。这些假设通常是以对通胀、失业、利率等宏观经济变量的计量经济学预测来表述的。如果这些假设到制订规划的具体战略方案的时候还没有被忘记的话，那么它们一定会在评估结果时被遗忘。那么，没有人会因为使用错误的假设而承担责任。

　　关注企业的战略管理流程是在当前的企业环境中取得成功的必要条件。然而，这种外部关注必须是普遍深入的，从"前端"分析到控制流程。我们的投资组合分析流程、战略审查流程和环境扫描流程必须变得更完善、更复杂，但这还远远不够。

　　组织流程服务于多个目的。其中一个目的是作为沟通的工具，以及作为公司价值主张的象征。[15, 16]"我们在这里做事的方式"描述了在组织中取得成功所必需的活动。而且，如果要成为一个成功和可持续发展的企业，成功所必需的组织内部活动必须与外部环境要求组织完成的任务之间存在某种关系。因此，如果外部环境是一个丰富的多利益相关者组成的环境，那么组织的战略流程就必须反映出这种复杂性。这些流程必须考虑到多个利益相关者，使现有的运作良好的战略流程更加充实。

　　例如，像图 2-2 所描绘的战略管理流程就可以很容易地被充实，方法是将"我们的利益相关者是谁"添加到对企业使命的关注中；在制订战略方案时添加"利益相关者如何影响每个部门、业务、职能及其规划"；在预算周期中添加"我们是否划拨了资源以应对我们的利益相关者"；在控制过程中添加"我们对关键利益相关者的关键假设是什么"。图 3-6 描述了洛朗格的战略管理流程的修订版。所添加的每个问题都将在后面的章节中进行更详细的讨论。重点是，相对简单的想法可以用来鼓励经理人思考他们企业的外部环境，如果想让这些方法持续发挥作用，并"符合"即将出现的利益相关者图景，就必须将这些想法添加到组织流程中。

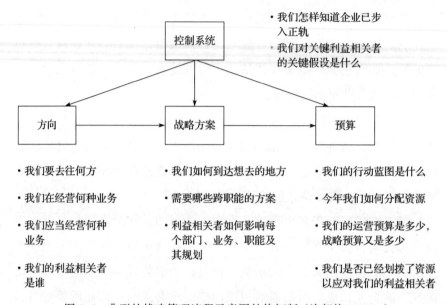

图 3-6 典型的战略管理流程示意图的修订版（洛朗格，1980）

"交易"层面：与利益相关者的互动

利益相关者管理的底线是组织中的经理人与利益相关者的一系列交易。组织及其经理人如何与利益相关者互动？应当划拨出什么资源来与这些群体互动？在社会心理学领域，人们进行了大量关于所谓个人和组织的"交易环境"的研究，我不打算在这里重述这些研究。[17]可以说，组织成员行为的性质以及交换的商品和服务的性质，是组织与利益相关者成功交易的关键因素。

公司与利益相关者群体有许多日常交易，例如向客户销售商品以及从供应商那里购买商品。其他交易也是相当普通和平淡无奇的，比如向股东支付股息或与工会谈判新合同。然而，当我们跳出这个相对舒适的交易区域，转向处理传统市场中利益相关者发生的一些变化以及新的利益相关者群体的出现时，交易崩溃也就不足为奇了。组织的交易与其流程之间缺乏"契合性"，以及其流程与利益相关者地图之间的不"匹配"，成为不满的真正来源。

XAB公司进行了一项关于这种不契合如何导致功能失调的有趣研究。XAB公司了解了其利益相关者地图后，设置了一些组织流程来制定和实施与重要的非传统利益相关者群体打交道的战略。然而，XAB公司派出的与其中几个群体交谈的高管对这些群体几乎没有任何同理心。不用说，该公司与它们的合作进展甚微。考虑到公司的目标，也许战略和流程是不合适的。然而另一种解释是，公司与利益相关者之间的交易并未对战略和流程进行合理的测试。

新英格兰电话公司采用了一种利益相关者方法，在马萨诸塞州实施了一项"目录辅助收费计划"（Emshoff and Freeman，1979）。对利益相关者环境的理性分析是合理的，用于制定实施场景的规划流程也是成功的。然而，它与几个关键利益相关者的交易并不成功，其中最引人注目也最具讽刺意味的是，它与该公司的工会以及州立法机构的交易。工会在州议会通过了一项禁止该公司计划的立法，尽管该公司成功地说服了马萨诸塞州州长否决了这项立法，但由于没有公众的支持，州立法机构推翻了州长的否决，这使新英格兰电话公司向其客户支付了2000万美元。

消费者投诉通常是组织的利益相关者管理能力出现明显问题的领域。许多大公司干脆无视消费者的投诉，认为这些消费者只对应5%的市场份额，宁愿把他们拱手让给其他商家。这些公司不仅缺乏行之有效的流程来处理消费者的投诉，而且所涉及的交易甚至都可以作为脱口秀演员的素材。对于消费者来说，没有什么比被告知"对不起，我希望能帮到你，但公司的政策是这样做的"更为沮丧的了。一位消费者领袖评论说，"被告知这是公司的政策，对经理来说或许事情已经结束了，但对消费者权益倡导者来说，事情才刚刚开始"。[18] 几家成功的公司似乎在处理消费者投诉方面"超支"了。IBM 对服务的承诺、宝洁设置消费者投诉部门，以及西尔斯（Sears）无理由退货的理念，为我们理解与客户进行交易的本质提供了宝贵的经验教训。这些公司的行为似乎表明，消费者的投诉为它们了解消费者的需求提供了机会，这将最终转化为一个良好的盈利，并且使其利益相关者满意。

其他一些交易通常与流程和理性分析不符，包括公司与媒体的关系、股东大会、与财务分析师的会议、与政府官员的接触，以及与员工和工会的日复一日地互动。

许多经理人在参加《60 分钟》节目时，面对那些言辞犀利的记者和善于剪辑的新闻节目制作人，常常会胆战心惊，大汗淋漓。一些组织已经开始学会先发制人，对他们的高管人员进行"如何面对媒体"的特别培训。

对于大多数公司来说，股东大会已经成了例行公事，除了偶尔发生的有意义的代理权之争，如罗克维尔公司（Rockwell-SCM）。如今，高管们不再遵循明确的战略和流程与股东进行有利可图的交易，而是（用股东的钱）与股东共进午餐和发表演讲，为此遭到公司评论家的一片声讨，为了让股东听到他们的意见，这些评论家购买了一股股票。

与财务分析师会谈是另一个交易机会，可以使交易与公司的战略和流程保持一致。许多高管明白，与外国竞争者相比，美国公司在现代化厂房和设备上的投资不足，而且它们忽视了一些竞争者的营销实力。美国企业如何才能重新获得竞争优势是管理界和学术界争论不休的问题。然而，重新获得竞争优势既不是一件容易的事情，也并非廉价的事情。许多美国公司将不得不连续几年"承受收益的损失"，才能真正具有竞争力。大多数金融分析师本质上都只关注短期收益。如果高管人员利用与分析师会谈的机会鼓吹每股的收益，而实际情况可能会被夸大，那么分析师就会继续期待短期收益。有关重新获得竞争优势的投资战略的讨论将只是说说而已。无论如何，高管与分析师进行的交易必须与组织的战略保持一致。通过在这一领域占据领导地位，或许这家深思熟虑的公司可以改变金融分析师的期望。当然，这里存在一个恶性的"鸡和蛋"循环，这说明了试图改变利益相关者期望的两难境地。如果我们仅以短期绩效结果来衡量，并且这一体系因金融界的期望而得到了强化，那么打破这种循环就会带来更大的痛苦。如果战略投资确有其必要性，那么我们必须咬紧牙关，努力改变分析师、股东甚至董事会成员的预期，即使是冒着巨大的个人风险。

与政府官员的交易通常是在敌对条件下进行的。由于政府是许多公司的麻烦之源，它们与政府的交易表现出了它们的不满。据报道，曾有一家公司租用了一辆卡车，将所要求的文件倾倒在了要求提供这些文件的政府机构的门口。当利益相关者关系被双方视为敌对时，任何一方都不去改变它也就不足为奇了。作为一个为大企业与政府交易服务的组织，商业圆桌会议（Business Roundtable）发表了一项研究报告，谴责了监管的成本，并呼吁对监管进行改革。虽然很明显，监管流程在某些领域已经失控，但更有益的交易应该是尝试在监管流程中获得一些正式的投入。获得这样的投入将意味着公司与政府的交易可以与其组织流程保持一致，公司可以制定战略，以积极的方式影响政府，打破多年来艰苦战斗的对抗障碍。

关于交易分析最富有成效的领域，也许是在处理与员工利益相关者群体的关系上。一家大公司宣布，它致力于提高"工作生活质量"，并成立了国家和地方委员会，与员工建立长期的合作伙伴关系。然而，不久之后，该公司又宣布，许多员工实际上是"过剩的"，并提出了激励计划，让员工提前退休。它的这些做法与其原来提出的员工利益相关者群体的未来发展方向是根本不一致的。有大量的文章谈论日本和

Z 理论（Ouchi，1981）以及欧洲的共同决议制。然而，在美国的经理人们开始尝试用不同的方式处理与员工的关系前，也许我们应该弄清楚我们现在的管理原则是否行得通。如果设立的流程是以这种方式对待员工，而日常的做法却是以另一种方式对待他们，那么不论这种流程多么充满善意或"人性化"，问题都不在于缺乏理论。日本的"建议箱"以及"质量圈"的真正意义是，它们向员工传达始终一致的信息，即员工的想法对公司具有一定的影响。

如果公司经理人在理性层面和流程层面上忽视了某些利益相关者群体，那么他们在交易层面上就会束手无策。一方面，公司和利益相关者之间的会面将是短暂的、偶发的、充满敌意的；另一方面，如果另一家公司能够满足这些利益相关者的需求，他们也就不存在了。与利益相关者的成功交易建立在理解其"合法性"和有定期处理他们关注问题的流程的基础上。但是，交易本身应当由那些懂得以何种"货币"支付利益相关者的经理人去进行。我们需要全面彻底地考虑如何取得个人与公司双赢的局面，除此之外别无他法。

显然，组织的利益相关者管理能力的要素之间必须存在某种"契合性"，这些要素包括组织对其利益相关者的理解或概念图、与这些利益相关者打交道的流程，以及用来与利益相关者一起实现组织目标的交易。图 3-7 说明了如何使用某些标准来衡量组织的利益相关者管理能力。一个组织是属于"了解正确的利益相关者地图"类型，还是属于"不了解正确的利益相关者地图"类型，这是一个相对容易的测试。如果随着时间的推移，一个组织仍旧对此感到惊讶，不断地扮演"谴责利益相关者"的角色，那么一定是什么地方出了问题。更加难以解决的一个问题是，判断一个组织的流程和做法是否与利益相关者地图相符，因为正如我所指出的，我们还没有充分理解哪些流程适合公司现在所拥有的众多利益相关者。在第二部分的第四章至第六章，我将通过提出几个用于理解和管理利益相关者关系的流程，重新回到如何定义公司利益相关者管理能力的问题上。然而，在尝试这样一项任务之前，有必要更明确地说明利益相关者管理模式所伴随的基本理念。如何将众多的图表整合到当前经营一家成功的企业所需的管理智慧中去？

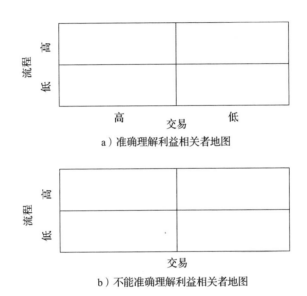

a）准确理解利益相关者地图

b）不能准确理解利益相关者地图

图 3-7 利益相关者管理能力 = f（利益相关者地图，组织流程，利益相关者交易）

利益相关者理念：对自愿主义的呼吁

虽然"谴责利益相关者"的诱惑很强烈，但美国经理人面临的主要问题实际上并不是外部问题，而是内部问题。波戈的话再一次适用，那就是"我们遇到了敌人，这个敌人就是我们自己"。我们面临的挑战是从外部调整我们的思维和管理流程，以便对利益相关者的要求迅速做出回应。三个层面——理性层面、流程层面以及交易层面的分析必须前后一致。然而，还存在几个共同的主题或哲学命题，它们可以作为"智力黏合剂"将这些观点结合在一起。如果我们要在新的企业环境中承担起重获管理能力的艰巨任务，同时又不失去我们在市场上的竞争地位，那么这种管理哲学是非常必要的。如果想要发生有意义的变化，我们必须学会利用我们现有的知识和技能来快速应对"利益相关者挑战"，并创造一些初始的"双赢"局面。

如果要在美国的公司中实施这种管理理念，就必须以自愿主义思想为基础。原因在于，自愿主义不但是唯一与我们的社会架构相符的理念，而且使用其他方法的代价的确太大了。自愿主义意味着一个组织必须自己承诺满足其主要利益相关者。如果利益相关者问题的解决方案是由政府机构或法院强加的，那么这种情况不得不被视为管理上的失败。同理，如果公司 A 比公司 B 更好地满足了消费者权益倡导者、政府机构等的需求，那么公司 B 将被视为竞争失败。在自愿主义的管理理念下，组织的驱动力就是满足尽可能多的利益相关者的需求。

仔细想一想当前许多公司都面临的"利益相关者困境"。下面这个故事是在几个真实事件的基础上简化而来的例子。

一个激进组织（AG）对 ABC 公司的产品 Y 的某些方面感到担忧。AG 认为，如果允许 ABC 公司继续生产和销售该产品，将对公众和 AG 的一些成员造成伤害。AG 在某些圈子里是一个值得信赖的团体，特别是在关键政府机构和官方媒体的支持下。虽然它并不总是能够成功地让大公司对其主张做出回应，但它已经取得了一些成功。尽管该组织没有大量的资源储备，但它可以投入足够的资源来处理目前的事件。ABC 公司认为自己的产品没有什么问题，应该允许它们继续销售。ABC 公司在抵制该产品的几场运动中已经是身经百战的老手了，结果有输有赢，但是不管是输是赢，它都付出了高昂的代价。

让我们假设 ABC 公司有两个主要的战略应对措施：ABC 公司可

以与 AG 协商以达成双方同意的解决方案，协商包括听取 AG 领导人的意见，解释公司关于产品 Y 的立场，探索该组织所担忧问题的解决方案，自愿同意 AG 和 ABC 公司在共同关注的当前和未来的领域开展工作，以及让其他利益集团参与讨论等；ABC 公司还可以采取强硬手段，包括无视 AG 所关注的问题，或者贬低 AG 及其所代表的事业，在 AG 提起正式投诉时做出回应，试图通过反诉来拖延 AG，等等。

当然，AG 也有两个非常相似的战略。它可以通过以下方式与 ABC 公司进行谈判：与 ABC 公司的经理一起参加会议，陈述 AG 的关注点，试图了解其他相关方对产品的需求，与 ABC 公司合作寻找共同可接受的解决方案或相互可接受的流程，从而及时找到问题的解决方案等；AG 还可以采取强硬手段，试图在媒体上引起轰动，在法院对 ABC 公司提起正式诉讼，向监管 ABC 公司的政府机构投诉，在其他与 Y 产品无关的问题上给 ABC 公司设置障碍，援引法规禁止销售产品 Y，等等。

显然，如果双方进行谈判，那么结果就是达成双方都感到满意的协议。[19] 如果双方都充满诚意地进行协商，那么双方也许都得做出妥协，或者至少都愿意做出妥协，否则谈判与采取强硬手段也无甚差别。如果 ABC 公司与 AG 进行谈判，而 AG 决定采取强硬手段（也许在第一次会议之后，AG 决定出卖 ABC 公司），那么 ABC 公司将会因承认 AG 关于产品 Y 的主张可能具有一定的合法性而处境尴尬，并且容易受到 AG 的正式挑战。AG 成员将有一种"击败"ABC 公司的感觉，很可能会成功抵制产品 Y。ABC 公司的经理们将不再信任 AG，并将以一种"鱼死网破"的方式来回应 AG 的挑战。相反，如果 AG 试图谈判，而 ABC 公司以强硬的方式回应，AG 成员的感受就会与 AG 出卖 ABC 公司的情况一样。如果双方都采取强硬手段，那么结果将是一个漫长的过程，最终由法院、政府机构和立法强制解决，而且双方较量还要付出很高成本。

　　从冷酷而工于心计的角度来看，ABC公司最希望的结果是AG提出谈判，而自己则出卖对方，因为这样一来ABC公司就可以"击败"AG；AG最希望看到的结果是ABC公司试图谈判，而自己则出卖ABC公司，从而实现"击败"ABC公司的目的。然而，当每个人都采取自己喜欢的战略——强硬措施时，其结果远不如双方都采取谈判战略。实际上，如果仅仅听从自身利益的指令，双方都会输。

　　图3-8列出了这个利益相关者问题的形式，当然，它在形式上与所谓的"囚徒困境"极为相似，后者说明了在沟通受到限制的情况下达成合作性解决方案的难度。[20]在经典的博弈形式中，两名犯罪嫌疑人（他们实际犯下了罪行）被抓获，并分别接受审讯。每个人都被告知，他们的判刑将根据另一个人是否认罪而有所不同。如果一个罪犯供认了罪行，而另外一个没有这么做，那么没有供认的一方将被从严惩罚；如果两人都认罪，那么每个人都会被判处中等刑期；如果两人都不认罪，他们的定罪将会轻得多。与双方都认罪相比，双方都不认罪会产生双方都希望看到的更好的结果，但在自我利益的驱使下，他们都决定认罪。最终结果如图3-8所示，用"谈判"代替"不认罪"，用"强硬手段"代替"认罪"。如果囚犯可以沟通，他们会达成协议，拒不认罪，或者约定在对方背叛的情况下会进行报复。由于缺乏沟通，不能够达成双方都要遵守的合约，这两个罪犯注定要被处以重刑。

　　关于这个博弈的"利益相关者困境"版本的惊人事实是，ABC公司和AG之间绝对没有这样的沟通约束，也没有任何约束条件可以阻止双方签订具有约束力的协议。两个组织根本没有将沟通和做出响应视为正常的管理活动并把它们纳入管理流程。这一现状对ABC公司和AG施加了类似囚徒困境的约束。

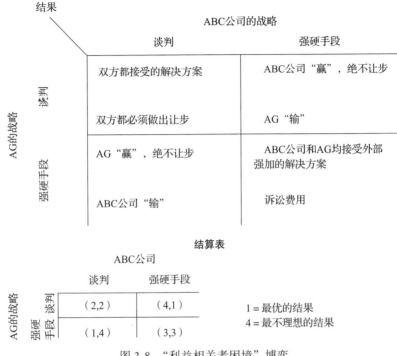

图 3-8　"利益相关者困境"博弈

　　"利益相关者困境"博弈在许多组织正以某种形式上演。[21]唯一的出路是自愿采取与利益相关者群体谈判的姿态。为什么要自愿谈判？因为没有其他方法可以使组织避免外部强加的解决方案，并且，若是接受这样一种强加的解决方案，就等于放弃了管理者的角色。此外，似乎没有理由支付对抗性诉讼的执行费用。在大型组织中，有多少经理、律师和其他专业人士将大部分时间花在与利益相关者的某种对抗性诉讼中，难道这些资源不能被更有效地加以利用吗？

　　我们的管理流程必须允许管理者"自由合作"，而不是迫使他们玩利益相关者困境游戏。我们应该使谈判成为公认的做法，而不是通过正式渠道升级冲突。许多公司在客户身上成功运用了"尝试、修复、执行"的思想（Peters and Waterman，1982），这一思想也必须被应用到与其他利益相关者群体的关系中。这意味着，自愿主义作为一种基本的管理价值，必须渗透到组织中，这样组织才能成功地管理其与众多利益相关者的关系。

这种自愿主义理念可以概括为建立在成功的管理理论和技术基础上的几个规定性命题。这些命题应该被视为一个理论的初步陈述，需要进一步加以详细阐释，但它们有望成为切实可行的建议。

具有较高利益相关者管理能力的组织设计并实施与多个利益相关者进行沟通的流程。

有关沟通流程的一个例子是，最近一些公用事业公司成立了消费者咨询小组，公司在实际提起费率诉讼之前，就把通常在正式监管程序中解决的问题提请消费者权益倡导团体领袖注意。公司高管和消费者领袖可以就共同关心的问题进行谈判，并避免在一些问题上采取代价高昂的对抗性诉讼。

具有较高利益相关者管理能力的组织明确地与利益相关者就关键问题进行谈判，并寻求达成自愿协议。

一个明确谈判的例子是，AT&T 召开了一次由电信高管、学者和消费者领袖参与的全行业会议，讨论如何为本地电话服务重新定价，以使其与真实成本保持一致。这次会议成果颇丰，但也并不是全都富有成效。然而，谈判的基调已经确定，至少一部分当地的电话公司已开始明确跟进，在费率案诉讼程序之前就一些问题进行谈判。

具有较高利益相关者管理能力的组织可以推广其市场营销方法，以服务于多个利益相关者。具体来说，它们在了解利益相关者需求方面花费超支，利用市场手段将各个利益相关者群体分为若干部分，以便更好地了解他们各自的需求，并利用市场研究手段来理解大多数利益相关者群体具有多重属性的本质。

我们可以将"超支"定义为，除了出于效率的考虑外，向那些对公司长期成功至关重要的群体所给予的额外关注。在许多情况下，在利益相关者身上超支是有意义的，因为没有它们的支持，公司就会倒闭。例如，宝洁在客户身上花费巨大，每年都要对数千名客户进行访问调查。同样，石油公司也应该考虑有意识地采取一种意图明确的政策，在欧佩克、政府及利益相关者等能够向公众传达积极形象的群体身上投注大量精力。在大多数情况下，化工公司并没有在环保人士身上支出太多，其结果就是遭到繁重的监管和留下"环境破坏者"的名声。

　　具有较高利益相关者管理能力的组织将"边界人员"融入组织的战略制定流程。

许多组织都有公共关系和公共事务经理，他们对利益相关者关注的问题有很好的了解，而市场营销和生产经理则对客户和供应商的需求了如指掌。然而，这些经理并不总是参与战略规划的制定。因此，他们的专业才能不为人所知。我们假设那些因为关注利益相关者的需求而受到嘉奖的经理最能够代表利益相关者在组织内的利益。如果他们要成功地代表利益相关者的利益，那些边界人员就得有一定的信誉，并且需要在组织流程中扮演一些有意义的角色。

　　具有较高利益相关者管理能力的组织是积极主动的。它们能够预见到利益相关者的担忧，并试图影响利益相关者环境。

在微型计算机行业，很多公司把预期作为一种行为习惯。这些公司，其中一些规模很小，它们花费资源试图"猜测"未来什么产品能够更好地服务于客户，以及市场会在哪里。同样，一些较大的计算机生产商将会"猜测"，随着我们迈向一个完全有可能实现的全新技术时代，诸如"隐私""个人自由"和"计算机读写能力"这样的问题将成为人们关注的焦点。几家公用事业公司试图预测干预者在它们的费率诉讼案中所关心的东西，以积极寻找那些试图影响其观点的重要群体。

> 具有较高利益相关者管理能力的组织能够以与利益相关者的关注点一致的方式分配资源。

埃姆肖夫（Emshoff, 1980）讲述了如何分析大型国际公司中的利益相关者，并按照利益相关者的重要程度对其进行排序。此外，他还粗略地考察了它们是如何分配资源以应对那些未来最重要的群体的。他的调查结果是，几乎没有分配任何资源来处理那些被认为对公司未来成功绝对至关重要的群体。许多高管并不讳言扮演"谴责利益相关者"的角色，却不愿意投入资源来改变特定利益相关者的观点。

> 具有较高利益相关者管理能力的组织中的经理人以"为利益相关者服务"的角度来思考问题。

正如许多成功的公司从"如何为客户服务"或"如何为员工服务"的角度思考一样，我们可以将这一理念概括为"如何为利益相关者服务"。对于大多数组织来说，其"存在的原因"是它们满足了外部环境的某些需求。当一个组织失去了其目标和使命感，仅仅专注于内部经理人的需求时，它就面临着成为一个无关紧要的组织的危险。其他组织（如果存在竞争的话）将更好地满足周围环境的需求。我们越能开始思考如何更好地为利益相关者服务，我们的组织就越有可能生存下来并不断发展壮大。

小 结

本章的目的是从总体上阐述利益相关者管理的框架和理念。我已经证明，如果利益相关者的概念想要改变组织的管理方式，那么这三个层面——理性、流程和交易层面的分析，必须前后一致。我简要概述了自愿原则，我认为这些原则必须与利益相关者概念在战略管理过程中的应用密切相关。在下一章中，我将尝试详细说明如何实现这一点。

注 释

1. 本章中提出的想法是 1982 年 8 月我提交给管理学会全美会议的论文《管理利益相关者：成功适应的关键》的一部分。我要感谢关于适应管理问题研讨会的与会者及其主席 Bala Chakravarthy 教授提出的许多有益的意见。此外，匹兹堡大学管理研究生院和罗格斯大学管理系的几位教师也做出了有益的评论。特别值得一提的是，Barry Mitnick 和 Aubrey Mendelow 在过去一年里一直在鼓励我。

2. 参见 Schendel 和 Hofer（1979）关于战略管理发展的论文集。Freeman（1983）概述了利益相关者概念如何适用于战略管理理论的发展，以及术语"利益相关者"的概念史。

3. 我对"理性""流程"和"交易"的使用与 Graham Allison（1971）三个层面的组织分析类似。然而，这三个层面并不像 Allison

的描述中经常被解读的那样是相互排斥的。每个层面的分析都为观察组织提供了不同的"视角"，并对一些被广泛称为"组织行为"的潜在现象提供了不同类型的解释。虽然每个层面的解释不需要完全相同，但它们确实需要保持一致。因此，我在这三个层面中提出了"契合"的概念。这种三层面的概念方案的应用并不是利益相关者概念所独有的，因为可以想象，我们可以定义流程层面和交易层面以作为战略管理的"投资组合方法"的补充。

4. Chakravarthy（1981）使用"管理能力"和"组织能力"定义了类似的概念，即组织适应能力。

5. 例如，在临床案例研究中，即 Emshoff 和 Freeman（1981）围绕饮料容器立法问题对酿造业的分析，或者 Miles（1982）对烟草公司进行的深入历史研究。

6. 这里的重点是，任何理论都必须明确定义理论中的命题所涉及的实体范围。有时，将"利益相关者"称为特定群体的类别或集合比较方便。但是，我坚持认为，严格来说，特定的群体和个人是真实的，因此可以严格地说，他们"拥有利益"。对于这里所采取的相当唯名主义的哲学处理，见 Nelson Goodman（1955）。

7. 有关组织间关系的文献体量相当庞大，并且对战略管理有丰富的见解。Evan（1976），Negandhi（1975），Nystrom 和 Starbuck（1981）都是优秀的文集，每一本都包含了总结最新研究现状的评论文章。

8. 参见 Miles（1982）对烟草业的分析，以及 Wilson（1981）对利益集团联盟的分析。

9. 有关在公司治理背景下对该网格的讨论，请参阅 Freeman 和 Reed（1983）。

10. 这里概述"权力"的方法相当简单，应该被视为阐释性而非决定性的。Pfeffer（1981）建议对这一概念进行更全面的分析，并将其应用于"权力与利益"坐标。

11. 有关经济解释和政治解释之间的有趣区别，请参阅 Hirschman 的著作（1970，1981）。

12. 关于投资组合理论的更完整的讨论，参阅 Abell（1980），Rothschild（1976），Lorange（1980），以及这些著作中引用的文献。

13. 这里出现的对投资组合理论的批评相当普遍，因为它同样适用于对其他流程的"滥用"。关键是这些流程必须能够与其他层面的分析相"匹配"。它们必须按照这个世界的本来面目去描述，并且必须规定与这种描述相一致的交易。

14. 参见 Schendel 和 Hofer（1979）关于环境扫描研究现状的一些评论文章。

15. Lorange（1980）探讨了战略管理沟通方面的问题，并推荐了一个 3×3 的矩阵来绘制这些流程。

16. 参见 Freeman（1983），后面的第四章分析了"我们代表什么"，以及企业层级战略与利益相关者概念和管理价值观的关系。

17. Emery 和 Trist（1965），Pfeffer 和 Salancik（1978）和其他许多人研究了组织的交易层面。Van de Ven，Emmett 和 Koenig（1975）描述了几种不同的交易模式。

18. 与亚利桑那大学的 Currin Shields 教授以及消费者组织会议的前任主席的会谈，消费者组织会议是一个由当地消费者权益倡导组织组成的全国性联盟。

19. 这里提出的博弈收益结构的前提条件是，这个问题非常模糊，以至于没有一个"明显最佳的"解决方案，但要找出一个双方都能接受的解决方案还是有可能的，且较之由外部各方（比如政府）所强加的解决方案，双方更倾向于这种能共同接受的解决方案。

20. 关于囚徒困境的文献很多，在 Luce 和 Raiffa（1957）的著作中对此有明确的讨论。这里描述的博弈类似于每节经济学入门课上教授的麦农的困境，以及 Garrett Hardin 在《公地悲剧》（*Tragedy of the Commons*）中的记录。

21. 我并不是说公司与利益相关者的每一场博弈都是囚徒困境，而只是说一些交易是囚徒困境。博弈论作为一种解释工具在战略管理中的运用，是一个长期被忽视的研究课题。McDonald（1977）是其中一个著作。最近在概念层面应用博弈论的研究可以在 Brams（1981）和 Muzzio（1982）中找到。政治学家的这两个著作都对组织中个人的运作有着有趣的见解。

战略管理流程

　　第二部分的目的是解释如何将利益相关者概念构建到存在于大多数组织中的战略管理过程中。此外，它还探索了几个明确解决利益相关者问题的新流程。我们将在第一部分的基础上进行扩展——如果美国企业要对其所处环境做出灵敏的反应，并解决如何更有效地"盈利"问题，利益相关者的战略管理方法既是可行的，也是必要的。

　　第四章"确定战略方向"阐述了战略管理中的两个主要问题。第一个问题是公司在更大的背景下或者说"企业战略"的制定中所扮演的角色。考虑到当前的外部环境，我们必须回答这样一个问题："我们代表什么？"本章对回答这个问题并由此制定企业战略的过程进行了解释和说明。第二个问题是开发一种流程来明确处理利益相关者在更为传统的公司层级战略制定中的切身利益，或是回答"我们处于什么行业"的问题。利益相关者审计旨在帮助经理人以直接响应利益相关者的方式定义其业务。

第五章"制定利益相关者战略",解决了经理人在制订实现战略方向的方案时如何考虑到利益相关者关注的问题。本章制定了可用于各种利益相关者群体的具体战略。特别是,我们可以推广波特(Porter,1980)开发的通用战略,以应用于多个利益相关者群体。此外,本章还解释了分析利益相关者行为和可能的联盟的技术。

第六章"利益相关者战略的执行与监控",重点阐述了所有尝试使用战略管理模型的人都认识到的对执行和控制给予高度关注的必要性。我们如何进行交易,从而完成方案并最终实现有关利益相关者的企业使命?此外,我们如何监督活动的执行,以确保方案步入正轨,或者在必要时进行调整?本章利用一个案例研究来说明在实施利益相关者的战略方法中所涉及的复杂问题。

CHAPTER 4

第四章

确定战略方向

引　言

　　我们从分析如何使用利益相关者概念来制定战略管理决策开始。战略管理是一个持续的过程，尽管必须选择离散的时间点进行决策，也必须全年进行，而不是只在每年的"规划会议"期间进行。我将研究如何使用利益相关者概念来确定方向的问题，需要特别指出的是，这个概念有助于观察组织在社会中的角色。"企业战略"的概念将被用来研究这一社会问题。在企业战略的基础上我们将提出"利益相关者审计"概念，以丰富我们对公司层级和业务层级战略的理解。

确定组织的发展方向

实施战略管理的主要贡献之一是，高管人员能够分析公司的发展方向、其业务的性质将是什么，以及如何改变方向。[1]在战略管理的早期，这种对方向的检查是通过漫长而复杂的过程进行的，这些过程包含许多步骤，并制作了漂亮的流程图，从而产生了大部分从未使用过的绑定数据。[2]设定方向被视为年度规划流程的"前端"，该流程最终通过"目标管理"为来年制定运营目标。随着规划的分散和组织权力进一步下放到战略业务单元（Vancil，1979），确定发展方向已开始被视为经理人们除了控制、评估、扫描和组织之外必须执行的几项战略任务之一。

确定方向的决策并不是进入市场的一次性决定。它们通过政策的转变、资源的重新分配和改变公司利益相关者地图的性质，影响公司的各个层面。新创业者可以通过进入某一特定行业的决定来确定发展方向，而正在运营中的企业可以通过考察它们所在的和想要进入的行业来改变当前的方向或明确设定方向。[3]这样的决定可能代表着公司及其经理人潜在价值观的转变。[4]新业务有时需要用新的思维方式来思考如何在行业中竞争，以及新业务是否符合员工的价值观和信仰。剥离或弱化在公司有着长期历史根基的特定业务的决定，也可能标志着价值观已经发生转变。也许目前的业务方向已经被证明是无利可图的，甚至是非法的。

对我们来说，仔细审视公司的发展方向是至关重要的。决定进入新的业务领域，或者修改公司目标，或者强调某一特定职能或战略问题，构成了可以承担和完成其他战略任务的背景。如果不了解公司的发展方向，制定新的组织结构和系统，或者试图了解公司的表现，都是毫无意义的。

战略决策是一种有意识的行动，旨在对公司的未来（和当前）状态施加一定程度的控制。我们对战略的看法往往过于狭隘。例如，将方向设定仅仅（！）视为在产品／市场方格（安索夫矩阵）上进行规划，而忽视企业文化和价值观，导致许多公司走上了投资组合那种疯狂的老路，有许多不相关且难以管理的业务。相反，由于只关注企业文化和价值观，而忽视企业义化"底线"的含义，许多公司已经为自己被淘汰铺平了道路。[5]

　　AT&T 与美国司法部达成协议，该协议修改了 1957 年禁止其涉足数据处理业务的法令，这是一个世界上最大的公司设定新方向的例子。AT&T 通过同意放弃贝尔运营公司，退出了本地电话交换机业务，转而专注于长途电话、终端设备和数据网络业务。由于这一决定，AT&T 长期以来的政策受到了质疑，尤其是其核算成本的方式，以及贝尔运营公司向客户收取基本电话服务费用的方式。资源将根据新业务的性质进行不同的分配。与关键利益相关者群体，包括联邦通信委员会（FCC）、州公共服务委员会、客户部门、竞争者和其他团体的新关系，也必须重新制定。随着企业进入新的竞争市场，AT&T 员工作为公共服务提供商的潜在价值将需要改变。这些价值观和与利益相关者关系的变化将为未来的 AT&T 形成新的环境或企业文化。1982 年 1月 8 日，AT&T 戏剧性地与美国司法部达成和解，这一行动毫无疑问是有意为之的。然而，这一行动的后果在未来几年才能得知，并将被视为确定方向的决定的引人注目的例子。[6]

　　IBM 决定进入个人计算机领域，这是一家大公司正在进行战略转型和扭转早期政策进程的又一例证。IBM 的决定可能会对市场上的其他公司以及它自己的产品和服务组合产生深远影响。使 IBM 个人计算机与其他行业产品兼容的相关决定，颠覆了长期以来 IBM 制定行业标准的传统。IBM 通过进入这一市场获得了一组新的利益相关者，包括软件、硬件和其他微型计算机的供应商、制造商、用户，以及那些以前与公认的

"计算机行业领导者"几乎没有什么关系的家用计算机"狂热爱好者"。[7]

美国汽车业的公司最近经历了发展方向上的变化，这主要是由来自日本和欧洲的竞争引起的。克莱斯勒（Chrysler）已经开始从破产的边缘扭亏为盈，并由此改变了方向，将资源从其全球子公司重新分配到美国，专注于汽车业务，并退出了国防和信贷业务。通用汽车和福特已经确定了新的发展方向，将重点放在开发所谓的"世界汽车"上，并关注（至少在福特公司是这样）如何通过改变其管理理念和价值观来提高员工生产率的必要性。[8]

传统上，方向设定包括定义公司的一项或多项业务。从管理顾问的戏剧性声明（"你从事的是包装业，而不是罐头业"），到最近埃布尔（Abell，1980）对业务定义的学术分析，设定方向包括回答表 4-1 所提出的问题。现代企业的复杂性要求我们在几个层级上解决这些问题。为公司这一整体设定方向是有意义的，就像为某部门和部门的某一特定组织机构设定方向是有意义的一样。

表 4-1 传统的方向设定问题

公司层级的问题
- 我们经营什么事业？
- 我们在经营何种业务？
- 我们希望经营何种业务？
- 我们应该经营何种业务？

部门层级的问题
- 各部门业务之间的协同优势是什么？
- 我们部门的业务组合是什么？
- 我们如何在这个"业务群"中取得成功？

业务层级的问题
- 我们如何在这项业务中（或用这些产品）取得成功？
- 我们的业务将何去何从？
- 我们应该成为"低成本生产商"，还是应该"找准定位"？

管理学理论家通常将战略管理问题分为三个层级：公司、部门和业务单元（或职能单元）。如表 4-1 所示，每个层次都有关于方向设定的问题。对公司层级的方向设定问题的回答，将构成部门层级答案的背景；对部门层级问题的回答，将成为如何在特定业务中竞争的背景，或者也可能是制约因素。那么，公司层级问题答案的背景是什么，如何制定公司使命宣言才能具有真正的意义？

在制定公司使命宣言时，至少需要解决两组不同的问题。第一组问题涉及一系列广泛的问题，包括价值观、社会问题和利益相关者对公司的期望等。我将把这一层次的分析称为"企业战略"（enterprise strategy），并讨论如何从现实的角度回答这些宽泛的问题。第二组问题是，根据对公司宽泛的陈述，以及我们作为公司经理的立场，我们就可以明确指出我们可获得的商机的范围。这一层次的分析通常被称为"公司战略"（corporate strategy）。我们将看到，这建立在对公司的利益相关者如何影响每个业务领域的理解之上。我将讨论一个称为"利益相关者审计"的过程，以帮助我们制定具体的公司层级战略。

企业战略：我们代表什么

这是一个冬季的深夜，路上全是冰雪，除了最着急的旅人外，大多数人都无法上高速公路。然而，这些着急的旅人中有一些人身上有电话公司维修卡车的蓝色和金色徽章。贝尔电话公司（简称"贝尔"）对服务的重视颇具传奇色彩，它让员工强烈意识到他们必须保持高水平的服务，并使"世界上最好的电话系统平稳运行"。事实上，贝尔并没有止步于"服务"，而是用"普遍服务"的概念把它发挥到了极致，以确保几乎每个人都能负担得起连接到"世界上最好的电话系统"。随着贝尔按照与美国司法部达成的和解协议走向分拆，以及公司对市场和新技术的变化的反应愈加积极，其管理面临的一个关键问题是，"服务"和"普遍服务"等传统价值观发生了什么变化，而这些价值观正是贝尔创立的基础。贝尔现在代表的是什么？它的经理和员工的主要企业价值观是什么或者应该是什么？

贝尔的服务承诺并不是只有大型垄断企业才能负担得起的一个孤立事件。彼得斯和沃特曼（Peters and Waterman，1982）围绕着（汽车）流动商店司机兼售货员每天可以访问其95%的客户的能力，讲述了菲多利公司（Frito-Lay）中出现的神话和故事，其客户包括从城市地区的大型超市到蒙大拿州的杂货店。他们讲述了3M、强生、IBM、花旗银行（Citibank）以及其他"优秀公司"的经理的一个又一个故事，这些销售员不遗余力地为客户服务，践行特定的组织价值观。大内（Ouchi，1981）提出了Z理论以及建立在信任基础上的组织共同体概念。帕斯卡尔和阿索斯（Pascale and Athos，1981）以及彼得斯和沃特曼（1982）讨论了"7S"框架，该框架依靠"共同价值观"将组织凝聚在一起。迪尔和肯尼迪（Deal and Kennedy，1982）讨论了"企业文化"的影响，基德尔（Kidder，1981）则讲述了数据通用公司（Data General）的一群致力于制造新型微型计算机的工程师们具有战斗精神。许多社会科学家和人文主义者已经开始为"组织价值""商业伦理""企业社会"以及其他各种围绕个人价值和伦理问题的概念而感到担忧。

这些研究大多数都明确批评了对战略管理分析技术的过度依赖。然而，作者真正指出的是，战略管理必须被更广泛地解释，以涵盖不同的价值观领域。每一个经理人都知道，价值判断是成功战略的重要组成部分。不仅需要在制定战略时考虑价值观，而且在实施战略时，那些受其影响的人的价值观也必须被考虑在内。当价值观在整个组织中共享时，战略执行就相对简单了。这些想法并不新鲜。军事和宗教组织已经实践过并且实质上完善了依靠其成员的共同价值观这一原则。然而，当我们把它应用于公司战略的制定时，这个想法是相当新颖的，因为就其本质而言，公司是"客观的"和"合乎逻辑的、理性的"，而不是"带有主观判断的"。此外，战略管理的流行用语集中于从财务和会计、经济学和市场营销学等学科中获取的"确凿事实"。

在战略文献中，申德尔和霍弗（Schendel and Hofer，1979）以及霍弗（Hofer，1980）等人确定了一个被称为"企业战略"的战略层次，它确定了企业与社会的关系。[9] 源于对企业社会责任的研究，由这些研究人员所制定的企业战略回答了这样一个问题：我们应该做什么？在某种程度上，企业战略代表了战略管理中的道德或伦理成分，这是由该领域的早期研究人员确定的（Andrews，1965；Ansoff，1965；Chandler，1962），但除了作为公司"业务"问题的补充外，企业战略在很大程度上被忽视了。

我在第一章和第二章中曾提出，在一个有多种需求和利益相关者群体的世界里，"社会责任"和"商业问题"之间的区分并没有什么用处。我们需要开始考虑将这两个问题整合到"有效管理"的概念中，在第三章中，我们看到了利益相关者概念如何能让我们开始进行这项任务。

鉴于价值观和管理风格的重要性，以及企业环境的变化，我们可以重新定义企业层级战略的概念，使"社会和伦理问题"与传统的"商业问题"更紧密地结合在一起。为一家公司确定方向的困难部分在于理解企业战略变化对公司潜在价值的影响，以及理解由此产生的新的利益相关者关系。如果不了解对利益相关者的影响，特别是那些与经理人关系非常"密切"的群体，如员工、工会、客户等，就不可能实现方向的重大改变。方向设定本质上与理解公司的经理们和员工所代表的东西有关。

　　我建议将企业层级战略定义为对"我们代表什么"这一问题的回答。在企业层面，确定方向的任务包括了解特定公司作为一个整体的角色，以及它与其他社会机构的关系。应该提出的问题是"我们的组织在社会中的角色是什么""我们希望在社会中扮演什么角色""我们的组织作为一个组织是如何被我们的利益相关者所看待的""我们的组织代表着怎样的原则或价值观""我们对整个社会有什么义务"以及"这对我们目前的业务组合和资源分配有什么影响"。[10]

　　企业层级战略不需要一套特定的价值观，也不要求公司在某种程度上具有"社会响应性"。然而，它确实检验了明确和有意识地尝试回答"我们代表什么"这个问题的必要性。[11]通过对许多大型组织利益相关者地图不断变化的本质以及组织生活的复杂性进行分析，我们强化了在企业层面思考战略的必要性。如果想了解这种分析有何可取之处，那么就必须尝试理解公司的环境，以及这种环境与更传统的方向确定问题之间的关系。通过明确地考察"企业战略"，我相信公司进行变革的有意举动能够获得成功，从而与其他分析层面产生"契合"。

　　企业层级的战略问题由来已久，至少可以追溯到伯利和米恩斯（Berle and Means，1932），或许还可以追溯到亚当·斯密（Adam Smith，1759）。[12]然而，鲜少有研究提出如何以一种系统的方式来解决企业战略问题，以及有什么可用的战略。[13]关于制定企业战略所需要回答的个别问题已有大量研究，但对战略过程和战略内容仍然缺乏系统的阐述。[14]

　　图4-1描述了制定企业层级战略的拟议流程：（1）利益相关者分析；（2）价值观分析；（3）社会问题分析。它们必须构成企业层级战略清晰表述的基础。让我们简单地对此逐一加以分析，然后对一系列可供选择的企业战略进行描述。[15]

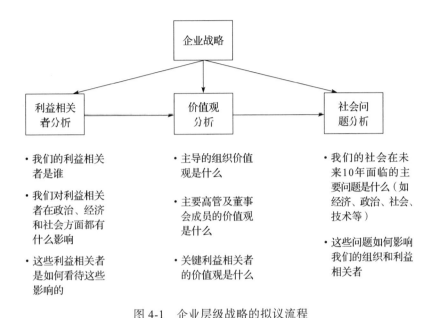

图 4-1 企业层级战略的拟议流程

利益相关者分析

我在第一章至第三章中建议，经理人必须设法对其组织所处的外部环境进行更准确、更详细的说明。特别是，我认为利益相关者的概念可以用来在理性的层面上更好地理解哪些群体和个人能够影响组织目标实现或者受组织目标实现的影响。图 3-1、表 3-1 和表 3-2 展示了如何应用这一概念来构建公司的初步路线图。在使用这种分析来更好地理解公司的企业战略时，有时有必要对"利益"做更进一步的分析，并赋予它几个维度。

某一特定的利益相关者可能会对公司产生"经济"影响，即它的行为可能会影响公司的盈利能力、现金流或股票价格。与之相对应的是，公司的行为可能会影响特定利益相关者的经济福利，例如，当该利益相关者拥有经济利益或市场力量时。然而，一家公司可能会在预算、筹资能力等方面对其他利益相关者群体（如政府或激进团体等）产生经济影响。

客户和供应商对公司同样具有经济影响。如果原材料的质量不可靠或者价格不合理，制造企业就无法达到正常的质量标准。如果客户对一家公司的产品不满意，他们可以找其他公司，或者寻找替代品。更微妙的是，监管机构可以通过制定需要花费资源来遵守的规则，或者通过防止竞争，并允许一小部分公司有效控制行业价格，来对企业产生经济影响。

某一特定的利益相关者群体可能会对公司产生"技术"方面的影响，比如他们可以允许或阻止公司使用核心技术、开发新技术、将现有技术推向市场，或者限制公司可以"生产"什么技术。反之亦然，特别是如果我们用将"技术"定义为一个相当宽泛的术语，以包括组织的一些"软件"。例如，微型计算机行业充满了新技术；IBM引进的一项技术可能会让另一项技术几乎在一夜之间就过时了；依赖于旧技术的软件公司可能很快就会破产。

某一特定的利益相关者可能会通过改变公司在社会中的地位，来改变公众对公司的看法；或者通过允许或限制公司在获得"社会许可"的情况下所能做的事情，来对公司产生"社会"影响。公司也可以通过帮助或约束利益相关者参与某些活动，或者给利益相关者一个团结的"理由"，从而对特定的利益相关者产生社会影响。例如，对汽车和电话等产品影响的评估显示，它们对我们相互沟通的方式以及我们看待生活和职业的方式产生了显著影响。

这些社会影响通常会转化为对公司的"政治"影响。利益相关者的行动往往包括通过政治进程以实现某种社会目的。而与之相对的，该公司可能会通过促进或破坏利益相关者群体在政治领域取得成功的机会，从而对其产生政治影响。[16]近年来，企业集团一直在游说，反对在政府中成立全国消费者权益倡导机构，许多消费者领袖认为，这一议程项目对于实现他们的长期目标，即让企业更好地响应消费者需求是必要的。

最后，利益相关者可能会迫使公司改变其管理系统和流程，甚至改变其管理风格和价值观，从而对公司产生"管理"影响。就公司理解它与特定群体的关系以及在日常的基础上考虑到这些群体的能力而言，管理方面的影响很可能是最重要的。反之亦然。消费者顾问小组已经"迫使"几家公用事业公司改变了它们提起费率诉讼的方法，让公司在向州监管委员会申请立案之前，先向消费者进行陈述并与消费者进行谈判。因此，我们希望这些公司逐渐改变它们长期以来对消费群体的看法，从"非理性的、痛苦的……"观念逐渐改变为"这些人可以帮助我们避开与州委员会以及与客户之间的绊脚石"。

通过进一步分析各群体在"经济""技术""政治""社会"和"管理"方面的利益关系，我们可以更详细地了解组织与其利益相关者之间的因果关系。图 4-2 是第三章的"利益"图表中的一个例子，它从其中一个利益相关者群体——消费者权益倡导者的角度进行了相关分析。[17]

图 4-2 中所描述的分析中最困难的问题在于，它代表了进行分析的分析师或高级管理人员的看法。经理人如何确定他们对利益相关者的想法的解读是正确的？我已经表明，假设消费者权益倡导者只意识到在公司中的经济利益，这很可能是错误的。有必要通过访谈、调查、公共记录、与内部边界专家（那些利益相关者专家）座谈等形式进行一个验证的过程。如果我们是第一次制定企业战略，或者外部环境发生了很大变化，我们可能需要对企业战略的投入有明确的验证过程。至少，经理们必须使用利益相关者分析来表明他们对每个重要利益相关者群体的利益关系的看法。

企业行为对利益相关者的影响	利益相关者行为对企业的影响
1.经济影响 ・团体中成员的数量 ・融资能力 ・获得志愿者的能力	**1.经济影响** ・潜在的销售利润或损失 ・因监管、诉讼等花费的成本 ・管理的时间成本
2.技术影响 无	**2.技术影响** ・关于新产品的想法 ・阻止新技术的使用
3.政治影响 ・消费者权益倡导者的相对权力 ・该群体吸引注意力的能力	**3.政治影响** ・监管的可能性 ・其他问题的溢出效应
4.社会影响 ・被认为会对群体产生不利影响的产品 ・具有影响力的发言权	**4.社会影响** ・对公司的成见
5.管理影响 ・能够直接与XYZ公司打交道的能力 ・该群体领导与XYZ公司打交道时的可信度	**5.管理影响** ・决策能力 ・直接与消费者群体打交道的能力

"利益"

图 4-2　重要利益相关者的"利益"：消费者权益倡导者（见表 3-2）

在制定企业战略时，利益相关者分析被用来帮助高管在宏观层面上思考他们的行为对外部群体的影响。如果没有这样的分析，回答"我们代表什么"将会脱离实际，结果很可能不会被那些会受到影响的群体所接受。

价值观分析

我们每个人面临的最困难的任务之一就是分析自己的价值观。作为组织中的管理者，这一点尤其困难，这是由于我们作为管理者、家长、公民、"专家"或其他各种角色所导致的冲突。每个角色都会根据与我们互动的群体或个人产生不同的行为模式。粗略地回顾一下我们与不同群体打交道的行为就会发现，很难找到一致性。我们对一个群体的行为往往与我们对另一个群体的行为不一致。然而，如果一致性是可能的，那是因为我们扮演的每一个社会角色背后都有一些共同的东西。如果说弗洛伊德教会了我们什么，那就是表面上的东西并不总是真实的。然而，这种"躲在幕后"仔细审视我们价值观的尝试充满了困难。揭示我们的希望、梦想和欲望需要面对极大的个人风险，并取决于我们是否信任那些与我们一起经历这一过程的同伴的能力。敏感性训练、测试和其他方法的"快速"价值分析表明，错误是多么容易产生并且代价高昂。

道德价值观分析已经成为商界一个"热门"话题。在"水门事件""福特平托事件"[⊖]和其他有新闻价值的"公司丑闻"发生后，几家

⊖ 20 世纪 70 年代，福特的"平托"（Pinto）轿车由于油箱设计缺陷，在遭遇追尾事故时，可能会引发起火甚至爆炸，而这一缺陷也确实导致了几起"平托"轿车驾乘者在遭遇车祸后被烧伤、烧死的惨剧。后来披露的真相表明，福特管理层早就知道这一缺陷，但福特算了一笔账：召回要花约 1.4 亿美元，福特预估这一缺陷可能会导致约 180 人烧死、180 人烧伤，外加车辆损毁的费用，就算全赔，花费也不到 5000 万美元，召回不划算。后来美国交通安全局推广新规，1978 年，福特被强制召回所有平托车型，并对油箱进行改良。在 8 年中，福特受到约 50 起起诉，单起罚金可达 650 万美元，甚至一度被指控蓄意谋杀。——译者注

公司已经开始制定道德准则。商学院开设了商业伦理课程，其他课程的道德伦理内容也受到了质疑。然而，并不是所有的价值观问题都是道德价值观问题。虽然对道德的关注是分析"我们代表什么"的一个必要因素，但仅仅关注这一点是不够的。

那么，我们如何理解组织中存在的主导价值观呢？首先，我们需要更加准确地理解价值观的本质；其次，我们需要了解个人价值观与组织价值观是如何结合在一起的；最后，我们需要知道组织价值观如何适用于不同的组织。通过尝试回答每个分析层次上的问题，我们就可以开始澄清价值观的过程。

价值观有很多种类型、大小和形态。[18] 美学价值观讨论什么东西是美的，或者什么是好的艺术，而社会价值观则讨论什么样的制度是恰当和公正的。道德价值观则讨论某些行为的善意性或正确性，这些行为会影响到我们的伙伴。各种事物都有其价值，比如什么使苹果成为好苹果，什么使战略规划成为好的战略规划，什么使管理决策成为好的管理决策，等等。如果我们区分两种价值，一种是内在价值，另一种是工具性价值，这可能会帮助我们厘清这片错综复杂的丛林。

内在价值是最基本的。具有内在价值的事物本身就是美好的。对于内在价值的追求是因为其自身的利益和价值。除非两种内在价值存在冲突，否则我们通常不会在两者间妥协。对许多人来说，对上帝的信仰是一种内在价值；对一些人来说，以他们认为合适的方式行事的自由是一种内在价值；对一些人来说，毕加索具有内在价值；对于一些人来说，能够使自己或家人的幸福感最大化是一种内在价值。另一种说法是，内在价值代表了生活以及对生活追求的"底线"。

工具性价值是获取内在价值的手段。我们将工具性价值赋予那些引导我们实现具有内在价值的东西、行为或精神状态的事物。引导我们信仰上帝的宗教仪式或服务可能是具有工具性价值的；保障行动自由的宪法对那些认为行动自由具有内在价值的人来说是具有工具性价值的。对于一些人来说，创作过程或艺术过程也具有工具性价值，因为它带来了艺术作品的诞生；对于一些人来说，工作本身就具有工具性价值，因为它能带来最大的幸福感或自我实现，等等。

因此，有助于实现内在价值的活动也具有价值，我称之为"工具性价值"。然而，这些活动本身并没有价值，它们只有在有助于实现内在价值的情况下才具有价值。我们可以很容易看出原本具有工具性价值的活动是如何获得内在价值的。当我们在工作过程中越来越投入时，无论结果如何，我们都会赋予它内在价值。工作狂在组织中比比皆是。在很长一段时间内，内在价值很容易为工具性价值所取代。一旦价值成为内在价值，它们就很难再改变，因为我们认为那些活动本身就是好的，而它们是否会产生预期的结果并不重要。工具性价值相对更容易改变，因为如果一种由来已久的活动方法被证明不会导致预期的具有内在价值的结果，那么就必须尝试一种新的方法。

一个组织每天从事的许多活动都具有工具性价值，因为它们有助于实现组织及其成员的内在价值。[19]

如果我们要理解生活中混乱的价值观，另一个有用的区分方法是将个人价值观区别于组织价值观。组织是穿越了时间、跨越了一代又一代成员而存在的。[20]领导者的文化、传统、宗旨和个性都有助于塑造组织的价值观。然而，一个组织的价值观不必与该组织任何成员的价值观相同。即使是终极的"组织者"，也不一定完全认同他的组织。组织价值观将反映历史，随着时间的推移而缓慢改变，它可能是许多个人价值观的融合。因此，组织价值观可能或多或少地与作为组织成员的个人的价值观相"契合"。然而，组织中的高管应该能够清楚地表达组织中最重要的价值观，他们的个人价值观和组织价值观之间应该保持高度的一致。

这种对组织价值观的分析并不局限于商业组织，它几乎可以应用于任何组织。因而，我们很容易理解为什么一个组织与它的利益相关者之间会有如此多的分歧。如果一个组织与其成员之间的价值观不一致，一个"利益相关者组织"与其成员之间的价值观不一致，那么成功交易的发生就是一个小小的奇迹了。

XYZ公司的几位经理人在一次管理发展研讨会上开始讨论组织价值观。第一位坚持认为主导价值观必须是"公司的生存"，第二位则同样强烈地坚持认为主导价值观必须是"客户服务"，第三位认为"盈利能力"是关键的企业价值，而第四位关注的则是"员工满意度"。这些经理人花费大量时间试图阐明这些价值观的含义，以及他们对这些价值观的信念将如何影响XYZ公司。毫无疑问，XYZ公司正在经历一个漫长的组织重组时期，目前尚不清楚旧有的价值观是否仍然适合组织的生存。由于确定组织价值观的过程十分缓慢，其中大部分都无法明确完成，XYZ公司面临着疏远大量利益相关者的风险。

如图4-3所示，在"价值观分析"流程中，第一个任务是阐明组织中高管人员的内在价值，并将这些价值与工具性价值或实现内在价值的活动分离开来；第二个任务是阐明组织本身的内在价值，并将这些价值与为实现这些价值而发展出来的方法区分开来；第三个任务是分析个人价值观和组织价值观之间的差异；第四个任务是明确指出哪里存在冲突和不一致，并认识到变革可能很难进行；第五个任务是分析重要利益相关者群体的内在价值，并将这些价值与这些群体用来实现这些价值的方法区分开；第六个任务是明确认识到组织价值观与利益相关者价值观之间的冲突和不一致。

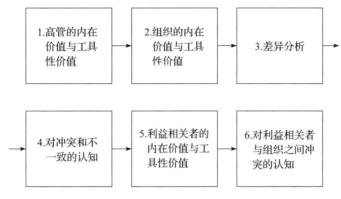

图 4-3 价值观分析流程

社会问题分析

鉴于经理人了解组织中的利益相关者，并理解自己及其利益相关者的价值观，因此有必要了解组织的社会背景。也就是说，当今社会面临的主要问题是什么？我们的社会在未来 5 ～ 10 年面临的主要问题是什么？这两组问题之间的主要区别是什么？[21]

应用前期开发的模式，并将这些问题划分为经济、技术、政治、社会和管理问题，可能仍然是有用的。思考这两组问题的过程有助于理解公司目前在社会中的地位，并有助于理解公司可能会向哪个方向发展，或者至少有助于理解经理人对公司可能发展方向做出的假设是什么。分析中自然会包含错误，10 年后它可能看起来很愚蠢。然而，要在企业层面制定战略，同样需要展望未来，就像在产品战略层面预测产品生命周期的长度一样。图 4-4 展示了一个社会问题分析的假设示例。

当今的主要社会问题		未来5~10年的主要社会问题
1.经济问题 ・政府在再分配中的作用 ・持续增长的能力 ・美国在世界经济中的作用		**1.经济问题** ・私人部门在再分配中的作用 ・世界经济管理
2.技术问题 ・集成电路的使用 ・机器人技术 ・生物技术 ・基础研发		**2.技术问题** ・计算机时代 ・人工智能 ・太空探索
3.政治问题 ・右翼vs.左翼 ・军事作用以及战争威胁	**发生变化的原因** 1.新技术应用的加速 2.大型组织的成长 3.企业-政府合作 …………	**3.政治问题** ・企业-政府组织 ・自由党派 ・军事作用以及战争威胁
4.社会问题 ・城市vs.农村 ・发达国家vs.不发达国家 ・美国人口老龄化		**4.社会问题** ・隐私问题 ・商业力量
5.管理问题 ・动荡中的管理能力 ・在全球经济体系中的管理能力		**5.管理问题** ・商业力量 ・作为公职人员的经理人

图 4-4　社会问题分析（假设示例）

　　对社会问题的分析可以与利益相关者分析相结合，以考察当前和未来的社会问题对公司的利益相关者可能产生的影响。微芯片技术的持续加速发展，加上对企业和政府合作需求的增加，很可能会引起人们对隐私的担忧。通向"电幕"和"两分钟仇恨"⊖的道路并不像奥威尔当初写它们时那样遥远。这项技术，再加上政治环境，很可能会产生一种个人自由受到威胁的情况。如果对当前计算机技术水平的预测是完全可信的，那么每个家庭都有可能（以合理的成本）被连接到一个全国性的计算机网络中。在某种意义上，计算机系统就像银行金库。如果可以把东西放进去，就可以把它取出来，而且并不总是由有权这么做的人去取出。考虑到当前的技术，不难想象会出现关注公民隐私保护的利益相关者群体。现在，在危机出现之前，任何一家称职的计算机公司都必须关注隐私的问题。

　　为了做好准备以应对即将出现的问题和利益相关者，可以采取以下几项对策：第一，让主要计算机公司［如数字设备（Digital Equipment）、IBM、控制数据（Control Data）等］的高管个人决定隐私问题如何影响他们公司的现在和未来；第二，发起对隐私概念的联合研究，以了解当前利益相关者的感受；第三，我们可以启动发展和教育项目，以找到解决人们普遍关注的问题的办法。在一些勒德分子的反对出现以及限制计算机技术有益用途的法规通过之前，这些对策是必要的。然而，只有在仔细了解一家企业在隐私等问题上所代表的价值观的情况下，才能做出这些对策。

　　这些分析的目的是为制定企业层级战略，或者为"我们代表什么"的表述奠定基础。通过综合考量组织中利益相关者、组织的价值观，

　　⊖　"两分钟仇恨"出自乔治·奥威尔的《1984》，它要求每个人都要咆哮，通过在屏幕里放人民公敌戈斯坦因的视频，阐述公敌是如何狡猾，如何想摧毁老大哥所创建的社会。——译者注

以及影响公司现在和未来的社会问题，我们可以就其企业战略阐明组织目前所处的位置，或者为企业制定新的方向。

企业战略的类型

有很多方法可以将这些分析结合起来，形成企业层级的战略声明。利益相关者、价值观和社会问题都是重要的组成部分，可以按不同的比例组合在一起。无论它们如何组合，结果都应该与管理者所处的社会达成某种程度上的"契合"。[22] 随着时间的推移，那些没有适当企业战略的组织在社会上是无法生存的，并且会经历大量的内部和外部动荡。组织的立场如果与成员的价值观不一致，就会导致内部压力；如果与利益相关者的需求或者当下的社会问题不一致，则会导致外部压力。[23]

至少有五种通用的企业层级战略可以被视为在利益相关者、价值观和社会问题之间实现了"契合"。每种战略都代表了一家公司对其所面临的环境所做出的一整套特定的反应和行动。因此，这些通用战略是对"我们代表什么"答案的宽泛描述，并且涉及对利益相关者的关注，以及对价值观和社会问题的相对重要性的权衡与取舍。我将对以下战略逐一做简要讨论：（1）特定利益相关者战略；（2）股东战略；（3）功利主义战略；（4）罗尔斯战略；（5）社会和谐战略。表4-2阐明了这些战略之间的主要区别。除了这里提到的企业战略，可能还有其他的企业层级战略，我已经挑出了特别感兴趣的那些战略。

表 4-2　企业战略类型

特定利益相关者战略
- 一个或一小部分利益相关者的利益最大化

股东战略
- 股东利益最大化
- "财务利益相关者"利益最大化

（续）

功利主义战略
- 所有利益相关者的利益最大化（为最多人创造最多利益）
- 所有利益相关者的平均福利水平最大化
- 社会效益最大化

罗尔斯战略
- 采取行动以提高境况最糟糕的利益相关者的福利水平

社会和谐战略
- 采取行动以维护或创造社会和谐
- 采取行动以获得社会共识

特定利益相关者战略

对"我们代表什么"的一种回应，就是集中公司的力量来满足少数特定利益相关者群体的需求，或者满足一两个一般利益相关者群体的需求。例如，如果"客户服务"和"员工福利"是某一特定组织的基本价值观，假如公司所做的一切都是为了实现这些内在价值，那么在某种现实意义上，公司代表的就是提高客户和员工的福利。由于这只是众多利益相关者中的两个群体，我将这种企业战略称为"特定利益相关者战略"。采取这样的战略就是试图使一小部分利益相关者群体的利益实现最大化。

"特定利益相关者战略"的概念引出了以下假设：

如果公司的行动仅对较少一部分利益相关者产生范围相对较小的影响，如果公司经理人的价值观与这些利益相关者的价值观密切一致，并且几乎没有相关的社会变革，那么公司很可能会采取特定利益相关者战略，使一小部分利益相关者的回报最大化。

计算机行业中的几家公司就是采用特定利益相关者战略的例子，它们几乎完全与客户保持一致。惠普（HP）、IBM 和数码设备公司在处理客户关系上几乎堪称传奇。从已有的报道来看，很难判断这种客户一致性是目的本身，还是达到目的的手段，但有一些证据表明，它本身就是目的（Peters and Waterman，1982）。该行业的历史包括为其产品创造需求。由此产生的对客户需求和客户服务的关注已经成为在行业中成功和领先的标准。我们可以假设，随着经理们在一家以客户为导向的公司里一步步晋升，他们对客户及其需求的认同程度如此之高，以至于要改变公司的定位几乎是不可能的。随着这些公司的发展，社会问题对它们的影响微乎其微。也许随着廉价的个人电脑和大型计算机网络的出现，诸如隐私等社会问题的影响将会增加，因此有必要重新审视这些公司的企业层级战略。

股东战略

第二种企业战略实际上是特定利益相关者战略的特例。然而，它在我们的思维方式中无处不在，以至于我们可以把它单独列出来。这一战略是指经理人集中精力满足公司股东的需求。[24] 人们认为股东战略是如此普遍，以至于需要额外的关注，尽管其逻辑与狭义的利益相关者战略的逻辑是一致的，只不过"股东"取代了"少数利益相关者"。

股东战略的本质是"最大化股东的回报"，或者可以更广义地解释为"最大化公司的市场价值"。采用股东战略的公司高管通常认为，他们对股东负有信托义务，也就是说，他们必须始终以符合股东利益的方式行事。然而，必须指出的是，管理作为对股东承担受托义务的法律概念正在发生一些变化。从逻辑的极端来看，这样的企业战略可能涉及不道德或不合乎伦理的行为，甚至也可能是非法的行为。当被问及 1972 年向尼克松竞选连任总统委员会支付的款项时，一位首席执行官回答说，他正在做必要的事情以保护公司及其股东的利益。[25]（其中一些问题在第七章关于董事会行为和利益相关者分析中讨论。）

与股东战略密切相关的一个变体可能被称为"财务利益相关者战略"。这一版本依赖于满足在公司中拥有财务利益的利益相关者的利益，或者能够对那些拥有财务利益的利益相关者产生重大影响的利益相关者。因此，管理的行动针对的是股东、银行（包括商业银行和投资银行）、其他债权人、投资分析师等。在这种情况下，管理的价值观必须规定，"财务利益"比其他类型的利益更加重要。管理层认识到"所有权"这一概念需要扩大，以涵盖在公司中冒险投资的任何群体。

基于上述分析可以提出的一个假设是：

> 如果一家公司的经理人认为公司行为主要产生经济上的影响，如果管理的价值取向是满足对公司所有者的信托义务，如果经理人认为相关的社会问题是经济增长和繁荣，那么公司将采取股东战略，以使股东（或财务利益相关者）获得最大回报，或者使公司的市场价值最大化。

股东战略的例子比比皆是。有些公司以季度股息增长为荣，有些公司持续关注短期业绩衡量标准，有些则自视为投资公司，将业务作为股票投资组合来经营，这些都是股东战略的示例。

功利主义战略

第三种企业层级的战略试图改善社会整体生活质量。这一战略旨在采取行动以提高社会整体福利。这些公司用"改善社会"或"做一些对社会有益的事情"来回答"我们代表什么"这一问题。[26]这些公司经理人通常认为，公司确实（或能够）对利益相关者群体产生广泛的影响。他们认为，公司的目的是为社会上最大多数的人创造最大的利益，企业从根本上说是一种社会机构，因此承担了必须通过寻求社会利益来履行的义务。这些公司将对社会问题做出反应，并将试图为这些问题的发展做出贡献。因此，我的假设是：

> 如果一家公司的经理人认为公司的行为对利益相关者具有广泛的影响，如果经理人有功利主义价值观，即他们应该尽可能地使社会福利最大化，如果存在范围广泛的社会问题影响公司，那么公司就会采取功利主义战略，使尽可能多的利益相关者的福利最大化。

采用这一战略的一个案例是 AT&T 将开发和实施的"普遍服务"作为管理电话业务的指导原则。"普遍服务"是指向尽可能多的人提供电话服务，因为电话是一种社会需求（它也是一种经济需求）。AT&T 采取包括定价在内的政策，使每个人都可以使用电话服务，而不受收入水平和地域的限制。会计实务、服务机构、内部计量都是为了最大限度地提高电话的可用性，从而提高社会的总体生活质量（Kleinfield，1981）。可以说，AT&T 在早期采取这种战略是为了安抚担心反垄断等问题的政府官员。但是，如果 AT&T 真正关注"普遍服务"并将其作为一种改善社会福利的方法，并且让对"普遍服务"的关注成为其经理人的引导性内在价值，那么这一战略并不无效（Freeman，1983a）。

罗尔斯战略

企业层级的第四种通用战略是，公司的管理者将自己视为社会变革的推动者。特别是在美国，他们可能会认为自己在寻求实现真正的机会平等，或者寻求最大限度的个人生活自由度。罗尔斯（Rawls，1971）认为，社会机构（我假设包括公司）只有在确保与"人人享有同等自由"相一致的个人自由的情况下才是公正的，而且公职和特权对任何人开放，无论任何种族、性别等。[27] 罗尔斯进一步强调，只有当不平等提高了最不富裕的社会群体的水平时，社会中商品和服务分配的不平等才是正当的。将罗尔斯的理论粗略地应用于企业层级战略的发展，可能会要求一家公司寻求提高其最不富裕的利益相关者的水平，确保其就业和晋升的做法能够促使所有社会群体获得平等的机会。

为了使罗尔斯战略成为合适的战略，经理人必须分享该理论背后的价值观，即他们必须相信，公正的社会在分配基本商品和服务时并不会歧视不同的社会阶层。此外，经理人必须相信，公司在纠正当前存在的不平等方面可以起到一定的作用，这些机会平等和自由的基本价值观是处理当前和未来一系列社会问题的基础。因此，我的假设是：

> 如果一家公司的行为被认为对具有不同社会地位的利益相关者产生了广泛的影响，如果经理人的价值观是以社会所有成员的自由和机会平等为导向，如果影响公司的社会问题涉及自由和机会的平等，那么公司将采取罗尔斯战略，即它将致力于提高最不富裕的利益相关者群体的福利水平，并确保公司的职位对社会所有成员开放。

控制数据公司通过其子公司城市风险（City Venture）着手进行内城的改善，就是应用罗尔斯战略的一个例子。这些项目用来帮助翻新衰败城市的部分核心区域，通常是作为政府的分包商或是与政府合作进行。此外，控制数据公司还承担起在几个城市培训和雇用"核心"失业者的任务。简言之，它们寻找的商机不仅有利可图，而且能提高社会中最弱势群体的福利水平。

社会和谐战略

第五种通用战略来自对其他一些社会的粗略分析以及企业与

当地社区紧密结合的方法。公司可以采用基于社会和谐原则的企业战略，即确保无论采取什么行动，都能得到一大批近乎一致的利益相关者群体的赞同和支持。对社会和谐的强调来自社群主义（communitarianism）的基本价值观，在这种价值观下，较之于其他的一切，我们更加看重成为一个受人尊敬的社区成员。基于这一战略，公司愿意从社区获得其基本身份，而不愿走上一条不同的道路。当与利益相关者发生冲突时，公司将竭力解决冲突，以实现各方的"相互理解"。

在与几位日本经理人一起进行的高管发展项目期间，我提出了这样一个问题：当公司与当地社区发生冲突时，他们会怎么做？一位经理回答说："我们会和他们商讨，直到我们达成共识。"我继续追问，如果没有达成这样的共识会发生什么？他回答说："我们会再谈一谈，直到我们达成共识。"然后我问他，如果该公司的利益与社会利益背道而驰，他们会怎样做？他再次回答说："我们会一直谈下去，直到就我们的利益达成共识。"这种方法所依赖的价值观与和谐战略中所描述的价值观非常相似。

我的假设是：

> 如果公司的行为被认为对社会有广泛的影响，如果经理人的价值观以社群主义为导向，即认同当地社区，如果社会问题关系到促进社区利益，那么公司将采取社会和谐战略。这一战略将寻求最大限度地减少公司与当地社区之间的摩擦，并确定公司与社区的利益。

企业战略的必要性

上述分析很容易被误解为对企业社会责任或商业伦理的另一种呼

吁。虽然这些问题本身很重要，但企业层级战略是一个不同的概念。我们需要担心企业层级的战略，仅仅是因为一个简单的事实，即企业的生存在一定程度上取决于企业的价值观与其经理人的价值观、企业利益相关者的期望以及将决定企业销售产品能力的社会问题之间是否存在某种"契合"。例如，如果我们要使用新技术进行创新并将新产品推向市场，我们必须了解这些变化如何影响我们企业中的人员，以及它是否有助于我们持续满足股东的期望。回到我们前面的例子，如果贝尔公司希望生存下去，它的经理们必须了解，想要在新的电信环境中竞争，价值观的变化是必要的。这样的变化是否对社会负责或在道德上值得称赞是一个重要的问题，但这是一个更深层次的问题，而企业战略的分析并不能解决这个问题。

企业战略关注的是企业与环境关系的关键要素之间的"一致性"问题。企业战略的制定有助于我们清晰地表达企业价值观，并确保它们与那些与企业有利益关系的群体的期望保持密切联系。长期以来，企业战略家一直忽视了对这一层级的战略思考。在当今企业环境中，这可能关系到企业的成败。通过以"正面和强硬"的方式解决问题，我们可以避免在许多公司中普遍存在的最糟糕的情况：自欺欺人。当我们没有诚实地提出尖锐的问题，没有准确地评估我们自己的价值观和我们面临的利益相关者图景时，自欺欺人的情况就会发生。它包括说一套做一套。自欺欺人是我们所主张的价值观与那些真正行之有效的价值观之间的差异，也是导致管理层与利益相关者之间存在信誉差距的主要原因之一。以下是几个例子。

1. XYZ 公司在其宣传册中和其他与员工的沟通中，表达了对提高工作生活质量的支持。XYZ 公司的总裁做了一次演讲，他向 XYZ 公司的员工讲述了公司的"道德责任"，并赞扬了 XYZ 公司的员工一直以来为公司提供的良好服务。然而，不久之后，该公司开始让员工提前退休以减少员工数量，后来又裁员。该公司的行动与其言辞不符。

2. ABC 公司认为有必要与特定的政府机构密切合作，以找到有利于 ABC 公司、该政府机构以及当地社区的监管方法。然而，ABC 公司没有分配资源，也没有花费时间与该政府机构打交道。"善意"无济于事，ABC 公司在处理与政府机构的非生产性对抗关系方面进展迟缓。

3. JKL 公司信奉这样的价值观，即它的所作所为都应该符合股东的最大利益。JKL 公司的管理层就为股东工作的必要性发表了许多公开声明，而且很可能是私下的声明。然而，当另一家公司提出合并的提议时，公司管理层拒绝了这一提议，尽管该提议将给 JKL 公司的股东带来大约 300% 的股票现值溢价，理由是"不符合股东的利益"。大型的自欺欺人已经发生了。

上面概述的每一种企业战略都有自欺欺人的可能性。随着所有权和控制权的分离（Berle and Means，1932 年），履行这一信托义务所涉及的内在价值很容易变得越来越不重要。伯纳姆（Burnham，1941）描述了股东战略的一种"恶意"变体，即经理人最大限度地控制公司事务，而不考虑对股东利益的影响。威廉姆森（Williamson，1964）调查了这种管理自由裁量权产生和普及的条件。"为股东利益行事"成为对公司事务实施控制的合理解释（而非正当理由）。看似能增加股东回报的收购要约将被拒绝；当需要分享控制权时，具有潜在高回报的合资企业将被拒绝。管理层将对监管机构试图改变公司做法的行为采取防御性行动，它将忽视社会问题和批评者，认为这是不恰当的，也不符合股东的利益。

恶意的功利主义战略也可能存在。在这里，我们可以声称，任何为了股东利益而做的事情都会自动符合社会利益。因此，由于我们的基本价值观是功利性的，所以每一项行动都必须从符合股东利益的角度进行评估。如果我们的基本价值观真的以控制公司事务为导向，那么就会出现更具欺骗性的情况，欺骗性股东战略所导致的双重约束就会产生。在这一情况下，几乎任何行动都可以被认为是符合股东利益或社会利益的；或者简言之，符合除管理人员之外的任何群体的利益，而管理层当然是采取行动的真正受益群体。

当然，罗尔斯战略也有类似的版本，因为存在这样的可能性，即打着让社会中最不富裕的群体过得更好的幌子，实际上却是在剥削他们。我们可能会相信，血汗工厂、低于维持生计的工资、在贫民区出售劣质产品、在贫困地区提供非营养食品等，都可能是通过应用罗尔斯原则而使商业行为合理化的例子。我们也可以认为，当每个人都更富裕的时候，就会试图提高最不富裕群体的水平，也就是说，当我们试图为最多的利益相关者实现最大利益的时候，只有采取行动使公司所有者的利益最大化时，才能为每个人实现更多的利益，尽管这并不合乎逻辑。在这里，我们又回到了股东战略的最初症结上，但一定程度上的合理化和修辞可能会使最开明的股东感到困惑。

和谐战略也带来了同样棘手的问题，因为我们可以以社会不愿改变为借口，不去寻找其他可以实现我们目标的方法。和谐战略可以作为对现状的合理化，而实际上我们需要非常努力地"达成相互理解"。

苏格拉底说，未经审视的人生是不值得过的，只有"认识你自己"才能洞悉生活的真谛。我相信苏格拉底的建议同样适用于我们这些经理人。只有理解了"我们代表什么"，我们才能清楚地阐明重要的商业问题，并以理性的方式解决这些问题。自我欺骗是很容易发生的事情，无论是当我们决定开始一个个人锻炼计划，还是决定成立一家新的子公司的时候。

分析企业层级的战略，并通过对利益相关者、价值观和社会问题的分析提出至少有五种通用战略可以一致或不一致地应用，并不是说支持这五种战略中的一种或另一种。相反，我认为，无论我们的企业战略是什么，诚实地理解我们的企业战略是很重要的。人们对存在于组织生活中的价值观知之甚少，因此我认为现在主张一种战略优于另一种战略还为时过早。

通过试图阐明企业层级战略，高管为下一轮公司层级战略的发展设定了背景，组织慢慢地朝着一个统一目标前进，这个目标既能产生盈利的结果，又能服务于高管、其他组织成员和利益相关者的目的和价值观。企业层级战略并不是万灵药。但是，如果我们要在如今的世界生存下去，它就是必要的。

在公司层级设定方向：利益相关者审计

为公司设定方向的一种更传统的方法是回答表 4-1 所示的公司层级的问题。在文献和实践中，至少有两种方法可以用于分析公司竞争的业务或业务组合。这些方法中每一种都试图为公司确定"合适"的业务组合，并且都为大多数美国的大公司所采用。

继安德鲁斯（Andrews，1965）和克里斯滕森之后，安德鲁斯和鲍尔（Andrews and Bower，1980）的情境分析确定了"定义公司及其业务的目的和政策的模式"。它确定了公司优势、劣势、机会和威胁，分析了公司资源，并回答了一系列严格的问题，包括"我们现处于什么位置""我们能做什么""我们想要做什么""我们应该做什么"。[28] 情境分析的底线是，许多不同的因素在决定一家公司的战略地位时都至关重要，而相关因素的集合可能取决于该公司历史上竞争过的行业、经理人的个人优势和其他偶然因素。

在公司层面确定方向的另一种方法是使用"投资组合方法"，即将一家多业务公司的各个业务要素绘制在一个网格上，以衡量相对市场份额与行业增长。投资组合理论背后的理念是在公司层级的战略任务是实现一个平衡的投资组合，其中"平衡"可以被理解为"平稳的总体现金流"，或者"在给定的风险水平下实现总体回报的最大化"，或者"可接受的整休增长水平"。公司根据每项业务与整体投资组合的"契合度"，在业务集合之间分配资源。

我们在第三章中指出，这两种方法本身都不足以考虑到当今大多数高管所面临的企业环境。它们不会自动考虑，也不会衡量多重利益相关者对公司的影响。仅使用情境分析很容易忽视公司中的利益相关者；然而，我们可以明确添加更多的问题以使分析更加复杂，并收集和分析大量关于利益相关者影响力的数据。因此，情境分析的主要关注点就变得更加复杂了。它没有提供任何系统的方法将分析的各个部分组合在一起。此外，投资组合理论简单地忽略了或者至少是低估了非市场性利益相关者影响公司业务的能力。因此，如果严格遵循投资组合理论，就会导致对业务的投资决策几乎不能激励公司的利益相关者为公司提供支持。

这两种设定公司方向的方法都可以进一步充实，以便更好地了解公司的利益相关者。其中一个已经开发的流程是"利益相关者审计"。[29] 正如财务审计为公司创建和认证了财务路线图一样，利益相关者审计也为公司的外部环境创建和认证了路线图。利益相关者审计流程建立在第三章开发的确定利益相关者及其在公司中的利益的分析技术的基础上，以及在企业层面确定方向时进行的分析。然而，利益相关者审计流程并不假定一家公司有一个精心制定的企业战略，也并不假定一家公司清楚地了解其实际的利益相关者是谁。相反，与第一章开发的框架保持一致。这种类型的审计假设公司的外部环境中存在利益相关者，无论公司经理人是否意识到这些利益相关者的存在。这类似于这样一个事实，即无论一家企业是否遵循公认会计原则，财务审计都可以进行，尽管难度很大。

图4-5描述了一个由四个主要战略任务组成的"利益相关者审计"流程：（1）陈述公司使命；（2）识别利益相关者事务及其关注的问题；（3）评估面向利益相关者的公司战略；（4）调整公司事项的优先级。此外，如图4-5所示，在这个流程中有几个反馈循环。这一流程可以根据公司的具体情况量身定制，因此不应该被视为不惜一切代价也要遵循的一套僵化的步骤。相反，图4-5旨在为那些希望从利益相关者角度来理解公司环境的经理人提供一个概念性指导方针。下面将简要讨论这些任务和反馈循环，并举例说明如何使用这一流程。

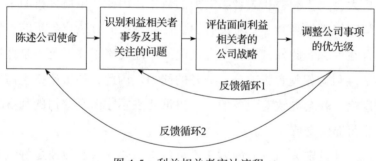

图4-5   利益相关者审计流程

任务1：陈述公司使命。公司花了很多时间试图制定一份既有意义又能为公司大多数高管所接受的公司宗旨声明。通常情况下，他们根本不可能就公司业务的定义达成一致。只要这种冲突是卓有成效并且公开处理的，那么这种冲突对组织就是有益的。利益相关者审计流程从一份临时的公司使命陈述开始，它可能出现在年度报告中，或者已经在商业报刊中阐明，或者已经在公司规划过程中或对财务分析师进行了解释。根据这份临时使命陈述，该公司的业务再次按照传统的安排进行了确定。因此，一家以在微型计算机行业中取得领先地位为使命的公司，可能有几个截然不同的业务领域，如"商业软件""游戏""计算机"（可按几种方式细分）和"外部设备"。这些业务可能会被战略业务单元细分，也可能不会，这同样取决于公司规划系统的复杂程度。

一旦确定了使命和业务，就可以绘制出一张类似于第一章和第三章中地图的一般利益相关者地图。通过对使命、业务和一般利益相关者的分析，我们可以构建一个类似于图 4-6 的矩阵，该矩阵以网格形式显示每类利益相关者对于在每项业务中取得成功的重要性。这个通用的利益相关者 / 业务成功矩阵非常有用，它不仅在最初思考每个利益相关者类别的相对重要性时有帮助，而且它组织信息的方式使管理人员能够迅速地确定哪些利益相关者将对特定业务目标和目的的实施产生影响。

业务 利益相关者	业务A	业务B	业务C	业务N
员工	5	2	1	3
工会	5	2	1	4
股东	2	1	5	2
政府	1	5	5	1
供应商	3	5	1	3
客户	1	1	5	1
银行	NA	1	3	2
激进团体	NA	4	4	3

1=对业务成功非常重要
3=对业务成功有些重要
5=对业务成功不太重要
NA=不是这项业务的利益相关者

图 4-6　利益相关者 / 业务成功矩阵（假设示例）

任务 2：识别利益相关者事务及其关注的问题。一旦完成了一般性的利益相关者分析，就需要确定每个业务特定的利益相关者群体。这里可以为每个业务绘制一个利益相关者地图，并且可以构建一个类似于表 3-1 的表格。同样，还可以使用排名程序来推断特定利益相关者群体对业务成功的重要性。从对特定利益相关者的分析中可以推断出每组利益的几个版本，同样类似于表 3-2 和图 3-2。细节的复杂程度应该根据经理人对利益相关者的理解深度而有所不同。细节的复杂程度不一定对所有利益相关者都是一致的，经理人要在那些他们了解相对较少的群体上花费更多的精力。

一旦完成了初步分析，就必须为每个利益相关者群体制定一份关键事务或问题的清单。在许多情况下，完成这一步骤所需的信息将很容易从历史记录和个别经理人的经验中获得。然而，在某些情况下，必须通过与个别利益相关者面谈，与负责特定利益相关者关系的"利益相关者专家"或"边界人员"举行简报会，以及通过分析公开信息来确定利益相关者在关键问题上的立场等方式，以系统地收集信息。同样，这些信息可以在公司层面聚合，并以利益相关者与问题和关注点的矩阵形式呈现。图 4-7 展示了该矩阵的一个示例。利益相关者/问题矩阵的完成使参与审计的经理人能够从外部了解关键外部群体所关注的事务和问题。经理人可以识别外部环境中的敏感点，并确认如果要在特定业务中取得成功，必须解决的事务或关注的问题。该矩阵还允许跨业务对员工、消费者权益倡导者或当地社区的关注点进行汇总观察，使经理能够思考公司作为一个整体可能对这些利益相关者群体采取的战略。

任务 3：评估面向利益相关者的公司战略。任务 1 和任务 2 通过分析利益相关者和每个群体的主要关注问题，从外部视角对公司进行了考察。任务 3 的目的是明确公司目前如何满足其利益相关者的需求，即对于每个利益相关者或利益相关者群体，公司当前的战略是什么。这份战略声明不仅必须包括公司目前对利益相关者所做的事情，还必须包括公司完成战略或实现战略的过程，以及公司内部的哪个组织单位负有责任。

利益相关者\问题	员工	工会	股东	政府	供应商	客户	消费者群体	·····
广告的真实性	3	3	NA	1	NA	3	1	
产品安全	1	1	NA	1	1	1	1	
价格政策	3	3	NA	1	1	1	1	
产品服务	3	3	NA	4	NA	1	1	
财务收益	1	1	1	4	1	NA	NA	

1=对利益相关者非常重要
3=对利益相关者有些重要
5=对利益相关者不太重要
NA=不关注这个问题的利益相关者

图 4-7 利益相关者/问题矩阵（假设示例）

确定现有的利益相关者战略通常可以通过由战略业务单元、事业部或职能经理负责的评审流程来完成。然而，在大型和复杂的组织中，可能没有人为某一特定的公司级别的利益相关者群体负责，而责任停留在"战略中心"级别。公司公共关系或公共事务部门的员工可能对消费者权益倡导者、媒体和政府等非传统利益相关者群体负有职能责任，并可能实际上独立于战略中心经理制订方案。在这种情况下，很难为整个公司制定针对某一特定利益相关者或某些利益相关者群体的战略。此外，公司战略很可能与公司较低层级组织单位实施的方案不一致。

一旦在业务和公司层级确定了针对每个利益相关者的目的声明和

行动计划，就可以确定利益相关者群体的反应了。同样，还需要对利益相关者或内部专家进行访谈，并搜索公开信息。然后，每种战略的有效性都可以按照有效、有些有效、不太有效、无效和不确定的简单标准进行评级。图 4-8 展示了一个利益相关者战略矩阵，用于显示公司在这方面的整体信息。根据特定公司的情况，图 4-8 中的许多单元格很可能是空白的，或者仅包含诸如"当前该利益相关者"之类的字样。

业务/公司 利益相关者	业务战略 1 关于： ……	业务战略 N 关于： ……	公司战略 关于： ……	有效性 1～5
客户	销售额增加 15%	保持当前市场份额	所有业务都处于市场领先地位（第一或第二）	3
员工	得到员工提高生产力的承诺 开展质量周期管理	裁员 15%	对该群体无整体公司战略	3
政府	政府干预最小化	当前忽略该利益相关者群体	不接受政府的市场干预	5
⋮	⋮	⋮	⋮	⋮

图 4-8 利益相关者战略矩阵（假设示例）

任务 4：调整公司事项的优先级。 显然，利益相关者审计流程的预期结果是重新调整公司的优先级，使公司与满足利益相关者的需求更紧密地结合在一起，或者朝着改变公司使命的方向发展。考虑到对公司环境的评估和与任务 1～任务 3 中的与利益相关者打交道时当前战略的有效性，进行审计的高管必须决定将公司优先考虑的事项放在哪里。理想情况下，企业层级战略将为这种分析提供背景，但实际上，许多公司尚未在如此抽象的层面阐明它们的战略。因此，某些公司层级的战略可能需要修改，从而导致了图 4-5 中的反馈循环 1，并需要重新评估特定业务的地位和用以成功应对利益相关者的方案；或者，如果无效或有问题的战略足够多，那么高管就要进入反馈循环 2，重新审视公司的使命。

通过定期进行利益相关者审计，经理们可以很好地了解公司如何有效地满足环境要求和完成公司既定的使命。完成审计的时间长短因公司的规模和复杂程度而异。然而，将审计流程融入规划周期的前端应该还是相对容易的；或者，审计可以作为对组织满足利益相关者关注的情况的一次简要说明。后一种审计流程更多处于验证模式，只有在公司对其整个利益相关者矩阵有一定了解的情况下才可以进行。

定制利益相关者审计：一些例子

CD 保险公司

CD 保险公司（简称 "CD 公司"）是一家相对较小的保险公司，其主要业务是健康保险。CD 公司同时承保团体和个人保单，并从事其他一些外围业务，这些外围业务只占其总销售额的一小部分。CD 公司的业务中，有限数量的大客户占了很高的比例。CD 公司在有限的地理区域内运营，并且在大多数情况下作为良好的企业公民在这一地区享有很高的声誉。事实上，企业层级的战略可能可以归类为功利主义，因为 CD 公司的管理者非常有意识地促进社区的福利，并且关注投保人的健康。CD 公司的一位新任首席执行官开始担心整个保险业，尤其是医疗保健行业正在经历的变化。并且这位新任首席执行官开始改变企业层级的战略，以分散他所认为的财务风险，因此更多地转向了股东战略。

高通货膨胀率以及其他金融工具的出现使得该行业的主力——个人寿险，几乎过时了。与此同时，企业客户开始意识到需要更广泛的服务，包括员工福利，健康保险、团体生活甚至企业金融服务，这些服务只有一些面向数据处理的大型公司才可以提供。大型保险公司开始提供完整的产品线，在产品和地理位置方面与 CD 公司展开竞争。一些大公司开始进军数据处理、通信和商业服务领域，CD 公司的团体保险业务面临过时被淘汰的威胁。

安泰（Aetna）和 IBM 已经建立了合作伙伴关系来运营卫星业务系统。美国运通公司（American Express）及其子公司消防员基金保险公司（Fireman's Fund）显然处于同一个"完整的商业服务"市场中。其他大公司，如保诚（Prudential）、康涅狄格大众人寿保险（Connecticut General）等，正在尝试诸如集体诉讼、牙科保险甚至团体车险等创新，以努力争取大公司客户。在医疗保健行业的背景下，监管压力也开始极大地影响医疗保健的成本。医疗保险和医疗补助计划越来越多地流向"低成本生产商"，而赢得这些合同的能力取决于公司数据处理操作的效率。数据处理方面的新技术的进步开始超过系统的可用性，因此，能够负担得起大量资本投资的公司就更加具有优势。于是，该行业的竞争格局开始发生变化。新的利益相关者以及新的问题不断涌现，传统、古板保守的保险公司的外部环境开始发生根本性转变。作为一家小型公司，CD 公司需要对这种环境进行评估，并试图在未来使自己处于有利的地位。

CD 公司的高管认为，公司的使命是保持其目前的市场地位，同

时寻求为未来在其他行业找到一个利基市场。对 CD 公司的利益相关
者分析显示，它有五个主要的利益相关者群体，或者说，CD 公司可以
在其中运营的五个独立环境。这五个领域（按重要性排序）是：（1）医
疗保健；（2）保险；（3）当地社区；（4）金融服务；（5）数据处理。
图 4-9 展示了 CD 公司每个领域的一些关键利益相关者。每组利益相
关者都向 CD 公司的经理们提出了几个需要回答的重要问题以及一系
列问题，这些问题涉及公司在数据处理等特定领域和处理利益相关者
问题方面的优势和劣势，以及该领域给公司带来的机会和威胁。

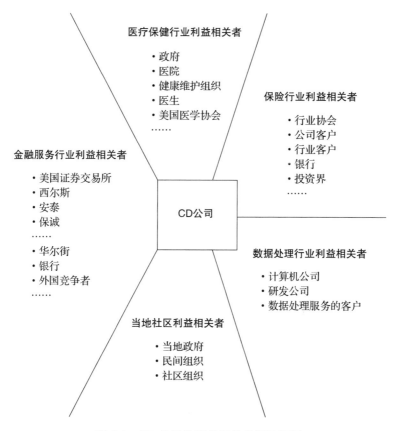

图 4-9　CD 公司的利益相关者审计地图

这一利益相关者审计流程的最终结果是制定了几个备选的公司使命，该流程是为审查 CD 公司未来的利益相关者环境而量身定制的。考虑的备选方案包括：（1）成为当地社区的数据处理咨询公司；（2）开发更完整的保险产品系列；（3）开设健康维护组织（HMO），进入"健康"行业；（4）将健康保险业务拓展到其他市场；（5）寻找合并伙伴。这些选择在 CD 公司引起了很大的争议。这位首席执行官和他的高管团队必须选择一条后续发展的道路。他们选择了相对保险的替代方案，比如开设健康维护组织并进军一些新市场，同时密切关注合并伙伴。并不是所有的经理都能接受这样的替代方案，有些人甚至因此离开了公司。虽然 CD 公司的经理们仍在调整公司事务的优先级以实现公司发展方向的转变，但他们的利益相关者审计帮助他们更好地了解外部环境是如何变化的，以及可供他们选择的战略方案。

梅杰石油公司

梅杰（Major）石油公司是一家业务遍布全球的大型国际石油产品公司。[30] 为了帮助公司经理了解过去几十年外部环境的变化，从而理解掌握新的管理技能的必要性，梅杰石油公司的一些高管开展了一个项目，将公司 1950—1980 年的历史加以整理。其目的是了解公司过去的发展方向，以及方向是如何发生转变的。利益相关者审计流程是量身定制的，可以及时回顾过去，并从利益相关者的角度构建利益相关者地图和过去的战略问题集。

图 4-10 是 20 世纪 50 年代末梅杰石油公司的利益相关者地图。该公司的重点主要是作为一家生产公司，探索新的原油来源，将其开采出来并尽快投放市场。梅杰石油公司的产品市场增长迅速，到 20 世纪 50 年代中期，梅杰石油公司的分销网络已经扩大到近 4 万家门店。

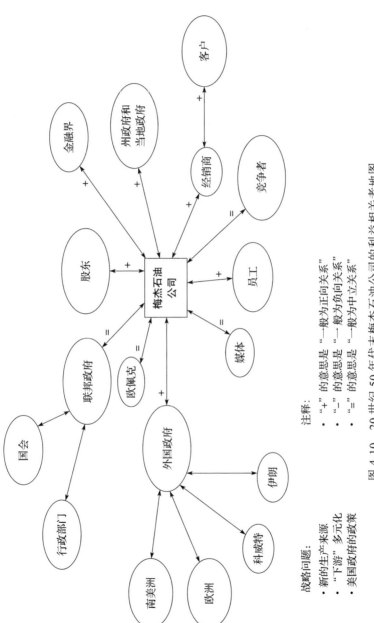

图 4-10　20 世纪 50 年代末梅杰石油公司的利益相关者地图

注释：
- "+" 的意思是 "一般为正向关系"
- "—" 的意思是 "一般为负向关系"
- "=" 的意思是 "一般为中立关系"

战略问题：
- 新的生产来源
- "下游" 多元化
- 美国政府的政策

到了 20 世纪 50 年代末，梅杰石油公司开始将"下游"业务多元化，进入石化产品领域以及原油初级产品的其他应用领域。1954 年，美国最高法院的一项裁决确立了美国联邦电力委员会（Federal Power Commission）对天然气井口价格进行监管，此时出现了一些监管压力。此外，外交政策继续在该行业发挥重要作用，因为梅杰石油公司和其他公司在包括阿拉伯国家在内的欠发达国家勘探石油。与此同时，美国司法部开始准备对该行业成员提起重大反垄断诉讼。

在 20 世纪 60 年代和 70 年代初，梅杰石油公司的产品市场继续增长，但该行业的整体增长率低于石油供应的增长率。因此，竞争压力越来越大。对这些压力的回应之一是伊朗、委内瑞拉、伊拉克、科威特和沙特阿拉伯在 1960 年成立了欧佩克，以维护产油国的利益，因为这些产油国的收入高度依赖于大型石油公司的税收和特许权使用费。因此，欧佩克在其存在的第一阶段的主要目标是支持和稳定原油价格。

关于欧佩克发展的故事和随后的行业变化都有很详细的记录，这里不再赘述。对于梅杰石油公司来说，展望未来的一个重要问题就是要了解现阶段关键的环境信号，以及是什么原因导致梅杰石油公司利益相关者地图从图 4-10 中相对稳定的状态转变为图 4-11 中的动荡状态。

通过审视利益相关者地图的变化以及公司用来管理（或忽略）某些利益相关者群体的主要问题和战略，梅杰石油公司的经理们可以让自己更好地了解未来成功的标准，并以更有效的方式设定方向。将利益相关者概念作为历史分析的工具，特别是将利益相关者审计作为构建企业案例研究的工具，这不仅可以产生新的见解，也可以理解旧有的操作方法。

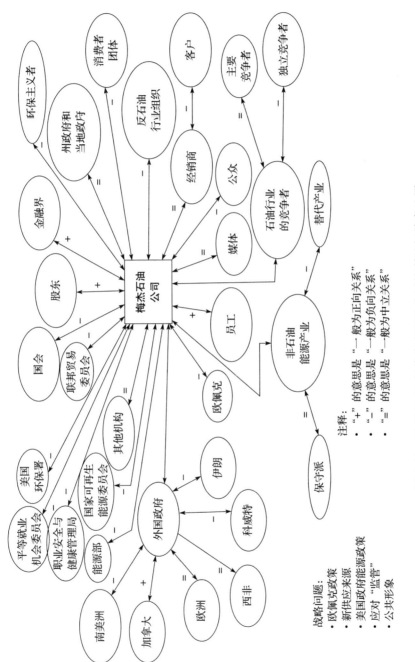

图 4-11 20 世纪 80 年代梅杰石油公司的利益相关者地图

小 结

在当今的企业环境中确定方向是一项复杂的战略任务。本章的目的是探索如何在公司的两个层级上设定方向，以及如何使用利益相关者的概念来构建有助于完成这一任务的管理流程。确定方向形成了完成其他战略任务的背景。我特别指出，如果一家公司要真正了解它所处的环境，回答"我们代表什么"这一问题或者阐明企业战略是必要的。这种相对较新且鲜为人知的战略管理层面，通过对利益相关者、管理价值观和社会问题的分析，在最高抽象层面上解决了组织发展方向的问题。此外，利益相关者审计还可以用来丰富更传统的方向设定流程，如情境分析和投资组合分析。因此，利益相关者审计代表了一种对规划流程进行"前端"分析的方法，以使其对外部环境更加敏感。

注 释

1. 战略决策对于构建组织行为的解释模型有多重要是值得商榷的。Pfeffer 和 Salancik（1978）可以被解读为，管理者的故意行为与分析外部环境所能获得的解释力相比，显得相形见绌。我不认为管理学需要作为一门沉闷的科学加入经济学，但如果不这样做，那么理论必须规定"理性行为"或解释"理性行为"，而不是试图将"无论公司做什么"或"那些幸存下来的公司"与理性选择混为一谈。种群生态模型似乎只是通过将有效性归因给那些生存下来的公司来做到这一点。参见 Aldrich（1979）对这一方法的分析，以及 Van de Ven 和 Astley（1983），Van de Ven 和 Freeman（1983）的评论和一些替代方案。

2. 关于最新的一些更为复杂的规划图，参见 Ansoff（1979）。

3. Schendel 和 Hofer（1979a）将手段和目的加以区分，以此作为确定战略领域的一种方式。他们的"大战略"概念更接近于在企业层面确定方向的概念，后者显然既包括目的也包括手段。

4. 然而，并不是所有的确定方向的决策都代表着价值观的转变，有些可能是一如既往的"决策"。

5. 这里的论点相当复杂。也许战略管理领域显然还并不清楚什么是"软物质"——价值观和文化，什么是"硬物质"——没有废话的企业战略。在这里我将这个问题变得更加复杂，因为我认为这是一个不应当讨论的问题。当然，简单理解为方向设定和实施的战略管理，都有这两个组成部分。理论和模型必须解决"硬商业"问题以及"软文化和价值"问题。

6. 在 1981 年和 1982 年，有关 AT&T 的报道几乎每天都会出现在《华尔街日报》（*Wall Street Journal*）上。另见 Kleinfeld（1981）。

7. 有关 IBM 开发个人计算机的故事被记录在 IBM 个人计算机的专业杂志 *PC* 的第一卷中。

8. Jim Sayre 和 Roberta Wilensky 准备了关于汽车行业的笔记，并通过分析 30 年间的报纸、商业媒体和其他来源的文章，撰写了一份关于克莱斯勒公司的案例研究草稿。

9. "企业战略"概念的发展很难确定。Ansoff（1979a）将这一概念用作拓宽战略研究的"产品—市场"焦点的一种方式。他提出的"环境服务组织"的理念也与我心目中的理念很接近。然而，一个重要的区别是，这里讨论的企业战略概念具体地解决了经理人和利益相关者的价值体系的问题。

10. 我要感谢 Andrew Van De Ven 教授使用了"我们代表什么"

这一说法。

11. 我想在这里强调战略管理流程的必要性。在理解价值观方面以及将这些价值观与外部环境联系起来方面，文献中都存在空白。

12. 当然，当 Barnard（1938）认为高管的义务是向下属灌输服务导向的理念时，可以说他关注的是企业层级的问题。

13. Post（1978）以 Sethi 和 Post（1982）制定了理解社会问题的流程。

14. 例如，Emshoff 和 Freeman（1981）尝试处理一个问题，并同时考虑其流程和内容。

15. 这一流程应被视为由几项战略任务组成，这些任务产生了许多回答任务所提出的问题的具体方法。组织可以也应该根据自己的具体情况量身定制这一流程。

16. 对于这一点，我要感谢 Edwin Epstein 教授。

17. 对于特定的公司，很可能还有其他相关的类别。

18. 关于价值观和伦理学的文献有很多。相关介绍，请参阅 Frankena（1963）。其他最新的相关成果有 Brandt（1979），MacIntyre（1981），Singer（1979），White（1981）。关于"商业伦理"的文献也越来越多，这也会有所帮助。参阅 Nash（1981），Goodpaster 和 Mathews（1982），Beauchamp 和 Bowie（1979），Bowie（1981），Goldman（1980），Donaldson（1982），Goodpaster 和 Sayre（1979），De George 和 Pichler（1978），以及两个最近创办的期刊：*The Journal of Business Ethics* 和 *Business and Professional Ethics*。

19. 当然，价值既可以是内在的，也可以是工具性的。两种内在价值可能会发生冲突，其中一种可能会导致另一种价值的实现。我感谢 Edwin Hartman，是他使我避免了本章初稿中出现一些更愚蠢的想法。

20. 组织价值观是否与组织成员的价值观有实质性差别，这是一个难以回答的问题。French（1979，1982）提出了这个问题，并认为像公司这样的集体可以也应该在道德上承担责任，因此可以说它是有价值的。但他的论点颇具争议性。

21. Sethi（1982）提出了一个问题及其生命周期的模型。参阅Horwitch（1982）关于一个社会问题随着时间的推移而展开的描述，即超音速客机。

22. 这里开发的方法似乎与企业战略的"权变理论"是一致的。

23. 另一种解读第一章的方法是，声称大多数美国公司的企业级战略既不合适又无效。

24. Friedman（1962）提出了这一观点的复杂版本，认为最大化公司的市场价值是经理人的道德义务。否则，就会有将过多政治权力集中于私营部门手中的风险。

25. 请参阅CBS新闻制作的关于菲利普斯石油公司的电影《公司》（*The Corporation*）。

26. 有关对功利主义的批判，请参阅两本论文集：Sen和Williams（1982），Miller和Williams（1982）。有关将功利主义推理应用于商业问题的有趣尝试，请参阅Sturdivant（1979）。

27. 关于罗尔斯的文献很多，范例可参阅Daniels（1975）。考虑到需要做的大量工作，我试图提出一种罗尔斯式的企业战略的方法是相当粗糙的。

28. 问这些问题的方式有很多种。Andrews（1980）包含了几组有用的问题。

29. Lawrence Richards已经在几个组织中使用了这一概念，我很感谢他在本章中提出的想法。

30. 梅杰石油公司案例的草稿得益于 Emily Susskind、Mark Kramer 和 Marci Plaskow 发表的材料。随后对梅杰石油公司高管的采访有助于我们在错综复杂的文献中找到方向。我不想在这里罗列冗长的参考书目，我只想提一下，Sampson（1975）是一个具有可读性的介绍，据我采访过的一些业内人士说，这本书是一个相当准确的记述，"即使对我们有偏见"。

CHAPTER 5

第五章

制定利益相关者战略

引　言

　　本章展示了如何使用利益相关者的概念来制订具体方案，以与广泛的利益相关者群体打交道。为了使"利益相关者思维"的实施成为现实，就必须缩小前四章中的宽泛规定和哲学内涵。具体地说，我将解释如何在流程层面上应用利益相关者概念来开始实施具体的行动方案的任务。本章将明确阐述方案制订的任务，而第六章则更为直接地阐述关于实施的问题。[1]

　　在前文中，我已经表明经理人需要从那些能够影响他们的行为并受其行为影响的群体和个人的角度来看待总体局势。我已经指出如何使用利益相关者的概念来构建公司的企业战略，以及如何丰富更为传统的方向设定流程。

　　虽然这种公司的"大系统观"是在当前环境下实现成功

管理的必要条件，但我不认为这是一个充分条件。如果经理人仅仅了解他们的组织在整个社会中所扮演的角色，并且仅仅理解他们自己的价值观，我们就不能保证他们会做出回应性的举动。如果第三章中的论证有价值，那么我们必须设法理解如何丰富较低层次的组织流程，并且最终我们必须对组织与其利益相关者之间的实际交易进行分析。

确定方向并不是唯一的战略任务，尽管它已经在战略规划文献中占了很大比例。考虑到对"我们代表什么"这个问题的全面理解，或者甚至从利益相关者的角度对"我们要去哪里"的理解，那么"我们如何到达想去的地方"是一个最相关的问题。洛朗格（1980）将寻求超越战略方向的必要性，十分简单地表述为"因为我们在之前的目标设定步骤中已经决定了我们打算去的地方，所以现在的问题是我们如何到达那里"。洛朗格将这个介于确定方向和预算或资源分配之间的中间步骤称为"战略规划"。图 5-1 由第三章中所描述的战略管理流程示意图发展而来，重点突出了战略规划以及随后的资源分配问题。[2]

如果对战略规划阶段重视不足，或者几乎不关注战略规划和方向设定与资源配置之间的联系，战略管理系统就会与企业的运营架构脱节。规划将成为一项功课，利益相关者分析将仅仅成为使公司规划者满意的年度例行公事的一部分。因此，战略管理的逻辑要求，如果利益相关者的概念要对规划过程的"前端"有意义，那么它也必须对过程的"后端"有意义。本章阐述了制订利益相关者战略方案的概念以及相关流程，并探讨了这些方案与公司的方向设定决策以及预算流程之间的联系。

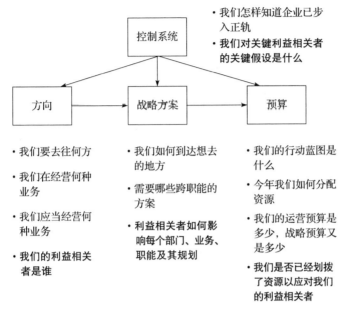

STRATEGIC MANAGEMENT

图 5-1　战略管理示意图

制订利益相关者战略方案的过程

洛朗格（1980）认为，有四种基本的战略方案可以用以实现方向设定的目的：（1）现有的收入方案；（2）新的收入方案；（3）效率提高方案；（4）支持方案。当然，在为公司设定目标或方向时，我们不必完全关注收入问题。收入的重要程度将取决于公司在企业层级的战略。我们可能同样关注以有效方式配置人力资源的方案。事实上，任何一套战略方案都必须考虑如何利用公司的资源来实现企业使命。这些资源包括财政资源、技术资源、人力资源和其他资源。因此，我们可以按照以下思路概括洛朗格的战略方案纲要。

1. 现有的利益相关者方案。这些方案是该公司目前所采取的管理其利益相关者关系的战略。这些现有方案的一部分就是"现有的收入方案"。希望这些已有的方案能在利益相关者审计期间被发现并加以分类。³否则，就必须对下述的流程进行预分析，以便能够清楚地说明公司与其当前利益相关者之间的预期关系。例如，公司的战略方案中可能包含一项关于媒体关系的规划，媒体可以借此定期获得关于新产品和即将发布产品的公告信息或其他影响公司的事件。制订这项方案的理由希望可以从对公司发展方向的分析和改善媒体形象的愿望中找到，否则这一方案就是对资源的浪费。几乎每一家大型公司都有关于客户服务、充实产品线或随着时间的推移而增加股息的方案，它们代表了公司与关键利益相关者群体打交道的现有方法。

2. 新的利益相关者方案。这些方案寻求建立新的利益相关者关系，或者改变当前处理利益相关者关系的方式。有时，新产品会使新的利益相关者群体产生，而旧产品通过新市场或产品新用途的重新定位也会重新定义现有方案。例如，一家公用事业公司通过成立一个消费者顾问小组来重新定义它与消费者权益倡导者的关系，该顾问小组由通常在费率申请中反对该公司的消费者权益倡导者组成。该方案的目的是，随着时间的推移，与消费者群体建立合作型关系，并希望通过设计将消费者权益倡导者关注的费率结构考虑在内，减少这些群体对正式费率诉讼的干预。

3. 提高当前运营效率的方案。战略规划不仅必须关注公司可以做什么不同的事情，还必须关注它如何能在当前与某些利益相关者群体的合作中提高效率。提高厂房和设备效率的资本投资计划，或者改进生产流程或采购流程的研究，都是提升公司当前运营专业知识的方案的正常范例。一些公司似乎将改变管理方式视为提高效率的一种手段，并呼吁它们的工会支持工作生活质量计划，以提高车间的生产率。然而，"生产力"并不等同于"效率"，单纯以效率为目标的工作生活质量计划最终会误导我们。另一个需要制订方案来提高效率的例子是在政府法规遵从方面。遵守来自美国劳工统计局、职业安全与健康管理局、环境保护局、国税局和其他各级政府机构的一系列公告的负担相当沉重。在很大程度上，我们对如何提高这一领域的效率知之甚少。一些公司已经设立了一名高级管理人员来担任"首席合规官"，并将其作为一项旨在更有效地管理与政府机构关系的初步方案。

4. 支持其他利益相关者关系的方案。制订支持方案是为了帮助其他经理与他们的利益相关者一起实现他们的目标。正如洛朗格所说，这些方案在本质上通常是综合性的，而且往往围绕着创造一个更有利的管理环境来展开。因此，员工沟通方案既支持生产方案，又支持劳动关系方案，即使它们不寻求对员工关系的直接管理。组织变革和发展方案可以被视为支持方案。事实上，进行利益相关者分析可以被视为第二级支持方案，它使得企业得以正常运转。在利益相关者的背景下，支持功能的整体化尤其重要。针对利益相关者群体的方案不能孤立地进行开发，因为各种利益相关者群体之间存在外部联系。战略方案的跨职能特性允许它们在分权制组织的较低层级上发展，特别是在部门（业务群）和业务要素（战略事务单元）层级。为了在长途电话业务中取得成功，公司必须为客户、员工、供应商、政府等制订战略方案，而且这些方案之间必须有一定程度的契合度。

下面的分析将集中于新方案和支持方案上，因为我已经介绍了现有方案的一些方面，以及在考察利益相关者审计的流程中如何理解它们。当然，关于现有方案和效率提高方案，还有更多的东西可以论述。但是，我相信新方案和支持方案将更好地说明如何将利益相关者的概念应用于这一领域。

一般来说，分析至少可以分为两个层次：第一个层次的分析尽可能地区分不同的利益相关者，并以相对独立的方式进行利益相关者方案的开发；第二个层次的分析尝试将特定利益相关者的需求整合到服务于多个群体的总体方案中。个体分析和综合分析之间的联系是开发通用战略，或适用于多个情况以及多个利益相关者的战略，而不考虑个体利益相关者的具体特性。

图 5-2 描述了一个由六个主要任务组成的流程：（1）利益相关者行为分析；（2）利益相关者行为解释；（3）联盟分析；（4）通用战略；（5）有关利益相关者的具体方案；（6）综合战略方案。同样，这一流程可以依据各个组织的特定需求量身定制，而不能被视为应不惜一切代价遵循的一套僵化的步骤。这是一种战略思维的训练。这一流程的最终产物是利益相关者的行动计划。希望这个计划能够有助于实现企业的发展方向。以下各部分中的分析，假设经理人对他们想要进入的领域有一定的了解，尽管对这一流程的分析中并没有假设组织已经明确制定了企业战略，也没有假设其进行了利益相关者审计。

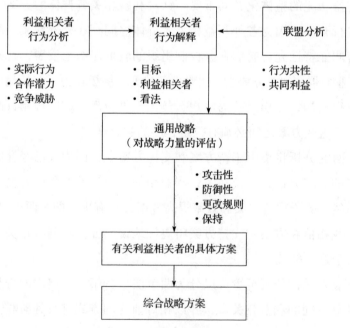

图 5-2 利益相关者战略的制定流程

制定特定利益相关者的战略：分析

利益相关者行为分析

　　构建利益相关者群体战略方案的第一步是行为分析。我们中的大多数人都倾向于太过仓促地认为一个群体有特定的态度或一套价值观，特别是当我们与他们存在分歧的时候。[4]"那个激进团体正在示威反对我们新建的核设施"的推论是一个很容易落入谬误的陷阱。当在特定问题上有许多意见相冲突的利益相关者群体时，对存在的各种行为进行分类是非常重要的。在每个问题上，任何利益相关者群体都至少有三类行为，或者说这些行为与这样或那样的定向目标有关。[5]

　　第一类行为，是实际的或观察到的行为，它要求经理人列出那些实际观察到的特定利益相关者的行为。这些实际行为描述了组织和利益相关者在相关问题上的关系的现状。它们甚至可以描述对现有战略方案的反应，如果有这样的方案正在实施的话。

　　第二类行为，具有合作潜力的行为，它要求经理人列出未来可以观察到的具体行为，这些行为将有助于组织在相关问题上实现其目标；或者，利益相关者群体怎么做才能帮助组织沿着期望的方向前进。合作潜力从利益相关者可以做些什么来提供帮助的角度出发，提出了"所有可能中最好的一面"。将合作潜力与实际行为联系起来是很有用的。因此，合作潜力代表了实际行为中有利于公司的变化。

　　第三类行为，具有竞争威胁的行为，它要求经理人列出未来可以观察到的行为，这些行为将阻止或有助于阻止组织实现其目标。竞争威胁代表着"所有可能中最糟糕的状况"，相对于实际行为来考虑竞争威胁也同样是有益的。通过思考某个特定群体会做些什么来损害组织获得成功的机会，经理人就可以理解与利益相关者打交道过程中相关的"负面"风险。

通过将行为分成这三类，经理人本质上会考虑特定利益相关者群体对可能行为的选择范围。并不是所有具有合作潜力和竞争威胁的行为在未来都会被实际观察到，其中一些行为也不太可能发生。然而，如果已经考虑到了广泛选择的可能性，经理人将为几乎任何可能的结果做好心理准备，并避免安索夫（Ansoff，1979）所说的"战略意外"。通过寻求避免战略上的意外，组织将自觉遵循对环境不做出反应的哲学思想。通过采用合作潜力和竞争威胁的模式，组织可以实施战略方案，以寻求合作潜力最大化或防止（或最小化）竞争威胁。最重要的是，这并不意味着利益相关者行为是一成不变的、必须应对的阻碍。相反，我们可以制订积极的、可以带来合作潜力的方案。在制订这样的方案以改变行为之前，我们必须了解行为的潜在原因，以及哪些变化可能导致合作潜力或竞争威胁行为。

利益相关者行为解释

为利益相关者制定战略规划的第二个任务是为利益相关者的行为建立一个合乎逻辑的解释。我们很容易会说，"利益相关者群体是非理性的"，特别是当公司和利益相关者之间存在较高程度的冲突时。（企业批评者在这里就是一个很好的例子。）每当经理人禁不住想要说利益相关者群体是非理性的时候，他都不应当说"我不理解那个利益相关者的观点"那样的话。也许一个群体的目标与公司的目标大相径庭，但理性是让一个群体可能实现其任何目标的有效手段。我认为，管理层的工作是理解利益相关者的行为，无论他们是否就该行为的适当性达成一致。经理人必须构建关于利益相关者行为的"理论"，尝试解释利益相关者是如何按照被观察到的方式行事的。将"非理性"归咎于利益相关者，就是在逃避问题。[6]

解释利益相关者行为，要求经理人设身处地地为利益相关者着想，并试图理解该利益相关者的立场，即试着对该利益相关者感同身受，并从他们的角度看待世界。它并不要求经理人对某一观点表示同情或表达真正的喜爱。从本质上讲，经理人必须扮演特定群体的角色。（第六章解释了一家公司如何向其经理人灌输这种培养同理心的过程。）通过尝试扮演特定利益相关者的角色，经理人可以更充分地理解利益相关者行为的"原因"，从而构建对该行为的解释。

首先，经理人必须尝试陈述某一利益相关者群体的目标。从以下几个方面来考察它的目标可能是有用的：（1）该利益相关者群体试图实现的长期目标是什么；（2）该利益相关者群体在所分析的问题上试图实现什么目标；（3）当前的问题与该利益相关者的长期目标之间有什么联系。目前，一些利益相关者群体尚不成组织，以至于没有具有凝聚力的"群体目标"。例如，一个特定的客户群体通常不是一个具有任何正常意义上"目标"的群体；相反，每个客户都有自己的目标。因此，每个客户都被视为"一个客户群体的代表"，而我们则假设客户群体有一系列目标，并依此行事。当我们发现某一客户群体的代表之间差异过大时，就是时候重新划分市场了。

解释利益相关者行为的第二步是对该利益相关者进行利益相关者分析。以利益相关者群体为中心，画一张利益相关者地图。通过了解特定利益相关者群体的外部环境，经理人可以看到作用于该利益相关者身上的外部力量和压力。这种二阶的利益相关者分析还提供了对特定群体的压力点和脆弱性的洞见。虽然某一特定问题对经理人来说可能是最重要的事情，但对于利益相关者来说，由于群体面临很多其他外部需求，因此该问题的优先级可能较低。如果可以通过了解特定组织中的利益相关者来深入理解该组织的行为，那么我们也可以将该规则应用于利益相关者。也就是说，我们试图通过了解利益相关者群体的外部环境来洞察该群体的工作方式。

　　解释利益相关者行为的第三步是检验该群体对公司的看法。一个群体是否认为公司对他们的观点无动于衷？该群体是否认为公司对他们的关注太少了？该群体是否认为公司在这些问题上无能或者不负责任？

　　通过完成对目标、利益相关者及其对公司的看法的分析，经理人构建了一个利益相关者群体的"心理模型"，该模型概括了经理人有关利益相关者的经验（Emshoff，1978）。现在应该可以解释利益相关者的实际行为，并更充分地理解合作潜力行为和竞争威胁行为为什么可能或不可能存在。推理过程如下：

　　　　利益相关者 S 表现出行为 B，因为 S 的目标是 O。S 的利益相关者是 S'，S 关于我们的看法是 A。

　　如果这个解释不符合逻辑，或者它似乎不能解释一个群体的行为，那么必须在前面的步骤中做更多的工作。这种利益相关者模型的数据很可能是有偏差的。请记住，所有数据都来自经理人的感知，其有效性取决于经理人是否具有能够真正对该利益相关者群体感同身受的能力。如果经理人对一个利益相关者群体的目标、它们的利益相关者以及它们对公司的看法的归结有误，那么该模型就无法准确地解释该群体。因此，这些解释模型必须是迭代的，并在发现新数据时不断修正。也许报纸上关于利益相关者群体的报道会让经理人意识到，群体目标与原始模型中的目标是不同的，也许与同事的交谈也会得出同样的结果，关键是经理人必须不断地进行批判性思考，是什么让特定的利益相关者群体发挥作用。

　　解释利益相关者行为在逻辑上并不独立于行为本身。通过构建一个解释性模型，我们可能会从不同的角度来看待一种特定的行为，也因此，我们可能需要修改我们对该行为的陈述。[7]此外，通过绘制某一利益相关者的利益相关者地图，我们可能会想到新的合作潜力行为和竞争威胁行为。同样，尽管图 5-2 中描述的流程必须按步骤进行，但流程的逻辑并不是顺序的；相反，这些任务就像拼图的碎片一样拼凑在一起。

联盟分析

构建利益相关者战略方案的最后一个分析步骤是在几个利益相关者之间寻找可能的联盟。前面的分析步骤至少提供了两种分析联盟的方法。第一种是在所有三个类别中寻找行为上的共性。因此，具有相似的实际、合作或竞争行为的利益相关者群体很可能是联盟的候选者。此外，经理人应该仔细考虑现有的战略方案，以确定目前利益相关者之间是否存在联盟。第二种是看是否存在共同的利益。某些群体具有相同的目标、利益相关者或对公司的看法。这些群体将更有可能组成联盟。

有些联盟可能是明确的，利益相关者通过联盟聚集在一起计划一个联合倡议。联盟也可能是心照不宣的，即几个群体之间有一种默契，它们不会干涉其他群体的目标，或者它们将在关键问题上相互支持。通过利益相关者行为分析、利益相关者行为解释以及寻找联盟，经理人可以更好地理解哪些战略方案将会成功，也将更好地开发能够吸引利益相关者的方案。然而，在展示如何构建这样的方案之前，一个例子可能有助于说明任务（1）至任务（3）所需的分析类型。通过引用文献中已经分析过的、许多经理人所熟知的历史案例，我们可以从分析中获得适当的细节。霍里奇（Horwitch，1982）对 20 世纪 60 年代和 70 年代初建造超音速客机的尝试进行了全面分析。他的分析非常丰富和详细，足以说明这一战略方案制订过程的特点。[8]

利益相关者分析实例：美国的超音速客机

背景

1963 年，经过大量研究，肯尼迪总统宣布美国将建造一架超音速客机，能够以三倍于音速（3 马赫）的速度运送乘客。类似的项目也在欧洲进行，一个由英国和法国公司组成的财团在研制协和式飞机，苏联也在研制后来称为 TU-144（图波列夫图 –144）的飞机。美国的这一项目是由政府和私营企业联合推进的。政府方的项目经理来自美国联邦航空管理局（FAA），主要私人参与者包括波音公司（Boeing）、洛克希德·马丁公司（Lockheed Martin）、通用电气公司（GE）、普惠公司（Pratt & Whitney）等。由于各种原因，最初尝试的飞机设计存在缺陷，项目也被推迟了。该项目的资金必须通过国会获得。建造超音速客机的技术尚未经过测试。此外，联邦航空管理局主要是一个行政监管机构，在管理承包商关系方面几乎没有经验。这种合作关系通常是由航空业与国防部共同处理的。1964 年，约翰逊总统就该项目成立了总统咨询委员会（Presidential Advisory Committee），由国防部部长罗伯特·麦克纳马拉（Robert McNamara）担任主席。该委员会开始就这一项目的可行性提出很多问题，而这些问题在 1964 年以前不是被忽视，就是被认为不是问题。

因此，商务部和国防分析研究所被要求进行经济研究。总统咨询委员会经常开会，向项目经理和竞标最终合同的承包商提出尖锐的问题。事实上，到 1967 年这架飞机的设计还没有达成一致意见，所有的最后期限都被错过了。此外，到 1967 年，超音速客机将产生的音爆成为一个难题，美国国家科学院参与了对音爆影响的评估，科技局的一个特别音爆协调委员会同样也参与了该项评估。因此，由于新利益相关者的出现以及设计问题尚未得到解决，该项目的管理开始支离破碎。

20 世纪 60 年代末，环保运动兴起。超音速客机成了一种会对环境造成危害且并不被真正需要的技术的象征，至少以哈佛大学物理学家威廉·舒尔克利夫（William Shurcliff）博士为首的环境批评家是这样认为的。由于项目经理内部专注于回答总统咨询委员会提出的问题，环境批评家基本上被忽视了，而他们最终在 1971 年成功地否决了该项目。

利益相关者分析

虽然超音速客机的制造显然比上文所描述的更为复杂，但它在说明如何使用上述分析方法为关键利益相关者制订战略方案上是很有用的。让我们假设我们是波音公司、通用电气公司或洛克希德·马丁公司的高级管理人员，我们的目标包括推进超音速客机项目。我们暂且不谈它是不是一个"适当"的目标，利用我们的常识，让我们在几个时间点分析几个关键的利益相关者。首先，让我们以麦克纳马拉部长担任总统咨询委员会的主席为例（见表 5-1），该委员会在 1964—1965 年对该项目发挥了重要作用。

表 5-1　麦克纳马拉和总统咨询委员会在 1964—1965 年的实际行为

日常行为
- 委员会经常开会
- 询问有关该项目的经济可行性问题
- 委托商务部等机构进行经济研究

……

合作潜力行为
- 解散（不太可能）
- 向约翰逊总统和国会提供对该计划的良好支持，以促进该项目的发展
- 在经济可行性上达成一致，停止委托研究

……

（续）

竞争威胁行为
- 向约翰逊总统和国会提出放弃超音速客机项目的建议
- 继续推迟该项目
- 改变接受某一特定设计的标准
……

总统咨询委员会和麦克纳马拉的目标

总统咨询委员会和麦克纳马拉的目标很难厘清，也许他们想要的是最大限度地提高他们在这个项目上的影响力。似乎同样有可能的是，他们只是想通过汇总事实以及做出理性的决定来为总统服务。也许他们想在这个本质上属于肯尼迪总统所推进的项目上，避免约翰逊总统在政治上陷入潜在的尴尬境地。虽然不可能准确地确定总统咨询委员会的目标，但我们知道他们是由获取事实的需求所驱动的，麦克纳马拉是"理性管理者"的典范，是系统分析的"天才"支持者，等等。我们还知道，麦克纳马拉曾任福特公司的总裁，理解在商界及时采取行动的重要性。

总统咨询委员会和麦克纳马拉的利益相关者分析

对麦克纳马拉和总统咨询委员会的利益相关者分析，揭示了一份令人印象深刻的利益相关者名单。麦克纳马拉本人必须关注国防部的利益相关者，如承包商、内部组织（如军队和文职人员）、北大西洋公约组织（NATO）、东南亚条约组织（SEATO）和相关政府（如越南、柬埔寨）等。此外，约翰逊总统的计划项目及其相关的利益相关者群体对总统咨询委员会的其他成员也很重要。利益相关者的分析表明，超音速客机只是这些相当忙碌的政府官员议程上相对较小的一个项目。

对关键利益相关者的看法

总统咨询委员会可能会认为联邦航空管理局的项目经理没有能力顾全大局，而超音速客机项目只是大局中的一小部分。因此，总统咨询委员也许会认为，如果任其自行发展，在业界的鼓励下，即使没有仔细分析和论证，该项目也能被强行通过。总统咨询委员会很可能认为，像波音和通用电气等公司的行业经理只对确保该项目继续推进感兴趣，毕竟，它们在这个项目上投入了大量资源。

联盟分析

结成联盟的可能性是很大的，因为总统咨询委员会包含了华盛顿一些最有权势的人。与国会，或者至少与国会的主要委员会、约翰逊总统、政府的其他部门结盟，是完全有可能的。

根据这一利益相关者分析，构建与总统咨询委员会打交道的战略方案就相对比较容易了。当然，由于我们是以事后诸葛亮的眼光来看这一案例的，我们知道总统咨询委员会在该项目中发挥了至关重要的作用，该项目最初阶段的拖延是十分危险的。不过，鉴于总统咨询委员会成员位高权重，并且他们热衷于提问，我们很早就应当意识到我们需要根据他们当时（1964—1965 年）的情况改变游戏规则。因此，实现合作潜力和防止竞争威胁的一个战略方案是成立一个联合专家小组，以迅速提出和解答关键的经济和技术问题。资源将被分配给这些专家，一些利益相关方将参与他们的选择。我们将迎合麦克纳马拉的商业意识，努力达成一致以遵守研究的结果，以便这些问题可以一劳永逸地得到解决。这一战略方案的风险在于，这些问题最终被证明是没有答案的，或者经济和技术的可行性被证明不一定可行。然而，对于波音和通用电气等公司来说，现在就知道这一点会比较好，而不是继续让这些公司暴露于未来的不确定性之下。

实际发生的事情说来话长，霍里奇（Horwitch，1982）讲述了所有的复杂情况。我只想说，该项目的管理者没有及时解决环保人士的担忧，那时为时已晚。我认为他们很少关注到压力群体，因为他们在处理内部权力和政治问题上花费了太多的时间，就好像客机项目和环保这两个问题是相互独立的一样。如果管理者为包括总统咨询委员会和麦克纳马拉在内的所有利益相关者制定一套综合性战略，那么他们就更有可能看到环保主义者的崛起，并与之进行富有成效的谈判。我不确定这个项目是否可以（或者甚至应该）被拯救。然而，如果该项目能够得到更有效的管理，就可以节省大量的时间和资源。

超音速客机项目只是说明了如何使用利益相关者分析来为利益相关者制订战略方案，特别是如何使用分析性概念。我们需要研究可能存在的利益相关者立场的类型，以及可用于解决有关这些立场的问题的通用战略。

利益相关者的通用战略

近期战略管理方面的研究主要集中于探讨在某种普遍的情形中公司该怎么做。因此，我们可以制定无关行业而行之有效的通用战略，它决定了公司在一个或几个行业内的战略地位。[9]情境主义者和投资组合理论家都为一家公司在特定业务中应该做什么制订了通用方案。这些规定通常处于"我们应该将特定业务向哪个方向发展"的层面，而且在很大程度上它们忽略了外部利益相关者的影响，这些利益相关者并不是市场的直接组成部分。表 5-2 说明了情境理论和投资组合理论中的一些方案。

表 5-2　通用战略：一些示例

安德鲁斯等	投资组合理论
• 没有变化 • 撤离 • 关注有限的特殊机会 • 收购 • 地域扩张 • 多元化 ……	• 发展（投资）高增长、高市场份额业务 • 剥离低增长、低市场份额的业务 • 在高增长、低市场份额的业务中建立地位 •"保持"低增长、高市场份额的业务 ……

迈克尔·波特（Michael Porter，1980）声称，行业结构本身就决定了合适的通用战略。具体地说，他认为有五种力量形成了竞争战略。第一种力量是在特定业务中竞争的公司之间的内部竞争，相关变量包括竞争者的数量、行业集中度、企业的"竞争力"、行业中的细分市场等。第二种力量是客户的议价能力，即客户能否通过相互竞争、要求特殊服务或威胁逆向整合成为竞争者，从而对公司施加巨大影响。第三种力量是供应商的议价能力。供应商是寡头还是卡特尔？它们能否控制价格？它们是否存在正向整合并成为竞争者的威胁？第四种力量是新进入者的威胁。除了供应商和买家外，可能还有其他人可以克服进入市场的壁垒，成为竞争者。第五种力量是替代品的威胁，使现有产品过时或使利润更难以获得。根据波特的说法，对这些力量的仔细分析将决定合适的通用战略，或者"改变游戏规则"，或者"利用优势和机会"，或者"正面迎战竞争者以捍卫当前的地位"，等等。我们可以通过成为市场中的低成本生产商、专注于特定的细分市场或通过产品差异化使一家特定的企业具有竞争力。

波特同样暗示了其他利益相关者群体在制定通用战略中的作用，尽管并没有展开论述。[10] 如果我们在波特的模型中增加第六种力量，我们可以将其概括为各种利益相关者群体。虽然对波特理论如此仔细的概括超出了目前的分析范围［更多详细内容，参阅 Freeman

（1983a）]，但对了解如何为利益相关者开发通用战略可能是有益处的。由此得出的分析结果与波特的理论非常吻合，尽管我们已经超越了产业结构，并拓展到"利益相关者结构"，而且同一产业中的公司不一定需要拥有共同的利益相关者。图5-3展示了"决定竞争战略的六种力量"。

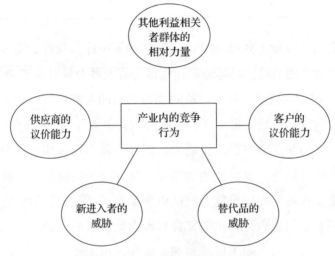

图 5-3　决定竞争战略的六种力量

通过分析每个利益相关者的合作潜力和竞争威胁，我们有了对影响战略方案的利益相关者潜力的替代品。显然，我们希望将那些具有高合作潜力和低竞争威胁的利益相关者与那些具有低合作潜力和高竞争威胁的群体区分开。因此，我们可能首先希望根据利益相关者的相对合作潜力来对其进行排序。我们可以通过问这样一个问题来实现排序，"哪些群体最能帮助我们实现目标"，或者仅仅通过一个简单的图解对这些群体进行分类，如"高合作潜力""较高合作潜力""较低合作潜力"和"低合作潜力"。对竞争威胁也可以这样做。（假设我们是自己的竞争对手，进行类似的分析是一种很有启发性的做法。竞争对手通常有不同的利益相关者群体，因此将采用不同的通用战略。)

至少有四类群体：(1)合作潜力相对较高也具有较高竞争威胁的群体，我们称为"摇摆型"利益相关者；(2)合作潜力相对较低而竞争威胁相对较高的群体，我们称为"防御型"利益相关者；(3)合作潜力相对较高、竞争威胁相对较低的群体，我们称为"攻击型"利益相关者；(4)合作潜力和竞争威胁都相对较低的群体，我们称为"稳定型"利益相关者。接下来，我们将检查我们的分类，并排除根本不可能具有合作潜力和竞争威胁的群体。也就是说，如果一个利益相关者群体具有很高的合作潜力，但我们从过去的经验中得知，我们不能在我们正在制订的战略方案的时间段内扭转局面，那么我们就必须降低该群体的合作潜力，或许可以将其循环到公司的较高层面。因此，我们得到了如图 5-4 所示的最终矩阵模型。

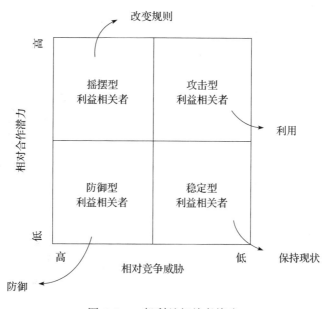

图 5-4　一般利益相关者战略

对波特通用战略的概括似乎是恰当的。摇摆型利益相关者对于特定情况的结果具有很强的影响力。因此，寻求改变公司与这些利益相关者互动规则的战略方案是合适的。请注意，有人曾建议波音／通用电气对总统咨询委员会采取改变规则的战略。一般来说，我们需要新的战略方案，而有时也需要制订支持方案来提供帮助。

防御型利益相关者可以提供的帮助相对较少，但可以采取措施（行为）来阻止公司实现其目标。防御型利益相关者当前或实际的行为通常是非常有帮助的，因此他们改进的可能性相当小，他们的合作潜力也是相当有限的。防御型利益相关者印证了这样一条格言：一个人最容易受到朋友而不是敌人的伤害。

攻击型利益相关者可以在很大程度上帮助目标的实现，且相对威胁不大。或许他们在这个问题上已经严重影响了组织，他们的实际行为不会比这个更糟糕了。如果下行风险相对较小，几乎任何战略方案都值得一试，我们应该利用所有可以获利的机会。

稳定型利益相关者不会有什么较大的帮助，也不会造成较大的伤害。然而，我们必须记住，目前他们可能相当重要。合作潜力和竞争压力衡量了行为的变化，因为我们关注的是如何制订新的战略方案或者支持当前的行动方案。对于不太可能改变的群体，现有的战略方案应该就足够了。

通过该分析，我们可以提出以下几个命题：

1. 就改变当前行动的潜力而言，利益相关者的相对权力会影响公司特定战略方案的成功。

2. 如果企业中的一组利益相关者具有相对较高的合作潜力和相对较低的竞争威胁，企业就应该采取攻击型战略来努力激发这些利益相关者的合作潜力。

3. 如果企业中的一组利益相关者具有相对较高的竞争威胁和相对

较低的合作潜力，那么企业应该采取防御型战略来防止这些利益相关者的竞争威胁。

4. 如果一组利益相关者具有相对较高的合作潜力和竞争威胁，公司应该采取一种战略，以寻求改变或影响管理公司—利益相关者互动的游戏规则。

5. 如果一组利益相关者的合作潜力和竞争威胁相对较低，公司应该采取一种战略，以寻求当前战略方案的继续推进，并保持这些利益相关者的当前地位。

例如，对于想进入计算机行业的电信公司来说，国会、司法部、联邦通信委员会、竞争者、州监管委员会等都具有相对较高的合作潜力和竞争威胁。因此，例如，AT&T 在这个问题上必须采用命题 4 作为与这些利益相关者合作的通用战略，并寻求影响游戏规则的变化。（是否应该在企业层级采取这样的战略是另一个不太明显的问题。）当凡士通（Firestone）最终自愿召回子午线轮胎时，很显然它的处境不允许它蒙受更多的损失，它的利益相关者具有很高的合作潜力（刚刚在政府机构、法院和客户群体之间以联盟形式取得胜利）。相反，当宝洁提前宣布召回其 Rely 卫生棉条时，该公司显然是在采用命题 3 的战略，这是一种防御型战略。因为宝洁认为，如果不迅速采取行动，可能会对其产品造成不可弥补的损害，无论是当前还是未来的其他产品。

还有其他可能的通用战略，其中一些涉及与利益相关者的不同交易。合资企业是一种有趣的可能性，目前尚不清楚利益相关者处于什么样的战略地位时才需要合资。显然，合资企业可以是一种"改变规则"的战略，但对于非市场利益相关者来说，成立合资企业可以被视为共同解决社会问题的一种方式，因此它既符合防御型战略，也符合攻击型战略。

特定利益相关者的战略方案

如何将这些通用战略付诸实施，为关键利益相关者群体制订特定的战略方案？显然，必要的具体行动将取决于经理人需要影响的利益相关者群体的行为。然而，每种通用战略都会产生特定类型的方案，并且可以针对单个利益相关者的行为量身定制。以下的例子将重点关注非传统利益相关者，因为已有的关于战略方案的文献大多是针对客户、供应商等的。

表 5-3 总结了为每种通用战略拟订的特定方案类型。虽然不是一个包罗万象的列表，但它确实给出了可选择项的范围。以下是每种类型方案的示例，"改变交易流程"方案则留到有关执行的章节进行讨论（参见第六章）。

表 5-3　特定利益相关者的战略方案

"改变规则"方案
1. 通过政府改变正式规则
2. 改变决策论坛
3. 改变所做决策的类型
4. 改变交易流程

攻击型方案
1. 改变利益相关者对公司的看法
2. 做一些（任何）不同的事情
3. 尝试改变利益相关者的目标
4. 采纳利益相关者的立场
5. 将方案与利益相关者更为赞同的其他方案联系起来
6. 改变交易流程

防御型方案
1. 强化当前对公司的看法（"向唱诗班布道"，多此一举）
2. 维持现有方案
3. 将问题与利益相关者更赞同的其他问题联系起来
4. 让利益相关者驱动交易流程

（续）

稳定型方案

1. 什么也不做，监督当前方案
2. 强化当前对公司的看法
3. 防范交易流程中的变化

"改变规则"方案

至少有四种特定方案可以被设计来改变公司与特定利益相关者合作的规则。这四种方案并不相互排斥，且经常可以相互结合使用。第一，规则发生正式变化，即公司试图改变已经被制定为法律或已经演变为行政规则、甚至可能已经在非政府组织中被确立为章程的规则。第二，决策论坛可能发生变化，即改变做决策的人以及做决策的地点。在政府中，"管辖权"是一个重要的问题，也是一个不容忽视的战略变量。第三，公司可以改变所做决策的类型，从而将与利益相关者的关系重新聚焦在一系列不同的问题上。第四，公司可以改变交易流程。让我来解释一下这些方案是如何对多个关键利益相关者群体发挥作用的。

激进团体

几家公用事业公司已经与传统上一直是其费率案干预者的团体采取了改变规则的方案。其中一项方案涉及将决策论坛从对抗费率案的竞技场转变为更有利于谈判和沟通的环境，消费者领袖和公用事业公司的经理借此讨论即将到来的费率提案，并尝试就如何共同推进达成一致。通常情况下，消费者团体仍然会介入费率案，但公司可以了解消费者的观点，消费者团体也并不觉得必须在每一个问题上都与公司打擂台。事实上，在某些情况下，消费者团体已经同意了公司的某些提案，并且双方都同意反对其他提案。通过改变决策论坛，至少是某些决策的论坛，公司能够开始打破横亘于公司和干预者之间的障碍。改变决策论坛也开始改变公司和激进团体之间进行交易的流程。

在关于"瓶子法案"的斗争中，环保组织成功地对饮料行业公司采取了"改变规则战略"。1976 年，一些支持者希望通过立法要求消费者为软饮料和啤酒容器预付押金，但他们因无法说服州立法机构相信他们观点的优点而感到沮丧。于是，他们采取了一项改变决策论坛的计划，将要求预付押金的措施交由缅因州、密歇根州、马萨诸塞州和科罗拉多州的选民投票表决。改变决策论坛让整个行业措手不及，它们的反应就好像这场斗争仍在州立法机构进行一样——强调就业和经济，而不是减少垃圾和保持清洁的环境。该法案在缅因州和密歇根州获得通过，在马萨诸塞州以微弱劣势落败（随后获得通过）。烟草行业的反对者也采取了类似的做法，通过收集签名支持"在公共场所禁烟"的倡议，但该倡议在很大程度上是不成功的。

政府机构

几个行业采取了一项方案，试图通过游说立法机构来改变监管它们的正式规则，以大幅减轻它们所面临的"监管负担"。放松对石油价格的管制是改变正式规则的一个明显例子。商业圆桌会议试图通过赞助一项分析监管成本的研究，来影响政府有关机构和企业的各种决策。通过将注意力集中在这些成本上，希望监管决策将对这些决策所产生的经济影响更加敏感。AT&T 在 1976 年决定引入《消费者通信改革条例》，即《贝尔法案》（Bell Bill），这是试图将制定监管政策的论坛从明显支持竞争的联邦通信委员会（FCC）改为国会。《贝尔法案》也可以被视为改变监管电信业的正式规则的一次尝试。之后的"同意法令"（Consent Decree）与改变电信业总体规则的方案是一致的，实际上也改变了电信行业的本质。

员工

几家公司已经承诺通过引入"工作生活质量"方案来改变它们管理与员工关系的规则。基本上，这些方案将决策论坛转移到了"质量圈"，并改变了所做决策的种类。它们还改变了与员工沟通的流程，并可能成为管理风格和与员工间敌对关系历史的脆弱受害者。

攻击型方案

有许多方案可以用来促进与利益相关者之间的合作潜力。具有很高合作潜力的利益相关者很可能与公司存在一种敌对关系，这种关系非常糟糕，以至于几乎任何变化都会产生积极的影响。因此，在制定战略以促进合作潜力时，必须仔细分析各种方案，选项范围包括：（1）改变利益相关者对公司的看法；（2）做一些（任何）不同的事情；（3）尝试改变利益相关者的目标；（4）采纳利益相关者的立场；（5）将该种方案与利益相关者更为赞同的其他方案联系起来；（6）改变交易流程。

这类战略方案的例子不胜枚举。要改变利益相关者对公司的看法，最简单的方案类型就是产品或服务的重新定位。旧产品被发现了新的用途，从而改变了客户对产品或服务的看法。通过试图改变利益相关者对公司的看法，经理人押注于这样一个事实，即利益相关者的行为是由他对公司的错误假设导致的。一家公司采取了类似的战略，学会倾听批评者的意见，并向批评者表明，公司是由"理性人"组成的，这些人实际上非常关心某一个特定的社会问题，但他们不知道该如何解决这个问题。[11]

如果利益相关者群体的情况已经相当消极了，并且该群体几乎不能再做进一步伤害公司的事情，那么几乎任何行动都值得一试。然而，盲目的行动或增强当前对公司的负面信念的行动可能会巩固和强化该群体当前的消极行为。与某些媒体集团长期不和的公司可能只需稍稍改变一下公司的政策，就能带来合作潜力。举两个例子：其一是安排高管而不是公关经理参加新闻发布会；其二是在媒体从其他渠道发现问题之前打电话给媒体，提醒它们注意这个问题。这种战略的逻辑是，敌对媒体无论如何都会发现真相，所以为什么不借此机会尝试扭转局面呢？[12]

比以上提到的两个更为困难的方案是尝试改变利益相关者群体的目标，即说服该群体与公司具有相同的目标。许多资金都花费在了实施旨在改变利益相关者目标的项目上。宣传广告运动有时旨在就政府的适当角色改变群体的目标。竞选活动经常大肆鼓吹自由企业的优点，并嘲笑政府干预市场进程的手段。这些方案应谨慎使用，因为其最终结果往往可能是改变利益相关者群体对广告宣传公司的看法，即利益相关者可能会认为广告是自利的，是对利益相关者资源的浪费。

这一视角的另一端是一种在特定问题上采用利益相关者的目标的战略方案。这是市场上的标准运营程序，或者至少应该是这样的，并且也可以推广到其他领域。如果管理层接受工会的目标，就可以促进劳资合作，在管理层理解并采纳员工目标的情况下，甚至可以阻止工会的成立。这样的战略方案通常只有在公司和工会都受到伤害的长期罢工之后才会实施。当然，这样的方法可能存在效率低下的问题，但如果特定利益相关者的合作潜力对公司的生存真的至关重要，那么就必须考虑"让步"。

一个有效的战略方案是将正在考虑的问题与特定利益相关者群体的更广泛的关注联系起来，并向该利益相关者群体表明，利益相关者群体对该问题的支持与它们对更大问题的支持是一致的。石油行业的公司很可能采取了这一战略，试图表明放松管制符合担心环境的群体的利益。这样的方案本可以通过开展一项联合研究项目来实现，旨在展示监管是如何人为地抬高油价的。该行业本可以自愿从放松管制的利润中拨出一定比例，为进一步的节能研究提供资金。相反，暴利税法通过了，每一方都是输家。

防御型方案

当某一利益相关者群体掌握着方案失败的关键，但又不能真正帮助方案取得成功时，就必须采取防御型战略方案。一种需要采取防御型战略方案的典型情况是行业组织的高管处理其成员间的关系。当然，属于行业组织的群体可以否决某些行动，如果它们不支持行业组织管理层的行动，那么这个组织就注定要失败。然而，它们几乎没有合作潜力，因为通常成员组织都会尽可能地给予支持。因此，理性的行业组织管理者必须防止"失去（其成员的）支持"。一个普遍的问题是如何防止实际行为退化为竞争威胁行为。有几种类似于攻击型战略方案的情况。

在这种情况下，经理人不一定要试图改变利益相关者的态度，而是要去强化它们当前的态度。从某种意义上说，经理人必须"向唱诗班布道"。通过不断强化当前的看法，经理人可以防止看法发生变化，进而产生更多的负面行为。同样地，行业组织像专业组织一样，是具有指导意义的。年度会议上充斥着"该组织在过去一年里为你做了多少事"。

另一个恰当的例子是股东，因为虽然股东作为一个群体几乎没有合作潜力，但如果他们中的大部分人试图同时抛售股票，就会产生较高的竞争威胁；因此，就产生了例行公事的年会以及"圆滑"的年报。一些公司甚至开始进行"股东访谈"，让他们知道自己并没有被遗忘。

防御型战略方案的另一种类型是让利益相关者群体推动它们与公司之间的交易过程。也就是说，经理人对这些利益相关者群体的关注

"过度反应"。公用事业公司对公共服务委员会的担忧反应过度，原因很简单，尽管委员会不能保证高回报率和正利率的案例（丁顶者根据市场状况等确定此类案例），但它可以否认该公司的立场。因此，它们的竞争威胁总是很高，尽管在某些问题上它们的合作潜力可能也很高。通过允许委员会推动交易流程，并及时响应信息和研究的请求，该公司试图确保委员会不会总是说"不"。一个类似的案例是关注立法者在州和国家层面的要求。游说者会迅速响应要求，并且（在很大程度上）不会试图将太多的问题提上立法者的议事日程，而是倾向于让立法者推动这一进程。

稳定型方案

尽管一些利益相关者的合作潜力或竞争威胁相对较小，但它们可能仍然很重要。我们需要考虑通过哪些方案来维持当前的行为。显然，早期方案的一些变体是合适的，比如强化当前的看法或"向唱诗班布道"。必须对影响利益相关者行为的现行方案进行监控，因此，稳定型战略方案的主要议题是控制问题，而非方案制订问题。在逻辑上，稳定型战略方案必须防止"游戏规则的改变"，因此，当制订"改变规则"的方案时，必须考察它们是否改变了多个利益相关者群体的规则。

面向利益相关者的综合战略方案

即使有针对个别利益相关者的方案，这些方案的简单相加也可能无法达到公司正在考虑的问题上所预期的方向，或者是利益相关者之间的互动导致功能失调，或者是方案本身就效率低下。通过使其中一个利益相关者群体实现"双赢"，我们可能会导致另一个利益相关者群体的"赢—输"局面。因此,我们必须解决如何为多个利益相关者整合战略方案的问题。

解决这个问题有两种基本方法。首先,我们应该认识到利益相关者在行为和目标上存在共性,因此,我们可以返回到前面的分析阶段,以辨别利益相关者群体之间的共同之处;其次,我们可以在为个别利益相关者群体开发的战略方案中寻找共同点。

例如,在早先对超音速客机项目的分析中,对麦克纳马拉和总统咨询委员会的行为分析,揭示了他们对该项目在经济和技术合理性上的共同关注。对国会主要领导人和其他机构的"利益"进行类似的分析,也会发现类似的担忧。因此,应对所有这些利益相关者关注的综合战略是:该行业分配一些资源来资助成立一个联合专家小组,以一劳永逸地解决这些问题。这样的战略将解决质疑该方案可行性的常见行为,并建立在"获取事实"的共同目标的基础上。

AT&T 诉诸国会以改变电信行业的规则,完全可以被视为与国会、联邦通信委员会、竞争者、司法部和其他机构打交道的综合战略。有人可能会争辩说,在试图分别与这些利益相关者打交道时,AT&T 应该早就注意到,它针对每个利益相关者的战略必须包括关于产业结构的立场。因此,AT&T 必须向联邦通信委员会解释其垄断市场地位的合理性。在与司法部的辩论中,AT&T 不得不反驳关于不公平竞争行为的指控。它不得不在民事反垄断诉讼等案件中回应类似指控。因此,AT&T 的经理人可能已经注意到,他们需要一种战略来把这些不同的线索结合在一起,以实现一致性,并改变游戏规则。[13]

埃姆肖夫和弗里曼(Emshoff and Freeman,1981)表明,美国酿酒师协会至少有两个关于饮料容器问题的综合战略方案,特别是关于要求不可回收容器需预付押金的立法问题。针对共同关注的容器立法成本问题,他们建议美国酿酒师协会自愿拨出一定数额的资金,其金额等于立法要求的将容器作为垃圾清除的"强制成本"和在不必预付押金的情况下处理垃圾的"自由市场费用"之间的差价。如果自由市场成本真的低于强制成本，那么所有相关的利益相关者都将成为赢家。相反，埃姆肖夫和弗里曼声称，如果美国酿酒师协会为每个利益相关者制订战略方案，它会注意到，大多数战略成功的关键是对本行业经济研究的有效性和可信度问题。因此，成立一个联合专家小组来审查已经完成的研究，并委托进行一项各方都同意签署的权威研究，这对于建立研究的可信度将大有裨益。如果经济形势真如他们所认为的那样，美国酿酒师协会应该愿意承担所蕴含的风险。因此，利益相关者的综合战略方案是可能的，即使此类方案的制订是一种创造性的管理行为。

小　结

我在本章中指出，可以为每个重要的利益相关者群体制订战略方案。这些方案将取决于对利益相关者行为的分析，以及经理人阐明他们自己的利益相关者行为的"理论"和"模型"的能力。我已经指出利益相关者的战略管理方法如何可以被用来制定利益相关者的通用战略，特别是如何将波特（Porter，1980）的研究加以扩展，将"利益相关者"作为形成战略的力量之一加入模型。我已经简要说明了如何将多个利益相关者的战略融合成综合方案，以同时解决多个利益相关者关注的问题。在为利益相关者制订战略方案方面，还有大量的研究要做，我只是指出利益相关者方法如何适应这个试图弥合战略制定与实施之间差距的模式。

注　释

1. 对于方案和战略这两个术语，我并没有加以区分，因为在通常的用法中两者经常是互换的。"战略方案"是与利益相关者群体打交道的简单组织方法，它并不局限于当下发生的交易。

2. 在洛朗格的模型中，战略方案在制订与实施之间建立了非常必要的联系。我相信，更多关于战略方案的研究可能会发现，它比制定任务更重要。

3. 然而，我并不假设本章中提及的公司已经进行了企业分析或利益相关者审计。因此，我希望我对战略规划的讨论是独立于前面内容的。

4. 第三章所阐述的哲学立场又一次出现。被观察到的是行为，而不是态度和看法（它们是有用的，甚至是必要的解释性概念）。战略应旨在改变行为，在这一点上 Vincent Carroll 的研究很有帮助。

5. 这三个范畴的理论基础在 Emshoff（1980）以及 Emshoff 和 Freeman（1981）中有更充分的描述。

6. 不断地将利益相关者视为非理性的，就等于承认我们对该利益相关者行为的理论无法解释观察到的行为，需要修改。"非理性"常常是"我不同意"的代名词。

7. 有关富有启发性的讨论，请参阅《智慧》（*Wisdom*）（1953 年，第 248-282 页）。

8. 我感谢麻省理工学院的 Mel Horwitch 教授花了很多小时与我讨论超音速客机和利益相关者的概念。虽然他不赞同这里提出的分析，但他让我注意到超音速客机给我们提供了丰富的数据资料。此外，Horwitch（1982）也可以作为方法论来解读，因为他提出了一个更好地理解战略管理领域存在争议和问题的历史性方法。

9. 通用战略实际上只不过是指导方针或框架，必须在这些指导方针或框架下制订特定的战略方案。通用战略方案应该把重点放在执行上，因为它们是拟定概念工作的一部分。

10. 举例说明参阅 Porter（1980，第 28-29 页）。

11. 参见 Sturdivant 和 Robinson（1981）中的"Abbott Labs：Similac"。

12. 有关企业与媒体关系的精彩讨论，请参阅 Banks（1978）。

13. 这些关于 AT&T 的猜测代表了我自己的分析，而不是任何"内幕消息"。

CHAPTER 6

第六章

利益相关者战略的执行与监控

引　言

　　在本章中，我们将讨论如何将利益相关者的概念应用于战略管理的执行和监控任务。我并不假设即将执行或者监控的方案和战略一定是用前两章中所提到的方法制定的。第三章表明，如果一个组织要具有较高的利益相关者管理能力，利益相关者分析的三个层面（理性、流程和交易）必须达到某种程度的"契合"。本章通过分析如何为利益相关者执行战略和方案，更详细地探讨了交易层面的利益相关者分析。此外，战略管理的监控任务可以看作是为了寻求确保这三个层面的分析以某种连贯的方式结合在一起。

　　交易层面的分析是战略管理的底线，组织在这一层面"参与"外部环境。[1]它是组织"开展业务"的地方。交易层面是组织为建立和维护它与利益相关者之间的关系而采取的一系列行为。它会提出这样的问题：我们现在要做什么？我们如何进行我们的战略和方案所承诺的行为？另一个术语是"战略执行"，即执行战略任务并将其完成。虽然战略执行的概念本身是以行动为导向的，但有几个概念图在分析组织成功地与其利益相关者进行交易的能力时非常有用。

传统上，通过分析预算差异，监测或控制只适用于组织的运营方面。"计划是为了控制，控制是为了计划"这句格言引出了计划和控制作为连续和迭代过程的概念。战略管理产生了一个更复杂的控制概念，即监控组织与环境之间的"契合度"，其中只有一部分是对差异的分析。[2]

在本章中，我将分析利益相关者概念对执行活动的影响，并提出一个有用的概念清单。我将提出一个监测和控制的框架，并建议这个任务可以（也应该）用于定期检查理性、流程和交易层面之间的一致性程度。最后，我将描述一个关于美国服务公司战略执行和监控活动的案例研究，这是对开始使用利益相关者概念的大公司的变相描述。

战略方案的执行

一旦制订了实现战略方向的战略方案，就必须将这些方案转化为行动计划。我们必须回答"谁来做什么"这一问题，组织必须开始执行方案的任务。有效的组织规划系统不会强迫经理人在规划周期的每个阶段重新设计每个方案。它们会对现有方案进行重新评估，但大部分仍在按计划进行。企业在运营方面的变化较慢，这是有充分理由的，因为它们为新战略方案和支持性战略方案提供了当前的资源基础。尽管如此，新方案以及那些支持现有和新规划的方案必须与企业当前的任务相结合。图 6-1 描述了战略方案的总和是如何同时产生部门预算和方案预算的（Lorange，1980）。[3]

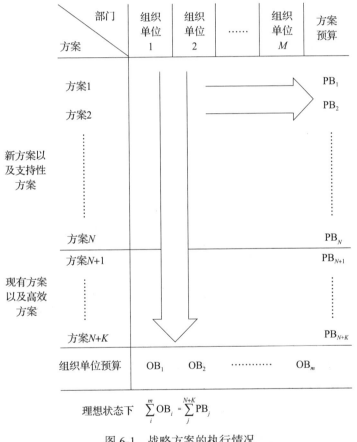

$$\text{理想状态下} \quad \sum_{i}^{m} OB_i = \sum_{j}^{N+K} PB_j$$

图 6-1 战略方案的执行情况

公司进行的每项方案都要给几个组织单位提供资源以执行该方案。因此，通过将每个单位在特定方案上花费的资源相加，我们得出了方案预算 1（Program Budget 1，PB_1）。同样地，每个组织单位将参与一些方案，其中有些是现有的运营方案，另一些是新的战略方案。通过将一个单位在所有方案上花费的资源相加，我们可以得到一个总的组织单位预算 1（Organizational Budget 1，OB_1）。如果一个组织是"完全高效"的，那么其方案预算的总和将等于其组织单位预算的总和，或者 $\sum PB_i = \sum OB_i$。虽然在现实中，这种等式只能通过会计系统的操作才能获得，但图 6-1 可以被用作使组织预算与方案预算保持一致的检查点。如果组织的预算活动要与战略管理活动恰当地联系在一起，也就是说，如果战略要得到执行，某些这样的过程，即规划方案预算和零基预算的变体，必须成为组织预算活动的基础。

组织经理人往往会在某些问题和活动上明确自己的权限范围，而传统在争夺权力和影响力的领域发挥着一定的作用。因此，在处理与利益相关者的关系方面存在传统的责任分工，这些分工不一定有助于执行综合战略方案，无论是新的还是支持性的。[4] 任务的执行既是在组织的传统范围内进行，也是在那些不适宜的传统之外进行。如果前面几章的论述是有效的话，那么它表明我们传统看待公司的方式必须改变，以使公司与现实更紧密地联系起来。因此，利益相关者管理的执行任务变得至关重要，不仅因为它是"理论付诸实践"的地方，而且还因为它意味着，如果要满足不断变化的外部环境和改善公司绩效的需要，组织的变革和发展是必要的。

从概念上讲，任务的执行看起来相当简单。图 6-2 描绘了一个执行矩阵，在该矩阵中，组织单位和成员的行动是针对可能受影响的利益相关者群体制定的。所制订的每一个战略方案都可以绘制在这样的矩阵里。然而，该矩阵仅仅是将战略方案付诸行动。假设一家公司与利益相关者（如国会）一起实施了一项改变规则的战略方案，它可能会列出如下行动：

1. 起草示范法规。

2. 与主要代表就立法问题进行公开对话。

3. 获得代表的承诺，在即将召开的国会会议上提出立法。

4. 对众议院和参议院主要委员会的成员开展游说工作。

5. 汇集联盟中利益相关者的支持。

…………

利益相关者 组织单位或部门	国会	客户	员工	……
公共事务	行动步骤1 时间t_1 行动步骤2 时间t_2	……		
主要高管	⋮			
部门1的经理人				
⋮				

图 6-2　特定战略方案的执行矩阵

这些行动中的每一项都应该有一个时间框架，有一个组织单位负责并保证进度。此外，支持性方案可能会由其他组织单位承担。公司可能希望其营销代表向主要客户解释拟议的更改，或者让负责员工沟通的部门为所有员工准备材料。高管和董事会成员可能会计划发表一系列演讲。简言之，从战略方案到实施的转变就是从精心制订的行动计划发展为一系列活动的转变。图 6-2 成为一个创建战略方案执行过程中总体图景的工具。

在这幅关于谁负责执行每一项行动的总体图中，在该战略方案的规定期限内，有几个问题需要讨论，这些问题可以决定是否可以使用图 6-2（按顺序讨论）：（1）资源配置；（2）获得承诺；（3）更改交易流程或组织发展，因为它适用于这个特定的环境。

资源配置

大多数大型组织都有正式的预算编制流程，每年将资源分配给各个组织单位。资源配置的根据因组织和组织中使用的预算系统类型而异。一方面，过去预算的历史分析被用来证明年度增量的合理性；另一方面，特定业务在组织投资组合中的地位可以用来为该业务争取资源，或者从吸引力较低的业务中抢走资源。使用复杂的运筹学技术的资本预算模型和"模拟"财务规划模型对大多数大公司的预算流程产生了极大的影响。

我不准备一一回顾这些流程，也不认为它们从根本上是错误的。然而，我确实认为，任何与公司战略过程相一致的预算编制过程，都必须解决如何分配资源以应对各个利益相关者群体的总体问题。

道理很简单，如果某个特定的利益相关者对一家公司未来的成功至关重要，就必须分配资源来应对这一群体。如果政府能够影响一家公司未来的成功，就必须分配资源与政府打交道，而不是希望政府会消失，或者哀叹公司是政府的产物。同样，消费品公司必须分配资源来处理消费者投诉，即如果消费者的重复购买是它们成功所必需的话。如果干预者和批评家会影响电力公司筹集必要资金的能力，那么电力公司必须分配资源来处理环境安全和质量问题。简言之，利益相关者的影响与分配用于处理这些影响的资源数量之间必须保持一致。

埃姆肖夫和萨蒂（Emshoff and Saaty，1978）推荐了一种被称为

"优先等级"的方法，以实际量化利益相关者群体的重要性，并检查资源的分配是否与每个群体的重要程度相匹配，否则当前系统内部的资源配置就存在偏差。洛朗格（Lorange，1983）认为，预算的战略部分必须与预算的运营部分分开，以使新的战略方案更加清晰和紧迫。否则，洛朗格声称，新的战略方案将自然而然地被忽略掉，而对现有方案则更有利。也就是说，当前的运营基础阻碍了资源的完全"合理"分配。组织内部的权力和势力范围问题，以及没有一个经理人喜欢被剥夺资源的简单事实，使得"理性"的资源配置过程充满了困难。

　　判断利益相关者重要性的标准，以及分配给应对特定群体的实际资源数量，将因组织及其经理人的价值观而异。基于第四章中对价值观的讨论，我们可以看到，采用特定的企业级战略很可能会决定不同的资源配置，这取决于经理人如何看待他们的企业使命。"我们代表什么"这样一个宽泛的定义将贯穿于特定战略实施的资源分配流程中。一般来说，至少有两种不同的方法来确定一组可行的标准：第一种方法涉及高级经理的判断，即哪些群体更有可能对某一特定方案产生影响，因而必须在一定程度上加以处理；第二种方法实际上取决于关键利益相关者群体对特定方案的期望。门德洛（Mendelow，1981）开发了一种方法，用于调查高管层和关键利益相关者在某些问题上的绩效标准问题。他发现，高管层和利益相关者对组织的期望有不同的看法。每个人都使用不同的衡量尺度来判断组织的成功。如果要恰当地分配资源以改善组织绩效，那么就需要解决制定一套标准的问题。

　　虽然根据利益相关者的重要程度无法决定需要划拨的资金的精确数目，因为我们对当前适宜的流程知之甚少，但我确实想建议，我们需要确保两者之间大致对等。认为组织本身会通过分配资源来自动适应环境变化的想法是愚蠢的。因此，不仅新的战略方案和支持性战略方案需要按照洛朗格所提出的方法从运营预算中分离出来，而且必须有一个明确的流程来检查战略预算与利益相关者的重要程度之间的契合度。

战略预算中这种明确检查点的根本原因在于，组织对现状或历史的偏好实际上是对稳定环境的偏好。根据上一年的预算，甚至是基于投资组合分析来配置资源，都是假设环境力量与上一年大致相同，或者构成市场吸引力的因素相对稳定。在高度动荡的环境中，必须更灵活地分配资源，尤其是经理人必须愿意脱离现状。

众所周知，当预算流程没有考虑到大局并阻碍公司主要目标的实现时，它就会变得不可行。而且，当预算过于依赖"数字"时，预算就成了一种组织的例行公事（Lorange，1980）。当预算流程对外部环境的关注太少时，同样也会出现令人不安的问题。当然，如果战略制定得当，战略方案本身就会反映关键利益相关者群体的重要性。然而，预算可以作为另一个检查点，以确保考虑到利益相关者所关注的问题。

为新的战略方案和支持性战略方案进行资源配置可以采取多种形式。显然，现有的组织结构是可以改变的，随着这种改变，就会发生资源的重新配置。然而，越来越常见的做法是采取比完全重组更温和的举措。团队和工作小组可以快速整合在一起，并且可以将人力资源分配给特定的项目。资金的配置则有些棘手，这取决于预算系统的灵活性。通常，工作小组的费用由负责人或领导承担，直到他们完成合适的人员调动。

或者，我们可以建立联络小组，负责从利益相关者的角度支持特定的单位。例如，ABX 公用事业公司有一个专门负责处理消费者事务的公关部门。由于影响 ABX 的消费者群体非常复杂，期望公关部成为该公司的唯一发言人显然是不切实际的。他们既没有深入的知识，也没有消费者群体想要的决策权威，但他们的确具有处理消费者事务的敏感度，而这种敏感度是更为传统的费率制定专家所不具备的。因此，该公关部的联络员被分配到费率部门并获得一些资源。加尔布雷斯（Galbraith，1973）描述了其他组织形式，这些组织形式可以用来减少因必须执行新的战略方案而引起的不确定性。

为新的战略方案配置资源的另一种方法是增加新的人员和新的组织单位。20世纪70年代初，贝尔系统公司○采取了一种战略来加强其营销能力，以应对不断变化的环境问题。它有意识地在公司外寻找专业人才，以便将资源重新分配给这些专业人才。它找到一家未来的竞争对手，并从那里挖走了一些具有市场营销专业知识的经理，其中几位经理很快就得到了提拔，这向组织中的其他人发出了信号，即掌握"营销专业知识"是获得成功的一种方式。随后，贝尔系统公司强化了营销部门，并最终按照细分市场进行了重组。一段时间后，内部人士开始领会到这一信息，贝尔系统公司开始对竞争对手和客户做出更为迅速的反应。然而，只有通过增加新的人员和创建新的组织单位，这一战略才能取得成功。

通常情况下，在公司外部招聘对执行新方案是必要的，而其中一个明显的问题是很难将新人以及他们的组织融入现有公司。通过雇用新的专业人才来处理与特定利益相关者的关系，我们可以分配人力和财力资源来与那些利益相关者打交道。

更微妙的是，正如上面例子所示，价值观的变化可以用来实现公司中资源的重新分配。通过在工会合同中协商工作生活质量计划，一家公司保证其各部门将针对与员工一起实施的改变规则的战略方案分配资源。如果没有这样一个潜在的制约，经理们就不可能在忙于完成生产指标、提高生产率的同时努力去实施这样的一个计划。该公司25

○ 贝尔本人创立的贝尔电话公司曾形成庞大的贝尔系统公司（Bell System），并垄断美国的电信事业达百年之久，贝尔系统公司以AT&T公司为母公司，下属众多子公司和研究所。——译者注

年来在管理方式上没有任何明确的发展，它发现必须使各层级的经理
都意识到新的工会协议以及该协议所要求的管理方式的改变。它实施
了一个培训项目，即使在面临利润下降的情况时也坚持进行。以生活
工作质量计划为代表的价值观的变化是以确保资源分配的方式实现的。
虽然并不能保证成功，但恰当的资源配置是保证组织效率乃至生存机
会的一个必要条件。

获得承诺

执行利益相关者战略方案的另一个主要难题，是如何确保相关组
织单位和负责执行方案的经理人对该计划的承诺。[5] 显然，获得承诺的
一个必要不充分条件，就是分配的资源至少能够使该方案的执行成为可
能。在理解获得承诺的问题上，至少还有三个其他重要的概念：（1）参
与；（2）激励措施；（3）共同价值观。

参与

也许战略管理系统最重要的优势是它们提供了参与了解和管理公
司事务的机会。许多研究表明，参与和承诺是相关的，然而，其中的
逻辑要古老得多，简单地说，当一个人不再有创造或参与最终产品的
感觉时，就会产生疏远。因此，利益相关者越多地参与制订战略方案，
就越有可能承诺执行这些方案。那些规定组织单位对某些利益相关者
群体可以做什么和不能做什么的公司政策，无论其初衷有多好，都注
定无法与这些利益相关者建立成功的交易。

激励措施

为了获得执行战略方案的承诺，第二个必须被正确理解和管理的
变量就是激励措施的使用。克尔（Kerr，1976）声称，"希望获得行为

A，却奖励行为 B 是一种愚蠢的做法"。因此，希望经理人在实施战略时仔细考虑利益相关者的关切，经理人却在完全不同的其他事情上回报他们，这样做是毫无意义的。如果零售店想要以其客户服务以及无理由退货政策而闻名，无论是什么原因，最好不要因为退货而惩罚部门经理。

奖励制度并不局限于金钱奖励，晋升、表扬以及最佳工作分配都在其列。正如赫茨伯格（Herzberg，1966）所表明的那样，组织内部的整套奖励和激励是相当复杂的，然而，所给予的奖励和惩罚与利益相关者的重要性之间必须大致对等。那些因为经理在某一衡量指标上做出一定成绩而奖励他们的公司必须意识到，当发现非指标行为时，这仅仅是一个例外，而不是规则。如果战略方案需要新产品，那么那些致力于新产品引进的经理必须得到提拔，无论他们是否符合其他标准。如果战略方案要求对批评公司做法的利益相关者群体采取攻势，那么就必须奖励那些致力于扭转与该群体关系的经理，或者至少不能惩罚他们，即使他们没有成功。

共同价值观

每个战略方案都将涉及某些类型的行为，这些行为可能适合也可能不适合组织当前的奖励体系。因此，我们必须检查每个新的战略方案，看它所需的行为是否与组织中公认的"成功行为"背道而驰。ABC 公司的高管们根本无法理解，部门经理为什么不划拨他们可支配的资金来完成整个公司范围内的投资计划。不幸的是，部门经理的年度奖金在很大程度上取决于实现他们的利润承诺，而把资金用于设备升级会让利润指标看起来很糟糕。致力于每股收益（EPS）逐季度增加的公司，在很大程度上应该忘掉进行战略投资，因此应该忘掉新的战略方案，除非它们拥有极其健康的运营基础以及具有无限增长和机会的项目，否则，这只会迫使部门经理背信弃义地行事。在短期回报和长期生存能力之间做出权衡是一件困难的事情。加剧这一困难的激励制度可能会加大寻找借口的风险，而不是鼓励他们以最具效益的方式创造性地利用现有资源。

一个相关的问题是行动的实际成本与可见成本以及实际收益与可见收益之间的区别。简言之，行动的实际成本和实际效益，是指行动对实现本组织的使命甚至企业战略的贡献。行动的可见成本和可见收益，则取决于组织中的其他人所认为的行动的结果。实际成本和实际收益有时可能是看不见的，比如防止灾难的行动，或者阻止利益相关者实施竞争威胁的行动。当组织奖励系统只考虑可见成本和可见收益时，经理们很快就会得到这样的信息，即必须根据一个人对高管人员和其他影响晋升的人的"曝光率"等来评估冒险行为。在一个仅仅奖励可见行为的组织中，那些试图预测环境影响和减少环境影响的行为很少会得到奖励。人们很容易将问题归咎于环境，正如指责经济状况已成为标准的商业智慧一样。我们需要记住，创造性的企业领导者通常超越了经济状况和外部环境。当组织激励制度与成功背道而驰时，我们不能指望针对利益相关者实施新的战略方案。

更改交易流程

如果一个组织要按照其战略的要求行事，那么它就必须仔细评估它与利益相关者之间的互动关系。组织与利益相关者互动的方式多种多样。（在这里，我再一次将重点放在非传统利益相关者身上，尽管其中大部分也同样适用于客户和供应商。市场营销和运营管理有精心制定的规程，涉及如何正确地与客户和供应商互动。）表 6-1 列出了一些组织与其利益相关者互动的典型方式：忽略利益相关者、公共关系方法、隐性协商以及显性协商。让我们来看一看每种方式是如何运作的，并将重点放在可用于更有效管理这些流程的类似协商的流程范围上。

表 6-1 与利益相关者互动的典型方式

忽略利益相关者
- 不作为
- 不分配资源

公共关系方法
- 讲述公司故事
- 与意见领袖沟通
- 形象塑造

隐性协商
- 对利益相关者立场的最佳评估

显性协商
- 双向沟通
- 非正式谈判
- 背景和地点
- 建议—回应—妥协循环
- 单边行动
- 双赢解决方案

忽略利益相关者

虽然为数不多，但确实有些组织根本不与那些可以影响它们或受它们影响的群体和个人互动。也许这种不作为是一种"否定"的形式，或者可能仅仅是组织流程的崩溃，比如环境扫描[⊖]，毕竟这些流程并不是万无一失的；也许忽略某些利益相关者群体是由于在一个不再适应的世界中使用客户—供应商—所有者—员工的旧框架所导致的结果。

⊖ 环境扫描是由美国哈佛商学院教授弗朗西斯·阿吉拉（Francis Aguilar）在 1967 年提出的一个概念。它是指获取和利用外部环境中有关事件信息、趋势信息和关系信息的行为，以协助企业的高级管理层制订其未来行动的计划。——译者注

不管潜在的原因是什么，忽视利益相关者的组织迟早会陷入大麻烦。

KSD公司发现，它忽略了一个特定的利益相关者群体，这个群体知道如何利用政治进程来影响KSD。该组织让州立法机构发起了一项法案，该法案将影响KSD在该州的运营。当KSD的经理人组织起来试图抵制该法案时，它已经有了足够的发起人支持其获得通过。由于限制性立法，KSD不得不放弃在该州的一大笔潜在利润。

忽视来自日本和德国的竞争对手的后果，对于行业中的许多经理人来说再熟悉不过了，他们正在经历裁员、利润流失以及竞争能力的丧失。许多公司正在为忽视非国内竞争付出代价，因为它们需要大量投资来快速实现设备现代化，与员工建立新的关系，并呼吁政府在钢铁、汽车和消费电子产品等行业提供帮助。

第四章以梅杰石油公司为例，用图解的方式说明了石油企业在几乎完全控制石油生产之前忽视或几乎忽视欧佩克所付出的代价。当欧佩克在1960年最初成立时，它对石油公司的规划者来说是一个"微弱信号"。用一位高管的话说："我们知道欧佩克的存在，我们以为这是某种玩笑。"而现在，欧佩克对于石油行业或其他工业国家来说，那可不是一个玩笑。

塞西和波斯特（Sethi and Post, 1982）对婴儿配方奶粉行业的几家公司的反应模式进行了分类，不作为最初是它们最偏爱的反应类型。当不作为发生时，利益相关者可以将其需求带到另一家公司以得到满足，也可以选择退出。更有可能的是，利益相关者将开始利用其政治权力，通过利用话语权，试图迫使公司做出回应。一旦开始使用强制力，冲突就可能升级，公司必须"迎头赶上"。

当没有分配任何资源来处理与利益相关者的关系，或者处理与未来可能的利益相关者的关系时，就会出现忽略利益相关者战略的一种变体。公司也可能会忽略利益相关者，因为缺乏资源也传递了同样的信号。公司不付出任何努力，意味着公司不会参与问题识别的初始阶段，而这一阶段对影响问题的讨论和定义至关重要。

组织更有效地与利益相关者互动的一个明显的方法就是不要忽视他们。一些组织流程或一些经理人必须负责不断地处理交易，不论这些交易是不是与组织的利益相关者进行的。

公共关系方法

大多数大型组织都设有公关部门，其任务是与"公众"进行沟通。虽然我稍后会对公共关系的功能加以分析（参见第八章），但值得一提的是，许多组织严重依赖公关部门与关键利益相关者进行互动。大多数公关人员都在新闻学院接受过如何熟练地与人交流的训练。典型的与利益相关者互动以"沟通"方案为中心，在这些方案中，公关人员向利益相关者或"公众"——或者更糟糕一点，是"听众"——介绍公司的计划以及这些计划对利益相关者的影响。通常，这种方法能够激发利益相关者群体采取行动。

或者，公关人员也可以参加"演讲项目"和"社区领袖午餐会"，让所谓的"意见领袖"了解公司的计划。公关方法的共性是，任何沟通都是单向的。公关人员"讲述我们的故事"，有时是在公关咨询公司的帮助下，这些公司会组织吸引人的宣传活动来取悦高管。这类活动的重点是塑造"形象"，虽然公司的形象不容忽视，但这并不意味着，一家拥有"良好形象"的公司就一定能够很好地满足利益相关者的需求。[6]

隐性协商

第三种互动方法是公司在制订战略方案时考虑利益相关者的关切，然后让公司常规的组织单位来执行这些方案。由于公司在执行战略之前就试图考虑到利益相关者的担忧，因此这通常可以缓和一个群体可能提出的任何反对意见。几家公用事业公司已经开始试图预测利益相关者对费率提案的反对意见，并设计出费率结构以回应这些反对意见。

隐性协商的问题在于，它只有在规划阶段判断利益相关者的立场时才起作用。如果隐性协商要取得良好的效果，就必须有意识地依赖二手数据资源，而不是询问利益相关者。为验证隐性协商所需的信息，自然会引出一个更加直接的过程：显性协商。

显性协商

第三章中曾提出一个假设，具有较高利益相关者管理能力的组织（能够将理性层面、流程层面和交易层面连贯且有效地结合在一起）使用显性协商流程与利益相关者打交道。有效的显性协商流程需要理解和管理几个关键变量，如表 6-1 所示。[7]

要想取得有意义的结果，与利益相关者的沟通过程必须是双向的。如果经理人不能理解利益相关者的立场，利益相关者也不能理解公司的立场，那么就必须采取一个有意义的沟通方案。沟通是相当复杂的，如果每一方都带着自己的偏见来进行沟通，那么有无数导致误解的可能性。在共同价值观方面，一个组织与其利益相关者相距越远，就越难进行真正意义上的双向沟通。经理人必须学会"喜欢被人吼叫"。

斯特迪文特和鲁宾逊（Sturdivant and Robinson，1981）记述的雅培公司（Abbott Labs）的故事就是一个很好的例子。考克斯先生是雅培负责婴儿配方奶粉的一个部门的 CEO，他与那些希望在发展中国家全面禁止婴儿配方奶粉的批评者进行了漫长的沟通。由于这一过程，雅培开始与业内其他采取不同战略的公司区别开来。因此，当雀巢尝到由于产品遭到联合抵制而产生的恶果时，雅培的业务却未受到影响，其销售额和利润还大幅增加。

成功沟通的关键可能在于沟通双方的信誉，而信誉是"相对于当事人"的。"水门事件"说明了信誉在政府中的作用，但也给高管上了重要的一课（Muzzio，1982）。当信誉丧失时，真正的沟通就无从谈起。每一方都不信任对方，那么就必须付出巨大的努力致力于恢复沟通各方的信誉。

公共部门的其他经验教训包括在国际局势危急关头对诚信沟通的重视。通过管理沟通过程，肯尼迪避免了 1962 年围绕古巴问题展开的核战争⊖。美国白宫设有一条"热线"，提醒人们保持公开沟通渠道畅通的重要性，无论这些渠道是否经常使用。乔丹（Jordan，1982）讲述了卡特总统在人质危机事件⊜中与伊朗政府沟通时遇到的困难。同两名与人质危机没有明显关系的中间人乔装进行秘密会面，增加解决棘手而危险的国际局势的难度。

"非正式谈判"是指在政府听证会、司法程序或其他有组织的正式论坛等正式场合之外进行的谈判，其中各方都必须遵守一套正式的规则。非正式谈判的优势是显而易见的。在沟通方面没有限制，各自立场也不必"备案"。正式程序并不利于得出创造性的解决方案，也不鼓励实验性的做法。当非正式谈判的方法得到充分利用时，正式程序（如果存在的话）可能会变成仪式性的，实际上是不必要的。"形式"

⊖ 古巴导弹危机，是 1962 年发生的事件，是冷战期间美国、苏联两国之间最激烈的一次对抗。它是由于 1959 年美国在意大利和土耳其部署了中程弹道导弹引起的，苏联为了扳回一城，在古巴部署导弹。这次危机虽然仅仅持续了 13 天，但苏美双方在核按钮旁徘徊，使人类空前地接近毁灭的边缘。最后以苏联与美国的相互妥协而告终。迄今为止，古巴导弹危机仍然被认为是人类存亡的最危险时刻，它险些酿成热核战争。——译者注

⊜ 美国支持的伊朗巴列维国王的独裁统治，引起了民众的不满。1979 年爆发了"伊斯兰革命"，以霍梅尼为代表的神职组建了新的"伊斯兰共和国"。巴列维国王后逃跑去了美国，伊朗则要求美国交出巴列维，美国没有同意，最终使双方矛盾激化。11 月 4 日，伊朗爆发了震惊世界的美国使馆人质危机，52 名美国外交人员被扣押为人质。谈判无果，美国卡特总统同意执行军事救援行动，代号"鹰爪行动"。但营救行动中，死亡 8 名美国人，营救计划被终止。1980 年 11 月迎来美国大选，因为此次人质事件导致卡特总统连任失败。——译者注

是一个相对的术语。与公司之前没有接触过的利益相关者群体的简单会议可以是正式的，而与具有长期关系的利益相关者群体之间的会议可以是非正式的。有效的交易流程通常利用非正式谈判。

一个相关的问题是，谈判在哪里进行以及谈判的背景是什么。一位消费者领袖在一家度假村为行业成员和消费者领袖组织了一个联合小组，试图将这两个群体从日常斗争中解救出来，并促进真正的沟通。另一位活动家抱怨说，企业领导不了解他的团队中大多数成员都是志愿者，不能来参加日间会议，仅仅是因为他们都有工作。他很欣赏那些试图让团队成员参与公司决策的善意的经理人，但是环境一点都不合适。如果运用不当，地点和背景可能会给有意义的谈判带来毁灭性的打击。在计划与利益相关者群体进行明确谈判时，这些变量必须考虑清楚。

我认为经理人需要理解利益相关者并与之进行沟通，对这句话的一种解释是，他们应该为了沟通而沟通或者为了改善公司的形象而沟通。同样，虽然形象可能很重要，但我更关心的是行动。要付诸行动，经理人就必须做好准备提出建议，对利益相关者群体的建议做出回应，并且愿意妥协。没有经验的"交易员"型经理人在与利益相关者的交易中经常会遇到困难，就像他们在与同行打交道时会遇到困难一样。谈判的核心思想是"妥协"，即放弃某些东西以换取其他东西。

XAC 公司量身定制了一个利益相关者流程，以展示"谈判筹码"，即公司在可以妥协的问题上的立场。这一过程迫使与利益相关者打交道的经理人清楚认识到公司利益与关键利益相关者利益的重叠之处。这些经理人在与利益相关者打交道时，对于他们需要放弃什么来赢得利益相关者在某个问题上的支持或采取行动已是心中有数。这一过程并非万无一失，但它确实迫使这些经理人将交换和妥协视为交易的主要媒介。有时经理人必须承担风险，敢于持有与"公司政策"背道而驰的观点。如果他们不愿意这样做，那么真正的谈判就无法进行，因为永远也不能到达交易的极限。

一种最受欢迎的与利益相关者互动的方法值得仔细考察，即采用单边行动。单边行动是指单独采取行动，事先没有任何沟通。那些忽视利益相关者的公司往往会采取单边行动，但许多定期与利益相关者沟通和协商的公司也会这样做。单边行动的范例来自外交政策："我们将把导弹放在古巴，看看肯尼迪会做什么"，或者"我们将在伊朗扣留人质，看看卡特会如何回应"。在每一种情况下，都是一方采取行动以激起另一方的反应。单边行动增加了冲突升级的风险，双方都可能做出过激的反应，因为套用一句白话来说就是，还不确定"对方来自哪里"。其利益相关者的理论将受到考验。单方面宣布关闭工厂的公司会升级与受影响的工厂以及所有其他工厂的员工可能发生的冲突。在公司内部，对下属采取单边行动的经理人令人畏惧，其权威也会逐渐被削弱。虽然坏消息难以宣之于口，冲突也很难处理，但使用单边行动会使情况更糟。冲突或坏消息不会消失，我们将被要求为自己的单边行动负责。

与利益相关者成功交易的关键是经理人要考虑"双赢"的解决方案。受特定方案影响的多方如何才能成为赢家呢？在现实世界中，很少出现只有赢家和输家的情况。即使在竞争激烈的市场中，人们也必须认识到，如果真正赢得了比赛，消除了主要竞争对手，就没有乐趣可言了，还必须去应付反垄断诉讼。只要存在冲突，就有一定程度上的利益对抗，虽然当事人之间存在一定的利益冲突，但并不意味着一定会导致完全的利益冲突。忽视那些利益重合的领域是不划算的。负责与利益相关者打交道的经理人必须不断思考对方如何才能获胜。向利益相关者支付的"货币"是什么？也许是"曝光"或"媒体关注"，也许是"迫使公司改变"。我们可以用这些"货币"提供一些东西吗？如果是这样，交易成功的机会就会大大增加。在制订战略方案过程中发展起来的利益相关者理论，在试图提供双方都满意的建议和回应方面具有无可估量的价值。必须避免经理人将自己的收益（通常是经济学方面的收益）转化为利益相关者的收益的天然偏见。

改变与利益相关者的交易流程涉及对许多变量的管理。表 6-1 描述的并不是非常全面，但颇具启发性，这样我们就可以开始了解我们自己的交易风格。更宽泛地说，组织必须关注那些与不同利益相关者群体接触的经理人的技能和价值观。在与股东和供应商打交道时取得成功的技能，不一定适用于与激进主义者和政府打交道，甚至也无法适用于员工和客户。我们必须采用一个明确的流程，将经理人与他们所负责的利益相关者进行合理的匹配。

改变组织中的交易流程是一项组织发展方案。必须对经理人的技能进行盘点，并启动培训和发展计划以培养技能。同时必须启动对作为变革推动者的经理人的支持方案，并且定期检查他们的努力程度。有关组织发展的文献很多，我在此不再赘述。然而，我相信一些想法可以帮助组织改变其与利益相关者的交易流程。这些概念必须能够处理组织当前如何与其利益相关者进行业务往来的现实，因此必须处理多种形式的协商。如果没有这样的改变，世界上所有的战略管理都将无法实施，而衰落的道路将由精心设计的计划铺就。[8]

与利益相关者一起监控进展

战略管理的另一项任务是不断评估和监控已制定战略的进展情况。"控制"的概念并不新鲜，但它通常局限于寻找预算差异这种相对短期的任务中。最近，战略管理的理论家开始将控制概念应用于公司是否在实现其战略规划的较为长期的问题上。"战略控制"检查投资组合是否仍然平衡，项目是否走上正轨，以及企业的总体方向是否仍然合适。战略控制与战略的制定和执行同等重要。船长不仅要为船设定航向，而且必须不断观察船是否在正确的航向上，以及最初的航向是否仍然是所有相关人员适合的方向。

　　图 6-3 列举了四个可用于控制组织绩效的基本概念：（1）执行的控制；（2）战略方案的控制；（3）战略方向的控制；（4）"我们代表什么"的控制。洛朗格（Lorange，1980，1983）已经确定了前三个控制层级，并解释了它们是如何运作的。我将通过增加对利益相关者的考量来丰富洛朗格的分析，将利益相关者概念用作更抽象的控制任务的框架，即任务 2 和任务 3，以及增加任务 4，以明确解决监控公司及其经理人在基本价值观方面的进展的必要性。

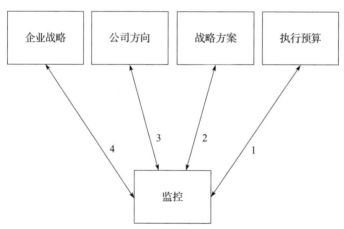

任务：
1.执行的控制
2.战略方案的控制
3.战略方向的控制
4."我们代表什么"的控制

图 6-3　进度监控

执行的控制

控制概念最简单或者至少最熟悉的应用是对预算差异的分析。"我们是否做了我们所说的事情？与我们最初的资源配置是否有差异？为什么有或为什么没有差异？"这些问题都是一些常见的问题，每个经理人都知道如何去回答。关于这个相对熟知的领域，我不再多说什么，我只想指出，如果预算被分成现有方案所需的行动以及新的方案和支持性方案所要求的行动两部分，那么必须保持谨慎，不能低估新方案的价值。虽然有利的差异通常被认为是管理卓越和财务勤奋的标志，但在这种情况下，它们很可能是对战略方案执行疏忽的征兆。

战略方案的控制

第五章概述的战略方案的制订和图 6-1 及图 6-2 所示的实施矩阵构成了一个监控战略方案进展情况的框架。每个战略方案都有两个关键变量。第一个变量是将要执行方案的一系列重要的里程碑事件。如果这些里程碑事件不断被错过，日程表要不断地进行修改，那么我们就知道这个战略方案出问题了。在我们前面提到的试图与国会一起改变规则的例子中，如果在足够长的时间内引入立法这一目标仍然没有实现，如果几乎不能获得关键委员会的支持，或许就应该重新考虑这个战略方案。然而，请注意，缺少里程碑并不足以使我们改变通用战略。也许改变规则的方案仍然是合理的，但如果要使它奏效，可能需要制定一套不同的行动步骤。

战略方案制订任务中需要监控的第二个变量是利益相关者行为理论，该理论旨在解释实际的、合作的和竞争的行为。该方案所依托的理论是否仍然准确有效？也许我们对利益相关者的目标和信念的分析是错误的，或许他们的目标和信念已经改变了。图 6-4 描述了基于利益相关者行为理论或心理模型的监控进展情况的四种管理状态。在经理人对利益相关者不太有把握，而利益相关者的支持至关重要的情况下，需要持续监控组织和利益相关者之间的互动。在有较高程度的确定性时，经理人必须保持开放的心态，甚至可以发起研究来验证正在使用的模型。因此，至关重要的是，控制过程中必须解决棘手的问题，并迫使经理人对其战略方案所基于的某些偏见进行反思。

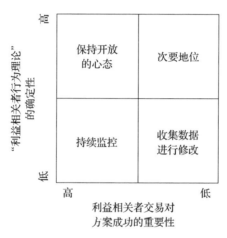

图 6-4　监控战略方案的进展情况

战略方向的控制

第三项控制任务是检查战略方案是否引领公司沿着预期的方向发展。我们是否在整个公司范围内实现了我们想要的结果？如果没有，原因是什么？如果有，原因又是什么？是我们运气好，还是一切都在按计划进行？我们的业务组合是否已步入正轨？在战略方向层面成功控制的关键是不断监测我们对环境做出的关键假设，特别是对关键利益相关者未来行动的假设。大多数战略规划系统都包含这样的思想，它们经常包括对未来企业环境的假设。通常，这些假设是关于宏

观经济形势的，或者是对在特定国家做生意的政治和社会风险的简单
量化（有关环境扫描过程的评论，参见第三章）。不幸的是，这些假设
相当抽象。导致特定战略失败的不是宏观经济环境，而是利益相关者
的行动。群体和个人及其行为是真实的，而不是宏观经济变量。现在，
这些变量确实引起了群体和个人的一系列期望，因此这些变量也构成
了激发他们行动的一部分动力。然而，我们必须批判性地思考宏观经
济变量如何影响每个利益相关者群体，而不是接受有关经济疲软和通
货膨胀的笼统说法。对政治和社会风险的简单量化也可以提出同样的
批评。

控制战略方向要求经理人明确阐述关于每个重要利益相关者群体
的关键假设，以及这些假设有效性的变化将如何影响公司的战略方向。
如果做不到这些，就意味着公司将方向建立在抽象的概念上，用希望
的空想取代了认真清醒的分析。

埃姆肖夫（Emshoff，1980）、米特罗夫和埃姆肖夫（Mitroff and
Emshoff，1979）、埃姆肖夫和芬尼尔（Emshoff and Finnel，1979）以
及梅森和米特罗夫（Mason and Mitroff，1982）都阐述了如何用假设
分析法来制定商业战略。这种方法在使用所谓的"辩证分析"时所引
起的争议是无关紧要的，当我们考虑一个简单的逻辑事实时，如果我
们知道某个命题成立的必要充分条件，我们就会有一个判断该命题合
理性的程序，即通过确定条件的合理性来判断。通过阐述某一特定战
略为其成功所做的假设，诉诸简单的逻辑，我们就有了一种内置的控
制机制。当假设变得不合理时，战略也必然变得不合理。与梅森和米
特罗夫（Mason and Mitroff，1982）的论点相反，假设也可以作为战
略制定的另一种检查方式，可以通过不同的流程进行。

表6-2要求经理人为每一类利益相关者分别提出三种假设：行为
假设、联盟假设和环境假设。

表 6-2　关于利益相关者的主要假设

政府利益相关者	激进主义利益相关者
1. 行为假设	1. 行为假设
—	—
—	—
2. 联盟假设	2. 联盟假设
—	—
—	—
3. 环境假设	3. 环境假设
—	—
—	—
客户利益相关者	财务利益相关者
1. 行为假设	1. 行为假设
—	—
—	—
2. 联盟假设	2. 联盟假设
—	—
—	—
3. 环境假设	3. 环境假设
—	—
—	—

其他假设
1.
2.
3.

行为假设是指关于利益相关者将如何行动的假设。例如，国会通过重大立法，要求行政部门实施工资－价格控制，或者欧佩克提高或降低公布的石油价格，等等。

联盟假设更加难以发现，它代表了那些如果要实现公司发展方向，就必须发生或不发生的联盟。例如，国家劳工领袖愿意与主要行业的高管合作，以使他们更加意识到提高生产率的必要性；或者，反核武器运动得不到国会或政治候选人的支持。

环境假设是关于世界运行方式的假设，这可能对某一特定方案的成功非常重要。它们代表了决策者的框架或概念图（McCaskey，1982）。[9]这些假设很可能还原为行为假设和联盟假设，但这种还原可能是未知的。例如，经理人的经济信念是货币供应量决定利率，或者减税会刺激对某种产品的需求，从而增加政府收入。环境假设也可能是关于流程如何运作的。例如，许多高管在华盛顿工作时接受了教育，发现政府的运作方式并不像他们七年级公民学课本上所讲的那样（Fenn，1979）。环境假设对于在新环境、新市场或新国家运营的公司尤其重要，在这些地方，即使最常见的传统智慧也不适用。

最后，我在表 6-2 中加入了一个叫作"其他假设"的类别，它可以用来分类那些看似重要但似乎不符合列出的任何类别的零散想法。创造力是一种难以控制的力量，但监控战略方向的进展需要尝试进行批判性和创造性的思考。

这里的控制过程并不是很复杂。它不一定包括计量经济学模型的使用，也不需要复杂的官僚程序和对多个指标无休止地跟踪。相反，它取决于经理人的思维方式，以及他们找出成功所基于的关键假设，并以系统的方式监控这些假设的能力。在这里，研究可以而且应该用来验证和揭示隐藏在公司战略方向之中的假设。此类研究必须有重点，并且必须具有相关性，因为它试图找出一组特定假设的逻辑，以及当一个或多个假设不再有效时某一战略的有效性。

"我们代表什么"的控制

第四章详细讨论了明确制定企业层级战略的必要性，以及高管仔细分析他们的利益相关者、他们的价值观以及他们的公司所处的社会环境的必要性。如果制定这样的企业战略是一项值得做的事情，那么监控组织迈向如此崇高目标的进程也是值得的。

没有什么灵丹妙药能让我们洞察一套价值观的适合性，也不能让一个人对有生之年会出现的社会问题未卜先知。相反，控制"我们代表什么"的流程必须更加灵活。它必须是一个再次确认和再生的流程，也是一个欢迎和鼓励持不同意见的流程。显然，战争和革命可以改变潜在的社会背景，然而批判性思考不会带来那么明显的变化，如生活方式、家庭结构、双职工婚姻、农村贫困等，但也同样重要——如果这些变化不是微小到无以复加的地步。更重要的是，高管必须扪心自问，他们是否仍然认同组织的价值观。莱文森（Levinson，1978）以及其他一些人指出，在生活中，我们自然会在某些时候质疑我们的价值观，并力求将过去抛在脑后。这些所谓的"中年危机"与试图理解它们所代表意义的高管团队相关。组织对其员工产生影响的相当个人化的特征不容忽视，也不应被认为是一种人性的弱点而不予理会，而是必须将其纳入控制流程。

控制和监管必须在多个组织层级上进行。从传统的差异分析，到对"中年危机"在执行效率方面的作用的更复杂的分析，监控组织的进展并不是一件容易的事情。我仅仅简要概述了如何使用利益相关者的概念进行这样的流程监控。然而，我们对执行和控制的讨论提出了一个意义更为深远的问题，这个问题需要一些解决方案，或者至少需要更多的理解。

记录利益相关者的得分

我们讨论监测和控制的一个基本主题是，经理人知道如何评判自己在应对利益相关者方面的绩效。简言之，我认为我们可以使用"利益相关者计分"的计分卡，并且计分卡上的得分项是众所周知的。衡量公司应对利益相关者方面的绩效远非易事，需要进行大量研究。波斯特（Post，1978）以及其他学者总结了公司绩效文献，他们声称需要将"社会回应性"这一衡量标准添加到公司盈利能力和市场价值等传统的衡量标准中。[10] 鲍尔和芬恩（Bauer and Fenn，1972）提出了企业社会审计方案，并主张建立"社会资产负债表和利润表"。斯特迪文特和金特尔（Sturdivant and Ginter，1977）试图通过分析"最佳的与最糟糕的"社交表现者的样本，将社会绩效和经济绩效联系起来。总言之，关于公司绩效的文献还处于萌芽阶段，因此，仍没有确定的规则来指导管理行为，也没有建立一个全面的解释模型来指导今后的研究。

如何记录利益相关者得分的问题既简单又极其困难。说它简单，是因为"计分"将由利益相关者群体完成，结果则通过利益相关者群体的行为表现出来。因此，如第五章所述，通过对利益相关者的行为分析可以理解利益相关者群体是如何评估公司绩效的。然而，计分又是困难的，因为我们需要可以作为绩效衡量标准的通用测量。我们需要将一家公司的绩效同另一家公司的绩效进行比较，还需要比较一段时间内公司内部的绩效状况。

记录利益相关者得分可以归结为两个相关的问题：（1）如何测量我们应对每个利益相关者的绩效？（2）如何测量我们应对所有利益相关者的绩效？因此，我们需要为每个单独的利益相关者确定一个或多个简单的测量标准，并且我们需要对这些测量标准之间的相互影响有一定的了解。也就是说，我们需要能够测量"整体绩效"。门德洛（Mendelow，1981）写道，确定绩效衡量标准的一个过程是调查利益相关者群体，由此得出一套他们评判公司的标准，并对高管进行调查以听取他们对这些标准的意见。门德洛认为，基于这两组数据，我们就可以构建一套连贯的测量标准。然而，这套标准以及那些基于第五章中行为分析所建立的测量标准都只有内部有效性。也许，如果有足够多的不同公司的案例，我们就可以归纳出一套测量标准，其有效性超出了目前所讨论的特定公司或一组特定行为的范围。

或者，人们可以通过预先提出一组可行的测量标准，并看看是否可以进行有意义的跨公司比较，来加速这一归纳过程。表 6-3 是一个未经检验的计分卡的示例，尽管其中有些针对利益相关者的测量标准已经经过了严格的审查。我们还可以在特定问题上为利益相关者制定计分卡。理想情况下，这些问题计分卡上的分数总和应该等于表 6-3 所得出的分数。通过衡量不同公司在同一问题上的绩效表现，我们可以更容易地确定不同公司在管理利益相关者方面的差异。然而，这样一个问题计分卡必须解决真正的战略问题，而不仅仅是所谓的"社会责任"问题。例如，针对汽车行业的公司对国外竞争的反应开发这样一个问题计分卡将是很有趣的。

表 6-3 "利益相关者计分"的计分卡示例

利益相关者分类	可能的近期测量标准	可能的长期测量标准
客户	• 销售额（美元金额及销售量） • 新客户的数量 • 满足新客户需求的数量（"尝试"）	• 销售额增长率 • 基于客户的周转率 • 控制价格的能力
供应商	• 原材料成本 • 交付时间 • 库存 • 原材料的可获得性	• 原材料成本增长率 • 交付时间增长率 • 库存增长率 • 供应商的新想法
金融界	• 每股收益（EPS） • 股价 • "购买"清单的数量 • 股本回报率（ROE）	• 能够说服华尔街的战略 • 股本回报率增长率
员工	• 建议的数量 • 生产率 • 申诉的数量	• 内部晋升的人数 • 人员流动率
国会	• 影响公司的立法数量 • 接触重要国会议员及工作人员的数量	• 影响行业的立法数量 • 遭遇"合作"与"竞争"的比率

（续）

利益相关者分类	可能的近期测量标准	可能的长期测量标准
消费者权益倡导者	• 会谈的次数 • 遭遇敌对的次数 • 联盟形成的次数 • 采取法律行动的次数	• 由消费者权益倡导者所引发的政策变动次数 • 消费者权益倡导者发起的"请求帮助"的次数
环保主义者	• 会谈的次数 • 遭遇敌对的次数 • 联盟形成的次数 • 向环保局投诉的次数 • 采取法律行动的次数	• 由环保主义者所引发的政策变动次数 • 环保主义者发起的"请求帮助"的次数

　　作为一个例子，让我们来看一下为衡量客户绩效所制定的测量标准，这在市场营销领域已经得到了充分的研究。一些已经得到确认的测量标准是销售额，以售出的产品数量和这些销售的实际金额来衡量。（通货膨胀不应该愚弄任何人。）比较难以把握的测量标准包括新客户的数量以及满足客户新需求的数量。这些业绩测量标准背后隐含的思想是，向客户销售产品是为了满足客户的需求。满足的新需求越多，经理人就越能理解客户的需求，公司也就越能更好地为客户服务。彼得斯（Peters，1981）认为，成功的公司总会在客户身上花费很多，他们力求满足客户的诸多需求。让一些公司引以为豪的是，它们与客户合作开发出了新的技术应用。每美元销售费用的销售额可能是一个有用的测量指标，但考虑到管理人员在减少开支方面的能力，它被滥用的可能性也很大。另一个来自彼得斯研究的测量标准是"尝试次数"，即公司尝试满足新客户需求的次数。这一测量标准隐含的思想是，成功与尝试的次数有关，特别是当这些尝试与客户相关的时候。更为长期的测量标准是这些短期测量标准的延伸，其中增加了一个"周转率"的测量指标，它表明了特定客户群的长期满意度；还增加了一个衡量公司控制其产品和服务价格的能力指标，它表明了客户所感知的价值。

不同的测量标准可能适用于不同的客户群，同时也将取决于产品、行业等因素。表 6-3 中所给出的标准旨在提供一个清单而不是处方，包含了一系列措施，但并不是全部。

在短期内，应对国会的绩效表现可以通过影响公司的立法数量来衡量。然而，从长远来看，这种关系可能会以该公司"监管理念"的成功程度来衡量。我们可能认为，放松管制是所有企业与政府关系的理想理念，因此，我们可以采用影响行业的新法规的数量来衡量我们的成功；或者，我们认为规范的竞争是企业—政府关系的可行理念，因此，我们会以我们在监管过程中运作得如何，或是依据我们有多少规章和法令来帮助和保护我们的行业来衡量我们的成功；或者，长期而言，我们可以通过在与政府打交道的过程中合作与竞争的比例来衡量，因为无论理念如何，合作性的企业—政府关系都是必要的。很明显，我们很难具体说明是合作关系还是竞争关系，但如果认为这个测量标准值得研究，就可以先制定大致的指导方针。

综合测量标准更加难以辨别。公司经济模式的美妙之处在于，它产生了简单的可衡量的结果，而这在政治和社会领域很少见。然而，当政治和社会力量发挥作用时，这些结果可能会产生误导作用，就像它们在当前的企业环境中一样。唯一有意义的综合测量标准是那些与公司的总体方向有关的，特别是与公司的企业战略有关的测量标准。这并不是要把综合测量标准退化为内部一致性测量，而是要表明，如果我们能够理解第四章所述的企业战略，我们就有了一种比较的方法。采用股东企业战略的公司必须与采用股东企业战略的公司进行比较，采用罗尔斯企业战略的公司必须与采用罗尔斯企业战略的公司进行比较，否则就是拿长度（米）和体积（升）做比较，至少在公司利益相关者理论的现状下是这样。如果公司的企业战略真的在利益相关者、价值观和社会问题之间实现了契合，那么唯一的测量标准就是在那些试图实现类似契合的公司之间进行的比较。跨战略绩效是可能的，但这将类似于将单一产品公司的标准应用于多元化企业集团。多元化企业集团没有达到单一产品公司设定的标准，但又有谁指望它们能达到此标准呢？我们看到的将是多元化的不同影响。同样，通过比较实施不同企业战略的公司，我们可以发现这些战略的不同效果。在制定综合绩效测量标准方面，我们还有很长的路要走。利益相关者的概念仅仅给了我们一个开始。

美国国际服务公司：利益相关者战略执行和进展监控的案例研究

美国国际服务公司（ASI）是一家真实的大型组织的化名。[11]ASI正经历变动，但我试图让原事实保持不变。无论如何，ASI的故事不应被解读为验证本章或前几章中所提出的任何主张，而是为了说明如何应用利益相关者概念，以及如何构建战略管理的利益相关者理论。使用原始数据的目的是构建理论，而不是"验证理论"，甚至不是为证明其真实性提供任何证据。ASI的案例说明了用利益相关者方法进行战略管理的优势和缺陷，并告诉我们哪里需要更多的理论，哪里则不需要。

ASI是一个相当复杂的组织。它在全球的销售额超过150亿美元，其中很大一部分来自美国。我将把重点放在ASI的美国业务上，尤其是一些ASI经理试图处理的一个令人难以置信的复杂问题上。

ASI之所以受到高度监管，是因为它所在的行业存在高度竞争，以及美国监管制度演变这些历史原因。ASI的业务几乎遍及美国的每个州，该公司必须与州监管机构以及几个联邦机构、国会还有许多法院等打交道。因此，ASI是按照产品和功能进行组织的，而在地域上则是分散的。每个地区单位都有数千名员工，在芝加哥的公司总部也有几千名员工。

　　图 6-5 是 ASI 粗略的组织结构图，特别给出了它在单一地理位置上的一个生产线。地区内各产品线之间、不同地区间以及与公司各职能之间用虚线相连接，它们相互关联，使得公司的实际运营成为一个多维矩阵。与跨地域团体，特别是全国性组织打交道的责任在公司层面，并与地域层面密切配合。生产产品的指导方针以及与某些利益相关者尤其是政府机构打交道的准则都由总公司制定，在以符合当地情况的方式进行解释后，在地区层级上实施。这些指导方针以及由此产生的解释使得公司和地区分部工作人员之间存在一些紧张关系。

　　图 6-6 描绘了重要利益相关者群体在地区层级上的责任分工，图 6-7 则展示了公司层级的责任分工。由于涉及的职能众多，利益相关者之间的高度互动可能会导致出现大量的协调问题和反应迟缓。在每个职能部门中，职责被进一步细分，在公关部门中，一个小组负责媒体事务，一个小组负责与员工沟通，另一个小组负责社区关系，等等。

　　"Basic 产品"几乎占 ASI 在美国销售额的一半。由于几乎每个人都在使用 Basic 产品，以及 ASI 的技术和监管先例的优越性，因此 ASI 拥有相当高的市场份额。然而，ASI 的经理人注意到了外部环境的一些变化，这些变化可能都集中在 Basic 产品上，并且可能削弱 ASI 未来在市场上的地位。简言之，ASI 的经理人认为，技术的变革、新的竞争压力、监管的变化、社会的变化以及 ASI 的经理人价值观的变化，都表明有必要重新定位 Basic 产品。这种重新定位必须是全方位的，也就是说，它需要重新包装，需要重新细分市场，需要重新定价，技术需要有新的应用，这些对于 Basic 产品来说非常重要。以前，Basic 产品主要作为一种商品出售，但技术变革意味着大量的利基市场

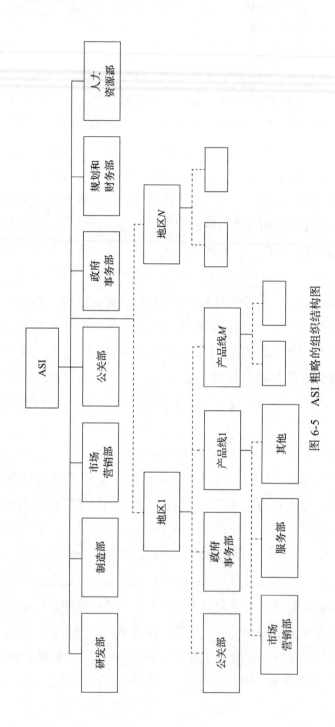

图 6-5 ASI 粗略的组织结构图

部门 \ 利益相关者	产品线1客户	评论家	社会组织	员工	媒体	州议会	州监管机构
市场营销部 产品线1	X						
服务部 产品线1	X						
公关部	X	X	X	X	X		
政府事务部						X	X
劳资关系部				X			
…							

图 6-6 ASI 某地区分公司的利益相关者部分责任分工图

利益相关者＼组织单位	国会	行业协会	全国消费者协会	投资界	股东	公众	公司员工	工会	全国性媒体	国家评论家	国家监管机构
市场营销部		X	X								
公关部				X	X	X	X		X	X	
政府事务部	X							X			X
人力资源部							X				
规划和财务部				X							
…											

图 6-7　ASI 总部的利益相关者部分责任分工图

和多样化的产品差异化手段。公司管理层制订了重新定位的方案，开始了艰巨的任务实施过程，预计至少需要 5 ～ 7 年的时间。在许多情况下，一些必要的改变需要监管部门的批准。一开始，公司没有为利益相关者制订明确的方案，而是依赖公司现有的职能专家。

　　一个地区被选为 Basic 产品重新定位的试点，但在最初的尝试中 ASI 失败了。客户、消费者权益倡导者、非营利组织和社区领袖组成的联盟对 ASI 提起诉讼，以阻止 Basic 产品的变化，并说服监管机构对其进行禁止，至少是暂时禁止 Basic 产品的任何变化。州立法者拿起接力棒，并制定了一项将严重影响 ASI 在该州运营的立法，若不是在最后一刻做出一些妥协，ASI 将无法躲过进一步的损失。因此，ASI 决定尝试一种不同的实施方法，包括为利益相关者群体制定明确的战略，并涉及组织的变革过程。

　　ASI 变革过程的第一阶段是让经理人意识到需要从利益相关者的角度思考问题，并考虑管理行为对利益相关者群体的影响。Basic 产品重新定位的实验性案例可以用来说明，在一个利益相关者之间具有复杂的互动和联盟的世界中，仅仅依靠自己专业知识的职能部门并不一定能取得成功。要对分析利益相关者行为和制订战略方案的技巧进行解释，并回顾性地应用于案例研究中。ASI 的主要经理人参加了一个长达 36 小时的角色扮演会议，经理们扮演了不同利益相关者群体的角色，如监管者、员工、消费者权益倡导者、客户、地方官员等。这些群体在现实中的代表也被请来帮助培训 ASI 的经理，以便他们对利益相关者的需求更加敏感，并帮助经理们"像他们的利益相关者一样思考"。这项活动的第二个好处是，ASI 也借此机会向这些利益相关者代表解释他们对 Basic 产品进行重新定位的必要性。利益相关者代表培训了由 4 ～ 6 名 ASI 经理人组成的团队，让他们在随后的 24 小时内扮演该利益相关者的角色。然后，这些利益相关者群体进行重新定位 Basic 产品的演习。这种"模拟"练习让经理人有机会在较小的风险下尝试新的战略以及与"利益相关者"进行互动,并能够帮助他们更好地理解利益相关者可能的立场。研讨会上观看了每个实际利益相关者评论的录像,最后得出一些结论并讨论了相应的行动计划。此外,ASI 还对 Basic 产品进行了重新定位的战略研究,并撰写了一本指导手册,以为各地区单位制订利益相关者战略方案提供指导。

这一变革过程的第二阶段包括 ASI 总部努力"监控"Basic 产品重新定位战略的实施进展。经理人开始在地区和公司层面回答一系列问题,表 6-4 中列出了这些问题。ASI 进行了一项研究以确定是否为每个利益相关者群体制定了明确的战略。在公司层面上确定了 50 多个利益相关者,在地区层面上则确定了几百个。负责某一特定利益相关者群体的经理人接受了采访,结果好坏参半。通常,特定利益相关者群体的责任是分散的,或者由另外的生产线或职能部门承担,在这些部门中,Basic 产品的重新定位计划并不像在参与实施的经理人那里一样具有高度的优先级。毕竟,ASI 是一家大公司,有许多不同的项目在同时进行,而且它的经理人都有多个议程。一旦发现未被满足的需求,就会制定战略并开始实施,通常是由专门的组织进行。

表 6-4 关于 ASI 监控流程的问题

1. 我们是否知道 Basic 产品重新定位对每个利益相关者的影响

2. 我们是否知道每个利益相关者如何帮助我们和伤害我们

3. 我们能否为每个关键利益相关者制订了一个战略方案

4. 谁负责执行

5. 战略成功需要哪些假设

6. 这些假设是否现实有效

7. 需要什么新战略

8. 重新定位 Basic 产品的目标是否现实

9. 什么会导致我们失败

　　第二阶段的这一系列活动导致了 Basic 产品重新定位计划的另一个阶段，即 ASI 经理需要设法解决如何调整组织结构和流程，以减少一些复杂性问题。因此，该计划的第三阶段包括形成更多的协调机制，并将现有的协调机制正规化。在公司层面，一名经理被任命为"利益相关者管理协调官"（SC），他的任务是加快 Basic 产品重新定位的进程。来自关键部门的成员组成"全国利益相关者协调小组"，并担任他们各自职能部门的联络人，该小组的预算由各个部门承担。全国利益相关者协调小组肩负双重责任，既要确保计划在地区层面顺利执行，还要和跨地区的利益相关者打交道。每个地区都建立了与全国利益相关者协调小组一模一样的协调小组，并且召开了一个研讨会分享各地区的战略。外部利益相关者代表再一次被邀请来分享他们对 Basic 产品重新定位的"观点"。全国利益相关者协调小组与当地团队一起，花了大量时间帮助他们提出问题，比如如何实现与其他问题的权衡，以及如何协调利益相关者群体的关切之间的冲突等问题。全国利益相关者协调小组担任教练，建议和推动当地协调小组尝试新想法，仔细考虑所有替代方案。此外，全国利益相关者协调小组还进行了战略审查，要求当地协调小组审查各自的进展情况，特别是回答表 6-4 提出的一些问题。

　　ASI 对 Basic 产品重新定位的计划仍在进行中，但 ASI 的经理们相信该计划一定会取得成功。他们对于由自己组织和外部环境所导致的复杂状况已有应对之策。这一过程中有过成功，即 Basic 产品被重新定位，也有过失败，即利益相关者群体阻止了产品的重新定位。在某些情况下，ASI 完全将利益相关者群体的行为转变为其合作潜力，当然，也有一些情况下，ASI 的行动导致了竞争威胁（希望是无意的）。行动不力已被克服，职能组织的狭隘视野也得到了拓宽。ASI 重新定位 Basic 产品的战略目前还没有定论，但它仍然是一家盈利的公司，并有望在未来继续保持这种盈利状态。更重要的是，ASI 的经理人已经开始以积极的态度应对复杂的情况，并开始开发和应用新的管理流程。

利益相关者概念运用中的一些陷阱

ASI 和其他公司经历了艰辛的学习，它们试图使用一个概念，看看它在哪里有用，在哪里不能派上用场。从 ASI 和其他公司经理人的经历中，我们可以总结出一些管理经验。我以在采用利益相关者概念时要避免的一些陷阱的形式陈述这些经验教训。下面讨论的五个陷阱绝不是一个详尽的清单。正如洛朗格（1980）所说，战略管理的利益相关者方法同样容易受到其他战略管理陷阱的影响。

系统的开放性

使用利益相关者方法来进行战略管理，假设组织想要解决一些难题，这些难题可能有也可能没有可行的答案。它假定流程是具有灵活性的，不管结果是否导致组织变革。通常情况下，仅仅是提出问题就足以让某一经理人陷入麻烦。利益相关者方法可能会揭开"神圣原则"的面纱，但揭开面纱的经理人并不总是赢家。系统的开放性并不总是一个积极的属性，封闭的系统和管理它们的规则通常运作良好，而且效率相当高。如果组织的环境确实没有发生改变，那么利益相关者方法可能并不合适。ASI 的经理人经常与其他人发生冲突，那些人根本不相信 Basic 产品的重新定位是必要的，而一切照常才是当务之急。改变 Basic 产品的尝试被认为是为了"挑起事端"，或是某些经理人"沽名钓誉"的手段。因此，在任何变革过程中都必须解决系统的开放性问题，就像 ASI 通过让关键的经理人进行 36 小时的角色扮演那样，或者像 ASI 利益相关者协调小组通过纯粹的坚持不懈所做到的那样。

高层管理者的参与

不言而喻，任何战略管理系统的成功都离不开高层管理者的支持和参与。然而，这一点对于利益相关者方法的成功尤为关键。这些流程揭示了公司面临的外部环境的权衡，并提出是否有足够的资源来应对这些利益相关者的问题，因此必须引起高管人员的注意。ASI 面临着一些经典的困境，比如当另一条规模小得多的产品线的经理进行类似的重新定位时，可能会破坏 Basic 产品在特定地区的战略。一旦左右手彼此冲突，解决问题就不是一件容易的事了，这场冲突使得 ASI 花费了大量的时间和精力，更不用说销售额的损失了。最终，由相关的管理层出面，这场冲突才得以解决。然而，制定一个更明智的流程，让高层管理者持续参与执行活动，本可以避免这场延误和危机。

较低层级管理者的参与

高层管理者的支持和参与执行是必要的，较低层级管理者也是如此。否则，中低层经理人就会被要求去执行那些他们不一定认同的方案。在 ASI，无数次相同的会议反复举行，主要是为了让经理人重新提出或重新制定一个战略规划，该规划在多年前已经作为公司的指导方针被流传下来。我们可能会认为，较低层级管理者的任务是成为执行者和实干家，而不是思想家。然而，如果与利益相关者的交易适应组织流程是十分重要的，那么他们就必须参与到这些流程中来。ASI 和其他公司多次重演了边界人员的典型困境，即在没有任何对战略管理流程投入的情况下，被告知要走出去"照顾利益相关者"。

分析瘫痪

战略管理的利益相关者方法有助于对管理问题进行大量深入分析。利益相关者地图（带有多种颜色的圆圈和箭头）、利益关系图、行为分析以及前面几章中提出的所有分析工具，本质上都可能使组织陷入瘫痪，仅仅是它所揭示的纯粹的复杂性就足以阻止采取行动。ASI 的一位经理人不断地催促利益相关者协调小组"让我们做点什么"，并设法避免协调小组落入这个陷阱。一些地方性的协调小组就没那么幸运了。他们做了漂亮的分析，做了精彩的陈述，但没有采取任何行动。与利益相关者的交易才是最重要的。能够影响公司的是个人和群体，而不是群体的类别，也不是上面有群体名字的图表。彼得斯（Peters，1981）声称，美国经理人需要采取一种"尝试、处理、执行"的心态，这一点必须延伸到利益相关者方法上。学者对分析的偏爱和经理人对行动的偏好必须统一于缜密的推理和果断的行动中。

"蜗牛镖"谬论

与分析瘫痪密切相关的是，绘制利益相关者地图和分析细微的行为，它是非常有趣的。[12] 这可能会占用数小时的管理时间。但是，重要的利益相关者和不重要的利益相关者之间的区别必须有所界定。随着一家公司缩小其战略选择范围，它也必须缩小其利益相关者名单。它必须把那些太渺小、太微不足道的人留给别人去操心。然而，从真实的"蜗牛镖"⊖故事中吸取的教训绝不能被忽视。我们在做出这些评估时一定要小心，因为正是这些"蜗牛镖"利益相关者，有的时候在某个问题上能够起到举足轻重的作用。

⊖ 一种体型极小的鲈鱼，濒临灭绝。20 世纪 60 年代，美国田纳西出现一个小鱼"压倒"大坝的经典案例，为了保护田纳西河里的濒危鱼类蜗牛镖，河上的大坝被法院要求停止修建。——译者注

小　结

　　在使用利益相关者方法时，执行和监控是重要的战略管理任务，我已经试图就如何成功地进行执行和监控提出了几个问题。不幸的是，几乎没有实证研究可以用来作为指导。我已经使用了 ASI 的一些案例数据来说明从第一章到第五章中相当抽象的分析和流程实际上是如何用来以战略的方式进行组织管理的。我已经指出了一些众所周知的陷阱，以此来说明让一个组织进行真正变革是十分困难的。

　　在前三章中，我的目标是指出组织中的经理人如何在实际中使用利益相关者战略管理方法。至少可以这么说，对某些论断、假设和枯燥陈述的检验是不完整的。然而，通过实施一些这样的流程和进行类似的交易，我希望组织能够更好地响应利益相关者的需求。

注　释

　　1. 组织"参与"外部环境的概念听起来比实际情况更加"现象学"。我用这个术语来表示与利益相关者制定和实施交易的积极过程。也许存在如 Burrell 和 Morgan（1979）所说的理论上的问题。

　　2. Lorange（1983）提出了一个战略控制的框架，本章在很大程度上借鉴了这一框架。

　　3. 参见 Lorange（1980），了解如何从战略方案中构建预算。

　　4. 这方面的经典研究参见 Lawrence 和 Lorsch（1967）。

　　5. 在这方面有大量文献。Cummings（1981），Nystrom（1981），Hlin 和 Triandis（1981），Seashore（1981），Joyce（1981），Mohr（1982）和 Argyris（1982）都是较新的文章，不仅回顾了文献，还提出了一些新的结构。

6. 有关公共关系概念的更多信息，请参见第八章。

7. Bacharach 和 Lawler（1981），Schellenberg（1982）总结了大量关于协商的文献。

8. 例如，参见 Kotter（1978），Beckhard（1969），Beckhard 和 Harris（1977）及 Addison-Wesley 组织发展系列中的其他书籍，以获取方法和研究结果的样本。

9. 我在第一章中提出，大多数经理人对环境的假设需要改变。

10. Preston（1982）是关于公司绩效系列文章的第四卷。

11. 在过去的几年里，我认识了很多 ASI 的经理人，我对他们表示感谢。我衷心地赞赏他们愿意与我分享他们的问题，以及他们采用并努力实施利益相关者方法的能力。尽管 ASI 是一个化名，但是我尽量不掩饰任何必要信息。

12. 对于这一点，我很感谢 Jim Webber。

第三部分

对理论和实践的意义

　　第三部分的目的在于阐述利益相关者方法对我们今天所知的公司战略管理的意义。我在第一部分表明，战略管理的利益相关者方法是使公司对其外部环境更加敏感的一种方式，并且我制定了一个分析公司利益相关者的基本框架。在第二部分中，我解释了如何使用利益相关者的概念来构建战略管理流程，特别是，我展示了如何通过增加对利益相关者的敏感度来丰富方向设定、战略规划以及执行和监控。第三部分更多探讨结构性问题，因为结构性问题是与战略层面的管理工作相关的问题。利益相关者方法要求对经理人的传统职能和角色进行一些改变，从而改变协调公司工作的传统方式。

　　第七章"董事会层面的冲突"考察了董事会内部出现的一些冲突。董事会的工作必须从两个层面重新思考：第一个层面涉及与若干新的利益相关者打交道，第二个层面涉及重新思考董事会如何与股东和股东群体打交道。因此，不管公司的企业战略是什么，利益相关者方法都可以用来更好地管理与所有者的传统关系。

第八章"管理职能部门"考察了职能部门的角色，这些职能部门传统上与许多利益相关者群体打交道。公关部、市场营销部、财务部等必须依据利益相关者方法进行变革，我对这些部门如何采用利益相关者方法进行变革提出了一些假设。

　　第九章"高管人员的角色"探讨了在面对大多数组织所面临的外部动荡时，高管人员如何才能引领公司向前发展。高管人员作为"利益相关者利益的平衡者""公共和私人的管理者"和"人的领导者"的角色得到了发展。本章还包含了一个简短的总结，并指出了几个未来的研究领域。

CHAPTER 7

第七章

董事会层面的冲突

引　言

　　接下来的两章将重点讨论利益相关者概念对组织结构和设计方面某些特定问题的意义。我会特别指出，在协调董事会的工作时如何使用利益相关者方法。最近有很多关于这个问题的争论，但它们是在缺乏关于战略和组织结构的文献的情况下发生的，而且这种争论围绕着董事会及其流程的"结构改革"的一些建议展开。我不会直接讨论所有关于"公司治理"的棘手问题，这些问题包括：董事会是否应该与其利益相关者保持信托关系？政府在监管董事会行为方面的适当角色是什么？等等。我将把重点放在董事会行为上，考察前几章中提出的概念和流程如何能够导致更有效的董事会行为。[1]

我认为，采用利益相关者方法理解董事会的有效行为可以进一步解决在董事会层面产生的冲突。本章中解释的观点应作为对这些问题进行初步调查的结果，是对公司治理研究的补充，而不是与之相矛盾。[2]

董事会的作用

董事会扮演着怎样的角色？公司是如何治理的？应该怎样来治理公司？董事会应该起到什么作用？董事会与股东的关系是否类似于受托人与委托人的关系，即管理层应该尽职尽责地看护好股东的利益？[3]任何由董事会采取的或给予支持的行动，是否都必须根据这一标准，即它是否能进一步促进公司及其股东的利益来判断？

这些只是董事会行为领域中亟待研究的几个棘手问题。[4]这些问题中有许多都是以公司治理中的规范性公共政策问题的答案为前提的，近来这一领域引起了研究者的广泛兴趣（Huizinga，1983）。特别是公司民主的概念最近得到了很好的传播。一些人提出使公司更加民主、鼓励股东参与管理以及要求管理层回应股东需求的建议；另一些人则建议让公司更好地响应利益相关者的广泛需求，从而鼓励利益相关者参与公司治理。从累积投票制到审计委员会的改革已经一一进行，并提出了从公司民主法案到董事会只有一名内部董事的改革措施。[5]

多年以来，"公司民主"至少有四层含义。第一层含义是，公司应该通过增加政府的监督作用或让公职人员加入董事会，使公司更加"民主"；第二层含义是，公司应该通过"公民"或"公共利益"董事等参与公司事务的管理，从而使公司变得更加"民主"；第三层含义是，公司应该通过鼓励或强制所有或许多股东积极参与，来使公司变得更加"民主"；第四层含义是，公司民主意味着员工参与，通过员工所有权或员工参与，如联邦德国的"共同决定制"（Mitbestimmung），即管理层和员工各自选举公司董事，或者通过工人委员会或质量圈等更多地参与到工作决策中，等等。利益相关者方法对公司民主的每一层含义以及董事会在"管理公司事务"中的角色都有影响。

　　前面几章所阐述的利益相关者方法要求我们对利益相关者有透彻的了解，并呼吁我们认识到利益相关者有时必须参与到公司的决策过程中。对第四章至第六章开发的流程的一种解释是，它们产生了一种方法来确定这种参与的时间和程度。

　　至少，这意味着董事会必须意识到它的决定对关键利益相关者群体的影响。随着利益相关者越来越多地行使政治权力，市场决策也变得政治化，这种"董事会意识"发展为"董事会反应"的必要性已变得显而易见。虽然董事会不应该参与战略方案的执行，甚至是一些方向的制定，但它确实为公司设定了总体方向（如果要实现这一点的话，董事会应当参与决定公司的企业战略）。也许更重要的是，董事会为公司如何与利益相关者打交道设定了"基调"或"风格"，这些利益相关者既包括传统的市场利益相关者，也包括那些拥有政治权力的利益相关者。董事会不仅要明确管理层是否在管理公司的事务，而且必须决定什么才是"公司的事务"。

　　如果这项利益相关者管理的任务完成得好，那些认为公司必须通过更多的公民参与和增强政府的对抗作用来实现民主化的批评者就会烟消云散。涉及经济和政治利益关系和权力基础的问题必须以综合的方式加以解决。公共事务、公共关系和企业慈善事业已不再是处理利益相关者关切问题的有效管理工具。在欧佩克、拉夫运河（Love

Canal）事件⊖和美国职业安全与健康管理局（OSHA）之后，对仅仅"做好事"和"拥有正面形象"的惩罚是巨大的。开始运用正规的权力机制的利益集团越来越老练，它们利用诸如代理权之争、年度会议和公司章程等机制，将管理层的注意力集中在它们所认为的公司事务上。反应灵敏的董事会将抓住这些机会，进一步了解那些选择对华尔街规则发表意见并利用退出机制出售股票的利益相关者。随着董事会指示管理层回应这些担忧，与批评者谈判，权衡某些政策以换取积极的支持，那些要求强制公民参与的压力将会逐渐消退。

利益相关者概念除了对公司民主化方面拟议的政策变化有影响，以及为董事会角色设定的背景之外，利益相关者方法还对董事会必须解决的一些问题具有影响。

利益相关者分析对公司和公司顾问的实际事务的影响，或许可以通过探索公司所有权集团的内部冲突得到最好的说明。利益相关者分析在解决这些冲突方面与处理寻求在其运营中增加发言权的公司外部团体一样有价值。因此，它可以帮助我们在董事会层面确定适当的"分工"和协调这些任务的方法。

考虑到公司内部投票机制的重要性，许多公司的内部冲突都表现为传统的代理权之争也就不足为奇了。然而，在过去的20年里，在争夺公司控制权的竞争中已经发展出许多手段。这些手段包括通过要约收购来直接迎合股东经济利益、向员工发行大宗股票、采用员工持股计划（ESOP）或引入其他"友好"持有者，对代表公司董事会的组织的"间接"抵制，以及将某些董事会成员"排挤"在关键决策之外。[6]虽然这些战略涉及广泛的法律领域，通常并不会被混为一谈，但从利益相关者的视角来看这些公司事务，它们具有一个共同点，即均为公

⊖ 拉夫运河（Love Canal）事件是20世纪70年代发生在美国拉夫运河地区危险废物污染的严重事件。——译者注

司所有权集团的内部冲突。

对于由谁来管理公司的事务，所有权集团并不总是意见一致。争夺公司所有权的斗争往往是在不拥有公司，但在某种意义上控制着公司事务管理的董事之间进行。确定谁或什么是"真正的所有权集团"，往往是在确定该群体的愿望或利益之前所面临的关键问题。

这种冲突提出了一个有关"公司事务"的基本问题，以及有关"公司的身份"这一更加根本的问题，正如下面将要讨论的那样，这些冲突给董事会及其顾问以及法律顾问带来了尤其难以解决的问题。我将通过从最近的公司历史中选取一系列例证来探讨这些冲突的多样性，并将分析一些可能用于处理这些冲突的方法及其优点和缺点。我将研究三种类型的冲突：（1）董事会内部的冲突；（2）对董事会的外部攻击；（3）所有权集团内部的冲突。

董事会内部的冲突

在过去的几年里，董事会中的一些纠纷已经严重到足以引起媒体的关注。其中最臭名昭著的一场冲突发生于比阿特丽斯食品公司（Beatrice Foods，Inc.），这是一家总部位于芝加哥的大型食品企业集团，这场冲突发生时正值首席执行官换届之际。[7]

多年来，比阿特丽斯食品公司为摆脱过去由内部董事把持董事会的状况，一直在进行董事会重组，但进展相当缓慢。比阿特丽斯的增长主要是通过收购实现的，起初是在威廉·G.卡恩斯（William G.Karnes）的领导下，后来是在华莱士·N.拉斯马森（Wallace N.Rasmussen）的领导下，该公司的成功很大程度上归功于首席执行官的能力和人格魅力，他们亲自挑选了直接听命于他们的董事。1978年，正值美国证券交易委员会（SEC）对乳品客户的回扣问题进行调查，拉斯马森也即将退休，公司董事会开始考虑进行重组，从11名内部董事和8名外部董事的结构重组为 10 名外部董事和 6 名内部董事的结构。由拉斯马森和 3 名外部董事组成的董事会委员会负责重组，并挑选拉斯马森的继任者。出于自身考虑，拉斯马森反对选择继任者（比起外部董事的选择，他更喜欢自己的门生），并反对新的董事会结构。他成功召集并说服了内部人士支持他的立场，重组提案和提名的首席执行官都被否决了。

作为故事的后续，拉斯马森的门生詹姆斯·L.杜特（James L.Dutt）悄悄地削弱了拉斯马森的影响力，并恢复了董事会重组提案，结果总体上是有利的。此外，杜特似乎逆转了拉斯马森在资产剥离和其他战略举措上的政策，从而进一步削弱了这位前董事长的影响力。

比阿特丽斯食品公司的故事引发了关于董事会行为和公司控制的有趣问题。尽管有关董事会重组的争议已经通过媒体传播开来，比阿特丽斯的股东还是让由内部人士主导的拉斯马森董事会重新掌权，但至少支持拉斯马森的决定是相当成功的。然而，拉斯马森在董事会的所作所为委实令人反感，以至于两名外部董事因其行为而辞职。

比阿特丽斯食品公司这一案例使支持和反对董事会内部控制的争论成为焦点。内部董事一贯认为，他们对组织、人事和文化的深入了解是做出合理政策决策的关键因素。外部董事则辩称，内部董事没有直接考虑股东（可能还有其他公司利益相关者）的需求，因此使用的战略是不可接受的。简言之，对于董事的表现，双方都有争议。然而，这个问题最终可能必须通过诉诸问责制的公共政策来解决。[8]

无论最终如何达成合适的目标，从管理的角度来看，人们也许会问："什么样的事实信息有助于解决这个争论？""这样的事实背景可以积累吗？"积累这种经验支持（甚至设计一个适当的研究方案来获得这种支持）的明显困难表明，将注意力集中在委托外部董事上可能是错误的。公司治理的利益可以通过完善董事会的机能来得到更好的满足，而不是在几乎没有或根本没有理由期望这种变化会产生重大影响的情况下，强制进行机械式结构变化。

通过寻求改善董事会的运作，或许我们可以深入了解并防止未来的"混乱"。例如，奔德士公司－联合公司－马丁·玛丽埃塔公司－联合技术公司的案例（Bendix-Allied-Martin Marietta-United Technologies），被一些人称为"企业吃豆人[○]"（the corporate pac-man），它耗费了大量资源，组成了一个由三家大公司组成的临时联合体。我们很难理解导致这些公司的董事如此行事的"令人信服的逻辑"。

克莱斯勒－全美汽车工人联合会（Chrysler-UAW）的案例是另一个例子，它表明我们需要更好地理解董事会运作的流程。工会董事道格拉斯·弗雷泽（Douglas Fraser）和他的继任者将负责"管理公司的事务"，同时在某种意义上也"代表"了工会的立场和关注。

假设我们在公共政策上接受有争议的主张：（1）任何两家公司在不违反反垄断法的情况下都可以合并；（2）在法律允许的范围内，任何人都可以当选为董事会成员，包括"特殊利益董事"。但并不是说这样的一项政策必然符合公共利益、公司利益相关者的利益，甚至公司董事和高管人员的利益。撇开公共政策问题，我们需要解决董事会本身如何能够更有效地发挥作用这个问题。

一个很好的分析例子是仙童公司（Fairchild Industries）试图收购邦克拉莫公司（Bunker-Ramo）。由于邦克拉莫公司决意不被收购，此次收购发生了不同寻常的转折。[9]在从马丁·玛丽埃塔公司手中购买了邦克拉莫公司20.6%的股份后，根据邦克拉莫公司的累积投票规

○ 吃豆人（Pac-Man）是一种恶意收购的防御战略，目标公司试图通过购买大量股票来获得竞购公司的控制权，旨在威慑潜在的买家。这一战略是以1980年日本发行的流行电子游戏《吃豆人》命名的。在该游戏中，玩家需要在躲避小鬼怪的同时吃掉迷宫里所有的豆子。一旦吃豆人吃掉能力药丸，就可以在一定时间内反过来追捕小鬼怪。——译者注

则，仙童公司能够选举其董事长和另一名董事进入邦克拉莫公司董事会。仙童董事长爱德华·尤尔（Edward Uhl）和邦克拉莫首席执行官乔治·特林布尔（George Trimble）之间的敌意，导致了对仙童董事的"排挤"。特林布尔表示，他正在保护自己的公司免受利益冲突和潜在滥用"内部信息"的影响，并坚持应该限制仙童董事获取有关邦克拉莫业务的信息。

这个故事的后续也很令人高兴。特林布尔和尤尔在事件发生前就是多年的朋友，现在他们已经重新建立了联系。仙童董事已在邦克拉莫董事会被委以重任，进一步的收购谈判已经启动。邦克拉莫已经扩大了董事会，以容纳被尤尔以及另一位仙童的董事所取代的那两名董事。

就像比阿特丽斯案例一样，邦克拉莫的故事也引发了关于董事会行为的挑衅性问题。在战斗正值白热化的时候，人们对一种观念的接受程度有限，即至少在事实上，董事会的多数派可以"排挤"少数派。从某种意义上说，董事是否拥有获取有关公司信息的"权利"？这种"权利"的限度是什么？在这样的董事会里，如果一位董事不隶属于相互竞争的任何一方，那么对这位董事来说，他的合理立场是什么？这一争端自行解决的事实是否应该被视为当前体系优势的重要标志？或者说，这是一个没有考虑到外部股东需求的幕后内斗的经典案例？由于董事会研究的性质，我们不知道为什么这些故事会有圆满的结局（Levy，1982）。然而，让我们以邦克拉莫为例，假设我们自己处于外部董事所面临的情况中。

为了说明起见，我将假设邦克拉莫的董事会可以划分成 7 名内部董事、4 名外部董事和 2 名来自仙童公司的董事，这一假设并不一定是事实。考虑一下其中一名外部董事的处境，如果他从一名内部董事那里得知了要排挤仙童代表的这一计划，他该做出什么选择？

在开始分析之前，我们虚构的这位董事必须建立一个焦点组织，并明确其目标（回想一下第四章和第五章的方法）。虽然在选择这一焦点方面有很大的灵活性（团队的规模可以从我们虚构的董事一人到整个公司），但关键的要求是，它必须足够连贯，才能拥有可陈述的、可实现的目标。在我们假设的案例中，我们假定这位董事联系了同在董事会的其他外部董事，他们纷纷表现出对当下形势的巨大担忧。他们安排了一次非正式会议，以讨论制定什么样的战略。

这次会议的第一步是确定组织的目标。实际上，很可能只能达成一系列相当笼统的目标。随着战略的细化，目标间的差异也就越来越易于解释。图 7-1 描绘了这种情况，并列出了潜在的利益相关者。

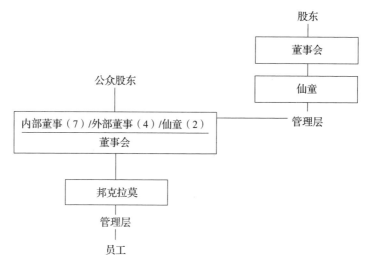

图 7-1　虚构的邦克拉莫案例中的利益相关者

战略制定过程首先是从联盟中寻找有价值的合作伙伴，合作伙伴的选择将反映组织的目标。如果外部董事一致认为他们的任务是保护小股东（或许还有他们自己）免受内部股东阴谋的影响，他们将寻求与管理层或仙童结盟，这取决于他们估计哪一方愿意为公众股东提供更好的"交易"。如果他们的目标仅仅是保护自己免于承担潜在的法律责任或令人不快的经济后果，他们就会支持实力较强或将为他们提供最安全地位的一方。如果他们的目标是尽快停止争端，无论谁赢谁输，他们都将寻求制定一项能让交战各方满意的协议，可能会以牺牲公众股东的利益为代价。图 7-2 描述了这些选择，并为每个通用战略附上了标签。当然，在一个真实的案例中，可能会涉及不止一个目标。至关重要的是，必须就多个目标的相对重要性达成某种程度的一致，以便做出明智的权衡。

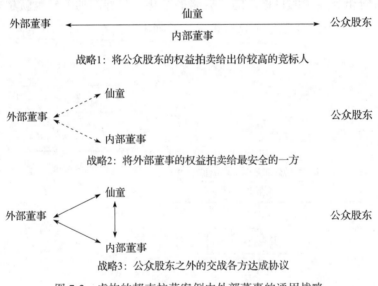

图 7-2 虚构的邦克拉莫案例中外部董事的通用战略

为了实现这些战略，有必要在设计适当的交易时将其他利益相关者也考虑在内，以使所涉及的复杂的机制具有响应性。邦克拉莫员工、仙童的其他董事和股东等群体也可以作为盟友。然而，除非在逻辑意义上，否则没有必要把所有这些群体都考虑在内。

这可能看起来相当冷血，但这样的战略制定过程为合理制定目的与手段的关系提供了希望，至少能使董事会成员在影响冲突解决方面发挥积极作用。战略或策略没有受到任何判断和评价，人们也不会认为所有战略都能承受违反信托责任的法律挑战。相反，他们的观点是，董事和他们的顾问可以使用利益相关者方法，特别是在流程层面，作为理解高度复杂情况的一种手段，并通过协调必须完成的工作来解决董事会结构的问题。

董事不能简单地假设这些问题不会出现，因为如果上述观点是正确的，那么问题完全失控只是个时间问题。届时，激烈而简单化的体制改革可能会对公司机制造成不可挽回的伤害。作为进一步的警告，必须理解的是，在实际操作中，我们必须采取类似于第五章所述的更为详细的流程，从而更敏锐地评估动机，并仔细考虑多个目标和利益相关者之间的相互作用。因此，上述建议是高度概括性和简单化的。

对董事会的外部攻击

与董事会成员之间的斗争（可能代表股东集团内部的分裂）相反，近年来还发生了针对董事会的攻击，其目的在于巩固董事会外部各方的利益。这样的问题在那些试图让公司对某种社会问题做出回应的群体中更为典型。沃格尔（Vogel，1978）分析了这些尝试，并得出结论：这些尝试总体上是无效的。然而，在股东群体能够获得政府和其他群体联合支持的地方，一些变化已经发生。热点事件包括从"通用汽车追责委员会"发起的"通用汽车运动"，到教会团体就婴儿配方奶粉争议向雀巢、雅培等请愿。前几章中开发的利益相关者分析在这里似乎很有用，但最近战略的变化使得这种分析变得更加困难。

这些斗争中最引人注目的是制衣与纺织工人联合会（ACTWU）成功使 J.P. 史蒂文斯公司（J.P.Stevens）在商界遭到孤立。这种类型的冲突还有其他例子，大多发生在劳资关系的背景下，这给董事会行为提出了一些有趣的问题。[10]

J.P. 史蒂文斯公司和 ACTWU 之间最初的冲突可以追溯到许多年前，其后纷争不断，并诉诸各种渠道来解决，包括美国全国劳资关系委员会（National Labor Relations Board）和法院。[11] ACTWU 对它无法用现有的法律工具击败 J.P. 史蒂文斯感到沮丧。它试图向 J.P. 史蒂文斯的董事会施压，要求其改变公司的劳动关系政策。工会利用财务杠杆，威胁要将其养老基金从汉华实业银行（Manufacturing Hanover Trust）取出，J.P. 史蒂文斯的前董事长詹姆斯·芬利（James Finley）被选为该公司的董事。工会还威胁要派自己的候选人，去竞选大都会人寿保险公司（Metropolitan Life Insurance Company）的董事，该公司是 J.P. 史蒂文斯的主要债权人之一。最近，由于大都会人寿保险公司和 J.P. 史蒂文斯间接受到的压力，J.P. 史蒂文斯默许了 ACTWU，并与其签署了第一份集体谈判协议。

到目前为止，人们还没有意识到 J.P. 史蒂文斯案例的影响。工会仅仅是威胁要参加大都会人寿保险公司的董事选举，似乎就足以促使这家大型保险公司（持有 J.P. 史蒂文斯超过 35% 的债务）采取行动。此外，这一威胁只需要 25 个签名就可以开始着手进行，但却可能使大都会人寿保险公司花费 500 万～ 700 万美元来应对。在这一点上，ACTWU 似乎已经找到了一个对抗 J.P. 史蒂文斯公司的有效手段。此外，许多博学的观察家将这场长达 17 年的斗争的转折点追溯到 1974 年工会的一次选举胜利，当时工会组织者能够充分利用这样一个事实：当时股市的低迷侵蚀了 J.P. 史蒂文斯给予员工的分红以及员工持股计划的福利。

工会转而对 J.P. 史蒂文斯公司的董事会和"联盟"公司的董事会使用杠杆手段，或多或少是将其作为最后的手段。大多数工会和工会成员很可能更喜欢与他们的雇主采取对抗的立场。近年来，工会管理合作的利弊已被广泛讨论，特别是在政府救助克莱斯勒公司方面，当时工会得到保证，它将在克莱斯勒汽车公司董事会内拥有一个席位。然而，管理层必须意识到，当工会确实向公司董事会施压并使用公司治理机制时，它不会请求允许，也不会要求听取意见。一旦工会获得了这种权力，就会对管理层施加控制。此外，值得怀疑的是，是否有法律工具可以防止工会或其他人在不彻底扼杀公司民主的情况下进行这类活动。管理层和董事会不得不学会在新环境中进行谈判。

尽管 J.P. 史蒂文斯事件所导致的这类情况本身似乎颇具普遍性，足以涵盖许多公司和劳资纠纷，但实际上它只代表了董事会受到外部攻击可能性的一小部分。要了解这一问题的潜在程度，只需注意到，有投票权的有价证券受益所有者要求被授以控制其有价证券的投票权的呼声愈加高涨。对 J.P. 史蒂文斯事件的研究表明，这一问题如何超越了单纯的投票政策，因为大都会人寿保险公司持有的 J.P. 史蒂文斯证券大多没有投票权。由于税收和其他原因（流向美国公司的大量资本来自中介机构），几乎不可避免的是，这些基金的受托人将面临压力，使用他们所代表的投票权或纯粹的经济影响力来执行受益人的命令。[12] 在某些情况下，这是法律规定的，例如在实施员工持股计划的封闭持股公司中，如果有的公司表现出强大的经济实力，就没有必要通过法律授权了。从这个更广泛的角度来看，问题不仅限于私营企业和公司治理，还包括公共雇员养老基金购买州和地方政府的债务将对这些政治机构的治理产生无可争辩的影响。[13]

或许可以肯定地说，除非出现真正不寻常的情况，否则养老基金的受益人不希望修改基金的投资政策。[14] 此外，真正被管理层两极分化的员工可能确实会采取这样的措施。他们已经掌握了很多必要的权力，额外的立法只会加强他们的地位。在这些情况下，他们不会向管理层或董事会要求"发言权"或"代表权"，第一章中描述的情况将在董事会层面重演。

伯利和米恩斯（Berle and Means）对"所有权和控制权"的区分在这里也许不得不重新加以思考。如果所有权的解释足够宽泛，包括"对公司资产有一定索取权的人"，那么"所有者"就有可能通过机构投资者办公室、养老基金经理等要求获得更多对公司的控制权。此外，如果我们从"那些能够影响公司的群体和个人"的意义上来解释控制权，那么控制权可能会因为多个利益相关者的出现而变得分散。潜在的差距是巨大的，那些夹在中间的董事和高层管理人员更加需要对利益相关者及其合法性有一个清晰的理解。除非"有效控制权"要交到他人手中，否则经理和董事必须解决各种形式的"所有者"的要求。

所有权集团内部的冲突

一个更令人困惑的问题仍然是所有权集团内部的冲突。这类冲突包括了其他两类冲突，因为董事会主要代表股东所有者的利益和观点。在这里，"所有权集团内的冲突"一词将被狭义地理解为"股东之间的冲突，例如股东争夺公司的控制权或在公司管理层中的话语权"。这是经典的代理权之争，在过去几年里出现了新的重大发展。

在这门"艺术"的发展过程中，代理权之争有两个截然不同的目的。第一种类型的代理权之争试图夺取对企业的控制权，以显著改变管理政策或更换管理人员，这可能是这种机制最经典的形式。最近，代理权之争被用来影响企业的买卖决策。当管理层通过法律操纵或有争议的收购威胁成功阻止股东购买股票时，第二种类型的代理权之争经常会出现。在这些情况下，股东可能不同意管理层对要约的评估，并可能希望在公司是否应该出售的决定中发出更加积极的声音。这两种类型的代理权之争在最近的 SCM 公司代理权之争和 Orion 资本公司股东与其经理人之间的冲突中得到了有力的体现。

SCM 公司代理权之争因罗克韦尔国际（Rockwell International）前董事长威拉德·F. 罗克韦尔（Willard F.Rockwell）提出的持不同政见的董事名单的质量而闻名。罗克韦尔曾经公开声称对 SCM 公司总裁查尔斯·P. 埃利克（Charles P.Elicker）的管理政策不满，由此引发这场斗争。罗克韦尔指责说，这些政策是 SCM 目前股价低迷的原因，必须剥离 SCM 的一些"亏损"业务来恢复公司正常的盈利能力。埃利克反击了罗克韦尔对管理政策的攻击，并对罗克韦尔所提名的董事会成员以及罗克韦尔本人继续进行人身攻击。尽管罗克韦尔提名的一些董事会成员选择了放弃，但通过发表致股东的信以及在年度股东大会上管理层推翻了持不同政见的董事会成员名单，这场斗争仍在继续。

这一事件发生了耐人寻味的短暂转折，德事隆公司（Textron, Inc.）前董事长罗亚尔·利特尔（Royal Little）宣布，如果罗克韦尔的董事提名能够获得成功，他将以优惠的价格为 SCM 股票寻找到潜在收购方。然而，不久之后，这一声明就被否决了。SCM 之争的毫无保留和赶尽杀绝的本质是许多代理权之争的典型特征。对手认为（或声称看到）没有妥协的余地，这场战斗是在赢家通吃的基础上进行的。

在大多数情况下，股东投票是在全有或全无的基础上进行的，而股东的个人决策很少，管理层被赋予相对自由的权力来执行其政策，这似乎是正确的。期望股东更深入地参与公司政策制定几乎是没有什么理由或希望的。这种要么全有、要么全无的结构似乎误导了经理人，让他们认为进行代理权之争的正确方法是持续拒绝谈判。事实恰恰相反。大量代理权之争的存在向经理人表明，有必要拓宽视野，并寻求再次将持不同政见的群体纳入公司组织。可能唯一明智的办法是审查谈判战略，对每个战斗人员构成的潜在机会和威胁进行研究。最终可能会有一场"生死"之战。然而，如果不探索输赢之争的替代方案，那么机会可能就会丧失。结果可能是赢得了代理权之争，但不会促进与公司有关的任何人的利益。通过应用第三章至第六章中开发的技术和流程，我们可以更彻底地了解利益相关方的问题以及利益关系。有了这些工具，董事会成员将能够更有效地发挥其作用。

这种类型的冲突所带来的最困难的问题留给了董事会——公司的正式顾问、律师、银行家和其他为经理人提供非正式建议的顾问。当所有权集团严重分裂时，公司法要求董事会监督的"公司事务"是什么？[15]我们需要一种独立于交战各方观点的观点。寻求一个折中的立场，清醒地评估敌对各方的长处和短处，这是找到所需观点的关键因素。公司及其顾问必须更加熟练地掌握这一谈判过程；在这方面，与股东和内部利益相关者打交道的过程可能与管理公司和其他利益相关者的关系的过程没有太大区别。Orion 资本公司的股东和经理人之间的纠纷就有力地说明了这种新型的代理权之争。

Orion 资本公司是臭名昭著的股权基金公司（Equity Funding Co.）的继任者，其业务包括人寿保险和投资公司业务。[16]过去几年里，Orion 资本公司回绝了多家公司，包括希尔森（Shearson）、洛布（Loeb）、罗德斯（Rhoades）、一家大型经纪公司（现为美国运通所有）以及美国人寿（U.S.Life Corp.），它们试图收购其部分或全部资产。一些股东公开要求董事会更积极地考虑这些提议，并提醒董事会，管理层只拥有公司资产的一小部分，这并不反映股东的利益。Orion 资本公司的首席执行官艾伦·格鲁伯（Alan Gruber）一直表示，董事会充分意识到自己对股东的责任，并在考虑收购要约时将这些因素考虑在内。尽管这场冲突的最终解决方案尚未出现，但看起来持不同意见的股东的战略似乎不会成功。

对于那些熟悉"接管市场"的人来说，Orion 资本公司的情况并不罕见。股东在回应主动收购要约时能够且应该扮演何种角色，是公司法中最具争议的问题之一。此外，不满的股东曾试图利用法庭向那些帮助管理层击退潜在买家的董事寻求赔偿。到目前为止，还没有此类法庭行动成功过，但有一些证据表明，"商业判断规则"和其他对公司董事会的保护可能正在瓦解。当对管理层和董事会提起派生诉讼时，法院应用商业判决规则来判定董事是否使用了"合理的商业判决"。

当然，这一领域的许多注意力都集中在董事义务和股东权利的准确定义以及履行这些义务和维护这些权利的法律程序上，而对董事会及其顾问在努力解决这些纠纷方面可能采取的战略关注不足。只要经理人牢牢地控制着自己的决策权，就没有必要妥协（当然，他们的立场可能并不完全正确），但如果经理人在这一领域的特权被法院或立法机关侵蚀，或者当他们面临经济实力强大的对手时，谈判可能是必要的。例如，卡尔·伊坎（Carl Icahn）曾试图在哈默米尔公司（HammerMill，Inc.）董事会中获得一个席位，目的是为该公司寻找潜在的买家，但他最终以微弱的劣势落败。

在公司身份受到质疑的情况下，董事会及其顾问将面临识别"公司事务"的问题。在处理公司治理的这一领域时，为此类问题定义和采取一致且连贯的方法，与在这些情况下对法律实质和程序进行额外规范或修改相比，其重要性毫不逊色。在这里，董事会的任务是多方面的，仅仅对适当的正式程序进行简单分析是不够的。

对于董事会及其顾问的意义

到目前为止，我一直声称，随着各种企业利益相关者所具有的利益关系和行使的权力发生变化，董事会行为研究领域的格局近年来也发生了变化。此外，这些转变中最成功和最有问题的部分都发生在公司的所有者集团内部，以及通过政府和特殊利益集团的参与所进行的高度公开化的结构变化。上文列举了由此产生的冲突的实例，以引起对一些问题的关注。因此，利益相关者对抗中出现的冲突与更典型的股东对抗之间的相似之处，要求将第三章至第六章中为处理前者而开发的分析技术应用于后者。通过采取利益相关者方法使董事会有效运作，需要注意三个问题：（1）确定焦点组织；（2）公司顾问的责任；（3）评估改革方案。

确定焦点组织

利益相关者管理不仅适用于与劳工或环境保护主义者的典型"我们—他们"对抗，也适用于更难区分"我们"和"他们"的情况。任何利益相关者分析的起点都是确定观点或组织中的利益相关者。正是由于与某一焦点的关系，才确立了利益关系。纵观前几章，我们已经清楚地看到，焦点一直是"公司"，或者更准确地说，是"公司中的经理人"。由于董事会面临的某些任务的性质，焦点组织的结构引发了更复杂的问题。事实上，对于焦点组织的选择，没有唯一正确的答案。

在公司与干预集团（kibbitzer groups）对抗的通常情况下，管理层或董事会很容易将自己视为焦点组织，从公司目标的角度分析问题，并与该集团共同制定战略行动方案。如果像比阿特丽斯食品公司或邦克拉莫公司那样，董事会分裂得足够严重，那么选择董事会或公司作为焦点组织可能是不切实际的。在其他情况下，比如 J.P. 史蒂文斯公司的那种情况，可以在董事会层面获得足够的一致性，以证明将董事会选为焦点是合理的。此外，如果董事会中的分裂足够严重，那么一个较小的群体，如外部董事群体，可能是合适的焦点组织。这种选择焦点组织的内在"相对性"与第四章中关于企业级战略的选择是一致的。

我已经表明，利益相关者方法并没有为"公司应该代表什么"这一问题提供具体的、无可争议的答案。相反，它试图通过展示利益相关者、价值观和社会问题的可能组合，提供可供选择的各种方案。因此，尽管战略管理的利益相关者方法是作为一种规范性理论提出的，但它规定了经理人行为的道德价值的特定立场，从这一点上来说它不是规范性的。相反，它为讨论一系列不同的道德观点提供了一个框架。同样，我不会声称在对董事会的任务进行利益相关者分析时必须采取某种特定的观点，而是必须采取这种或者那种观点，在这一给定的观点下，根据利益相关者方法的逻辑就会列出一系列备选方案。

公司顾问的责任

通过考虑公司外部顾问的观点，这些问题得到了戏剧性的说明，这些顾问试图决定客户或焦点组织到底是谁。

美国律师协会（ABA）的《职业责任守则》用笼统的语言定义了律师作为公司法律顾问的职责：

> 由公司雇用或聘请的律师……应对该实体负责，而非对其股东、董事、主管、员工、代表或其他与该实体有关的人负责。在为实体提供咨询时，律师应将其利益放在首位……[17]

虽然这一告诫的主旨对一些人来说可能很清楚，但当相互竞争的利益代表或似是而非地声称代表"实体"时，它就不能提供任何指导了。当组织各方的利益冲突被提出时，它也不能给为公司做顾问的律师提供帮助。对于试图解决公司内部冲突的董事会成员来说，这条告诫的帮助更是微乎其微。

事实上，当法院受理提高公司作为委托人地位的案件时，它们已经远远超出了《职业责任守则》的"实体"原则。在加纳（Garner）诉沃尔芬巴格（Wolfinberger）[18]一案中，法院被要求就公司（管理层）在派生诉讼中主张律师–委托人特权的权利做出裁决（也许应该注意到，美国律师协会作为法庭之友，广泛主张授予绝对特权）。法院虽然声明公司在一般情况下有权建立律师－委托人特权，但它同样也认为它们没有绝对的权利这样做，并指出"将公司描述为独立于股东的实体的概念性措辞并不是有用的分析工具"。管理层并不能为自己进行管理。法院接着认为，鉴于公司与股东之间的特殊关系以及相关派生诉讼的性质（公司的行为不利于股东的利益），绝对的律师－委托人特权无法获得。

在加纳诉沃尔芬巴格一案中，法院在评估律师—公司—股东之间关系的过程中，开始寻找焦点组织。应该指出的是，法院的分析特别考虑了公司与股东之间的冲突类型。这种分析在不同的情况下会产生不同的结果，这是理所当然的。同样，董事会成员及其顾问必须采取务实的方法，在冲突局势中寻找一个焦点组织。在讨论假设的邦克拉莫—仙童案例时，概述的战略制定流程是开始这种务实方法的一种手段。

评估改革方案

我并没有支持对董事会进行结构性改革，而且在这样做的时候，我忽略了公司治理争论中的许多所谓的"复杂性"。前面的分析已经讨论了利益相关者方法对这场争论的一些影响，但考虑到董事会所处的监管、经济和政治环境，人们关注的焦点一直是董事会目前的情况。我再次依赖于我认为与利益相关者方法一致的自愿主义理念，并试图在两种注意力之间寻求平衡：一种注意力集中于改变（感知的）现状和强制规定某些类型的董事会结构或行为；另一种注意力则集中于对当前形势进行现实评估，并对当前可用的潜在行动方针做出敏锐的阐述。因此，虽然利益相关者方法力求为政策备选方案的分析和制定以及董事会的分工和协调设置一个现实的背景，但它没有为最近提出的许多提案提供支持。或许我们可以提出一个关于公司的概念，据此公司的董事对利益相关者负有信托义务。但是，这种对管理资本主义的修正已经超出了目前的分析范围。[19]

对于那些以公司民主的名义倡导改革的人来说，这里有一个警告。正如 J.P. 史蒂文斯的案例所表明的那样，第二章中所描述的投票权、经济权力和政治权力的可能组合几乎没有被探索过，但这些组合对于当前参与公司治理辩论的"相关利益相关者"来说是可以实现的。重要的是，在急于改善公司治理过程的同时，必须彻底了解每一项变革的全部影响。相反，公司董事及其顾问了解当前环境并采取相应的行动也同样重要。董事往往选择一种方便的"低调"立场，这种被动的立场忽视了现有的战略，而这些战略可能会给所有相关方——那些拥有股权、经济和政治利益以及权力基础的各方，带来好处。

用这里的术语来说，修改公司治理结构的立法有效地规定了某些联盟和组合，因而从董事的职责范围中排除了一些行动路径。这样一来，这种立法实际上是一种精心的平衡行为，对这些冲突参与者的利益进行权衡和排序。对这些案例进行更细致的分析经常会揭示一种情况，即公司内部存在相互竞争的合法的所有者权益，其效果至少是暂时导致公司作为一个有效实体的瓦解。在这种情况下，很难去权衡和平衡特定情况下的利益，更不用说整个企业经济了。然而，这项立法背后的动机是显而易见的。在大多数情况下，公司董事会由于缺乏工具和技术，或者由于缺乏勇气和毅力，无法有效地组织它的工作，并采取消极态度，让管理层自行达成交易，这损害了公司及其利益相关者的利益。

前六章中发展的战略管理流程可以而且应该应用于董事会层面。我相信，通过这样做，董事和经理可以自愿实现改革的目标，同时对自己的未来保持相当程度的控制。如果从这些流程之外的角度考虑董事会结构，就是冒着立法"机械式结构"的风险，这在确保公司对其利益相关者的反应方面弊大于利。

注　释

1. 利益相关者的概念对更广泛的公司治理问题有多种影响。参见 Freeman 和 Reed（1983）和 Evan（1975）。

2. 我要感谢 David Reed 和我一起合作研究和撰写本章的内容。作为一名律师，他接受的专业培训给本书带来了更多的想法和更全面的方法，这是我一个人无法做到的。

3. 参见 Berle 和 Means（1932 年，第 220-221 页）。有关它对公司治理的影响的讨论，参见 Evan（1976，第 89-107 页）。

4. 有关董事会研究中的问题和难题的分析，参见 Levy（1981；1982）。

5. 这些问题的例子，参见 Dill（1978），Bradshaw 和 Vogel（1981），Ferrara 和 Goldfus（1979）以及 Huizinga（1983）。

6. 关于针对员工持股计划发行股票的作用，参见 *Klaus v. Hi-Shear Corp.*，528 F.2d 225（9th Cir.1975）；有关向友好持有人发行股票的情况，请参阅 *Care Co.v. Treadway Corp.*，490 F.Supp.669（2d Cir.1980）。其他方法将在下文中进行详细介绍。

7. 商业媒体广泛报道了比阿特丽斯食品公司的故事。参见《华尔街日报》，1980 年 5 月 7 日，第 22:1 页；1980 年 7 月 21 日，第 1:6 页；《商业周刊》，1979 年 4 月 9 日，第 36 页；1979 年 9 月 10 日，第 76 页；*Barrons*，1980 年 1 月 14 日，第 48 页。

8. 然而，这样的讨论会使我们离题太远。

9. 邦克拉莫的故事被刊登在《华尔街日报》1980 年 3 月 31 日，第 12:2 页；1980 年 4 月 23 日，第 12:2 页；1980 年 5 月 5 日，第 21:3 页；1980 年 6 月 11 日，第 37:6 页。

10. 由于工会是公司外部组织，所以它们被视为利益相关者。

11. 这场斗争的完整历史可以写成一本书。有关文献，请参阅 Buzzard（1978）和 Kovach（1978）。《华尔街日报》1980 年 10 月 20 日第 1:1 页记录了工会的胜利。

12. 对于私营公司，《雇员退休收入保障法案》（ERISA），29 U.S.C.Sections 1001-1381（1976）规定了这些基金的投资。有关针对公务员的退休收入保障法案，参见 H.R.14138, 95th Congress, 2d Session。

13. 例如，参见 *Witheres v. Teachers Retirement Sys. of N.Y.*, 447 F.Supp.1248（S.D.N.Y.1978）aff'd, 575 F.2d 1210（2d Cir.1979），在该案中，尽管被指责为轻率，纽约市的教师退休系统投资还是得到了维护。

14. 例如，见"Sacramento Unions Blast 'Social Concept'", *Pensions and Investments*，1979 年 11 月 5 日，第 1 页。

15. Del.Gen.Corp.Law section 141（a）；M.B.C.A.section 35.

16. 有关 Orion 资本的报道被刊登在《华尔街日报》1980 年 10 月 15 日的第 35:6 页。

17. EC 5-18,《职业责任守则》。守则最近刚修订，有同事告诉我，这个问题虽已处理，但仍未完全解决，事实上也是不可能解决的。

18. 430 F.2d 1093（5th Cir.1970）.

19. 这个分析是 W.M.Evan 在目前一项研究项目中的主题。

CHAPTER 8

第八章

管理职能部门

引　言

　　本章的目的是讨论战略管理的利益相关者方法对传统管理职能部门的影响。一般来说，经理人对他们的部门和组织结构的思考方式已经发生了巨大的变化。"组织结构"让人想起组织结构图和相关的职位描述，至少对我们大多数人来说是这样。我们用"结构化"的术语来看待结构。

　　明茨伯格（Mintzberg，1979a）、加尔布雷斯（Galbraith，1973）等人丰富了我们关于组织结构的概念，迫使我们超越自己所拥有的天真直觉去审视问题。加尔布雷斯关注"信息处理"的作用，以及通过专注于研究"任务的不确定性"来提高组织处理信息的能力（或减少处理信息的需要）所必需的战略。这种不确定性不会出现在组织结构图中，也不会出现在大多数公司的职位描述中。在明茨伯格百科全书式的文献综述中，他将"结构"简单地定义为："它（组织）将工作划分为不同任务，并在这些任务之间实现协调的方式的总和。"[1]结构必须以某种方式反映组织成员所执行的任务，以及这些任务共同构成组织产出的方式。这种结构概念不需要出现在组织结构图上，也不需要出现在职位描述中。

在大多数大公司中，组织结构变化的证据比比皆是。传统的集中式功能结构已经让位于分散的"业务单元"结构。在某些情况下，传统的职能部门已经与项目或业务单元组织合并成一个矩阵结构（Galbraith，1973）。范希尔（Vancel，1979）对多家公司的业务单元组织和存在的分权程度进行了全面研究，战略与绩效分析（profit impact of market strategy，PIMS）对战略业务单元层面的绩效研究进一步证明，钱德勒（Chandler，1962）定义的战略—结构联系已变得更为复杂。[2]随着企业外部环境的变化，人们寻求结构性补救措施来应对这些变化。

管理与利益相关者的关系历来属于职能部门经理的责任范畴，即使是在只承认员工、客户、股东和供应商为利益相关者的意义上。[3]随着公司逐渐演变为战略业务单元那样的组织结构，职能部门的责任已经被分散化，而总经理的角色也演变为组织中较低层级多个职能部门的综合协调者（Kotter，1982）。简言之，随着组织分散其职能并减少拥有集权的人，管理各类利益相关者的责任也随之分散。根据第五章以及洛朗格（Lorange，1980）的说法，由此导致的满足种种利益相关者广泛需求的公司职能部门战略方面产生的差距，理论上可以通过让每个业务单元针对各自特定的利益相关者制订战略方案来弥补。

　　然而，职能部门本身仍然存在，并主导着大多数大公司的思维，尽管它们在许多情况下已经分散。利益相关者方法在"微观层面"对这些职能部门如何在战略业务单元环境和整个公司环境中运作具有重要意义。每个职能部门要么负责为利益相关者战略规划的制定添砖加瓦，要么就像许多公司的公共关系部那样，负责管理与多个利益相关者的关系。这些职能部门的经理应该如何看待他们在前面章节中所描述的世界中的角色？在接下来的部分中，我将考察公共关系部、市场营销部、财务部、人事部、生产部和战略规划部的作用，这些职能部门必须协调管理与新旧利益相关者之间的关系。[4] 第四章至第六章中开发的流程可以被视为这些职能部门经理必须执行的任务的重要组成部分。特别是，将利益相关者的概念应用于公司结构"内部"，就像它目前可能存在于特定组织中，因此产生的分析与第七章中的分析类似。

"内部利益相关者"

　　组织是复杂的现象，如果把它作为如图 1-2 所示的"黑匣子"进行分析，将组织置于一个充满外部力量和压力的复杂世界之中，那么并不能公正地看待组织生活的微妙之处。几年前，在一次关于利益相关者概念的研讨会上，高管们很快指出在利益相关者地图中可以用特定的部门甚至特定的经理来取代公司，而且某一部门或经理的许多"利益相关者"都将是内部的。在一段时间内，我拒绝这个想法，但它一次又一次地在关于利益相关者概念的研讨会和讨论中出现。我不完全明白个中缘由，但我相信这与上面讨论的一些问题有关。也就是说，现代公司的结构已经变得如此复杂，以至于需要组织的概念以区分内部成员的利益并寻求协调或整合他们的贡献。科特（Kotter，1978）认为，"权力"的概念仅仅捕捉到这种复杂性的一部分。此外，塔什曼（Tushman，1977）和普费弗（Pfeffer，1981）也认为，必须从权力和政治的角度重新思考组织行为，而不是从控制范围、合法权威等角度考虑。而且，从某种意义上说，利益相关者方法与这些新兴文献是一致的。5

对"利益相关者"有一种理解，即影响某一特定经理人的群体和个人，可以说是该经理人的"利益相关者"，即使这些群体和个人是公司的内部成员。我将使用"内部利益相关者"指代那些在特定经理人看来比外部群体麻烦得多的内部群体。然而，"内部利益相关者"这一概念也很棘手。

对组织采取利益相关者方法的目的是迫使组织管理者对外部环境做出更积极的反应。美国公司普遍存在的管理问题之一是对环境的忽视，以及仅关注传统利益相关者群体。如果将利益相关者方法应用到公司内部，上述论证的力量可能会大打折扣。利益相关者方法只是另一种让其他经理人做他们不想做的事情的"时髦手段"，鉴于此，从外部环境的角度关注公司的问题被忽略了。

意识到这一危险后，或许那些立即将这一概念应用于内部问题的高管心中会浮现另一个问题。负责与利益相关者进行一系列交易的经理不会也不应该总是单独进行这些交易。其他组织成员和单位有时也要对特定的群体负责，必须确信有必要继续执行相关方案。公关部必须使市场营销部相信，形象广告方案是合适的，这样市场营销部的广告专家才能真正与广告公司、媒体等一道做好该方案的执行工作。服务部代表必须让销售人员相信新政策是符合客户利益的。研发经理必须让生产部相信，可以从多个来源购买材料，以实施新的产品计划。规划部必须让每个人相信，规划工作是重要的，因此所有的表格都要填好。因此，正如科特（Kotter，1978）所说，对于大多数经理人来说，管理工作中存在多重内在的依赖关系。由于这些依赖关系随着时间的推移而存在，并形成持久的关系或需要长久的关系，特定经理人所处的"环境"开始看起来像整个公司所处的环境那样，从而产生了"内部利益相关者"的概念。[6]

为了对"内部利益相关者"这一概念进行一些实证检验，ABC公司最近对一个管理职位进行了一项岗位分析研究。它选择了一份第一层级的管理工作，称之为"工作A"，并对目前该岗位上的经理人进行了诊断性访谈，以确定"那些可能影响他们的行为或受其行为影响的群体和个人"。内部群体和外部群体之间没有做出区分。依据访谈结果列出了33个可称为"工作A的利益相关者"的不同群体，其中6个是ABC公司的外部群体，27个是内部群体（见图8-1）。然后向目前从事工作A的所有经理人（$N=900$人）发放了一份问卷，以考察他们是否能够在利益相关者之间就他们对成功完成工作A的重要性以及他们对经理人完成工作A的帮助程度进行区分。结果出现了清晰而截然不同的"组群"，并在统计学上的0.05水平上进行了统计显著的区分。各个组群的划分因经理人的几组不同特征而不同，但总的来说，受访者都能够清楚地将33个群体按照他们的帮助程度和重要性区别开来。因此，以下这一假设被证明是不成立的：经理人无法在帮助程度和重要性方面区分"利益相关者"，或者他们的反应模式可以通过随机数字生成器得到同样合理的解释。虽然关于这项研究及其方法、可复制性和正式结果还需要做更多的说明，但它的确给"内部利益相关者"的概念提供了一些（尽管有限）有效性。[7]

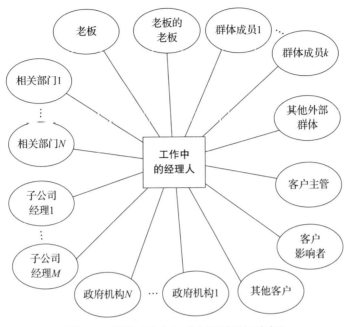

图 8-1　管理工作中的"内部利益相关者"

　　然而，将"内部利益相关者"这一概念与本书的核心论点结合起来仍然很重要，即利益相关者方法将重点关注公司的外部环境。很简单，内部利益相关者必须被视为经理人与其他外部利益相关者沟通的渠道。（他们也可能是一个障碍，但即便如此，他们仍然是通往某一利益相关者的主要可用渠道。）在工作 A 中，27 个内部利益相关者对于满足少数外部利益相关者的需求方面非常重要。公关部经理将市场营销部作为与客户和公众沟通的渠道。通常情况下，经理人接触其他利益相关者群体的唯一方式是通过另一个组织成员的作为或不作为。

　　为了充分理解战略管理的利益相关者方法对传统职能部门的影响，这种"内部利益相关者作为与外部利益相关者沟通的渠道"的概念可能会有所帮助。要像在第六章中提到的美国国际服务公司那样实施跨职能的战略方案，必须切实评估与利益相关者沟通的可用渠道。这意味着那些控制着与利益相关者沟通渠道的内部团体本身也要被纳入规划流程的考量中。这一概念可以应用于传统的职能部门，以及如何实施变革方案。

外部事务：公共关系部和公共事务部的新角色

《公共关系新闻》对公共关系的定义如下：

> 公共关系是一种管理职能，它评估公众的态度，确定与公共利益相关的个人或组织的政策和程序，并拟订和执行行动方案，以赢得公众的理解和接受。

根据这样的定义，公共关系部经理的职能是面向外部环境的，使公司对外部环境的关注保持敏感，并让外部环境（公众）相信公司所处立场的价值。利益相关者方法需要重新定义公共关系职能，该职能建立在公关专业人员的沟通技巧之上，但又能对当今的真实企业环境做出反应。

在过去的几年里，在进行本书所涉及内容的基础研究时，我有机会与一些组织的几位公共关系和公共事务主管以及活跃在各种公共关系和公共事务专业协会中的人进行了交谈。我注意到，人们对"公关工作"有一种极其普遍的感觉，那就是挫折感。以下是我从访谈中节选出来的谈话，访谈主要是出于其他目的，这只是造成这种挫折感的几个原因：

- 公司里没人听我们的意见。他们做事时就好像我们不存在，却指望我们去处理好一切。
- 我们的公众不听我们的话。他们想和能拍板做决定的人沟通。
- 调查报告已经失控。当媒体打来电话时，我甚至不确定是否应该和它们谈谈，报道更是不可能的。

- 市场营销部的人假装公众不存在。
- 我们在过去 20 年里一直在做的并且做得很好的事情，现在却不管用了。
- 我们不可能满足所有人的要求，但现在看来这是必须做的。

更重要的是，这些评论说明了一种与日俱增的感觉，即虽然公关比以往任何时候都更加重要，但在当前的企业环境中可供公关经理使用的概念和工具越来越不起作用。图 8-2 描述了公关人员作为边界人员的角色（Thompson，1967），在组织内部几乎没有可信度（过于认同外部群体），在组织外部也同样不被信任（过于认同组织）。简言之，正如图 8-2 所示，公关经理正处于第一章所描述的所有环境变化之中。

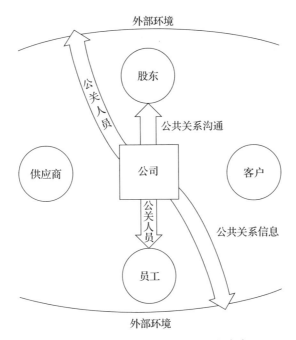

图 8-2 公共人员作为边界人员的角色

只要有少量的改变，公关经理就可以真正扮演好"公司的捍卫者"的角色，并且"拟订和执行行动方案，以赢得公众的理解和接受"。然而，考虑到已经发生的外部和内部的变化，这个角色已经不再现实了。公关经理原本可以借助尖刻的新闻稿、年度报告、华而不实的录像带、企业慈善等传统武器武装起来，如今他们却成了各个利益相关者对公司绩效不满的祭坛上的牺牲品。

一种利益相关者分析方法是，它将传统的公共关系部的角色分散给各个负责制订战略方案的经理，其中必须考虑多个利益相关者。利益相关者方案之间的相互作用，连同其他一些因素，将导致影响公司的新问题不断涌现。因此，如果经理人像第四章到第六章所建议的那样，仅仅平衡当前的问题并与利益相关者谈判，那么新的问题和新的利益相关者群体就无法得到处理，除非它们已经能够对组织产生切实的影响。公共关系部的任务不仅是参与上述的战略管理过程，而且还要扫描环境以寻找新的问题和新的利益相关者，并让负责部门绩效的业务部门经理注意到这些新的问题和新的利益相关者。安索夫（Ansoff，1979）和其他一些学者曾撰写过关于问题管理的文章，一些公司也已然制订了问题管理计划，如好事达保险公司（Allstate Insurance）。然而，问题管理成功的关键是它必须能够解决和跟踪影响公司或业务部门战略方向的实际问题，即问题管理/公关部的"客户"。问题管理需要与利益相关者的概念相结合，以对问题做出切合实际的评价。利益相关者虽然有其麻烦的地方，但他们是真实的，而问题只不过是一些有用的抽象概念。利益相关者的行为直接影响管理绩效。例如，政府通过法律，单一问题团体示威游行，客户购买或不购买产品，等等。如果经理人能够将问题和利益相关者结合起来思考，那么对未来的关注就可以切实地实施，因为它能够影响当下。

一些公司已经开始明显地区分公共关系和公共事务。在一项关于公共事务职能的重大研究中，波士顿大学的一批学者（Mahon，1981；Post et al.，1982）发现，现有的公共事务部门中，超过一半是在过去 10 年创建的，超过 1/3 是在过去 5 年创建的。正如波斯特等人（1982）所报告的，波士顿大学研究小组发现，80% 的受访公司将政府关系和社区关系作为公共事务使命的核心，70% 的受访公司将公司贡献和处理与媒体的关系作为公共事务职能的一部分。公共关系部的扩展以及由它发展而来的"公共事务部"，是对企业环境变化的有趣回应。"外部事务"的概念得到了发展，即一组经理（可能是公共关系部，也可能是公共事务部）被赋予了管理特定外部群体的任务。

我相信利益相关者的概念对这些"外部事务"（external affairs，EA）经理是有用的，因为他们试图在如今的外部环境中有效运作。图 8-3 展示了强调外部事务工作的问题和利益相关者矩阵。该图集中于五个关键任务：（1）识别新的利益相关者，或者对其他经理所忽视的利益相关者予以关注；（2）开始明确制定有关这些利益相关者的战略的流程；（3）帮助整合多个利益相关者的关注点；（4）与关键利益相关者就共同关注的问题进行谈判；（5）寻找新问题，并为公司中的其他经理提供新的关注点。让我解释一下外部事务经理如何开始完成其中的每一项任务。

在很大程度上，识别新的利益相关者群体的任务在公司中是一项容易被忽视的任务，而创建整个公司的利益相关者地图的任务从未完成。公司规划者往往只为少数变量而扫描环境，即那些影响公司规划的因素，而这些因素往往与大多数关键利益相关者无关。外部事务经理最有可能知道谁才是公司真正的利益相关者，并将此信息在内部传达给负责制定综合商业战略的总经理。

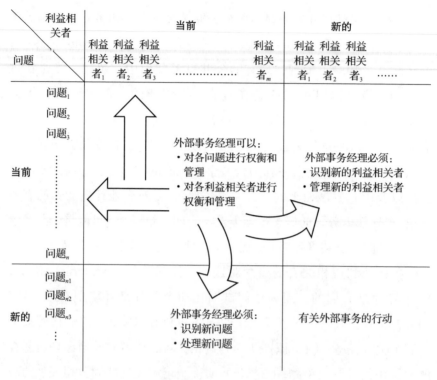

图 8-3 "外部事务"的利益相关者方法

市场营销、生产、财务或其他职能部门或利润中心的运营经理往往太过忙碌，以至于无暇顾及当前问题对利益相关者群体的长期影响。因此，需要有人明确地阐述组织在与每个利益相关者群体打交道时的目标或使命。对于那些组织单位对利益相关者产生影响的经理来说，这种声明就是他们的路标。它有助于在对一个利益相关者有不同影响的棘手战略问题之间进行权衡。就整体的利益相关者关系而言，它还有助于给组织和利益相关者提供方向感。公司对政府的总体态度是什么？多个组织单位的行动是否与总体态度一致？就消费者权益倡导者而言，公司的整体态度是什么？每个部门对投诉的处理是否始终如一地以这种态度进行？是否为经理人和消费者领袖组织了一个交流论坛？在支离破碎的日常管理世界里，这些只是必须予以回答的几个问题，却从未有人追问过它们。

在多个利益相关者之间的进行权衡这一问题很少被考虑到。经理人只完成自己分内的事情，在做决定时也仅仅考虑如何满足与他们相处最融洽的外部群体。外部事务经理必须顾全"大局"。我们制定政策或实践方案时如何同时兼顾多个利益相关者？他们从"大局"的角度思考问题的经验对受困于日常琐碎事务的利润中心经理人来说是一种无价的资源。这是一项必须完成的任务，否则利益相关者将继续变本加厉，并通过政府、竞争者等外部手段向公司施加压力。

外部事务经理具有沟通技巧。如果认真对待利益相关者管理，那么这些交流技巧必须向与利益相关者协商转变。谈判是一个让步的过程、一个妥协的过程、一个制订"双赢"解决方案的过程。它不完全等同于沟通，但沟通技巧是成功谈判的必备要素。如果外部事务经理不能做出权衡和决策，他们就无法进行谈判。因此，这项任务有赖于让经理参与到企业的运营中。外部事务经理必须被视为总经理的宝贵资源，作为具有远见和洞察力的经理，他们可以帮助总经理解读复杂的外部环境，并且可以与多个利益相关者群体谈判。

最后，外部事务经理必须进行广泛的思考，并将图 8-3 的各个部分加以综合考量，以识别出新的和即将出现的问题和利益相关者。外部事务经理必须能够理解问题是如何联系在一起的，他们必须对利益相关者环境中的变化保持敏感。在当前的企业环境中，外部事务经理必须愿意承担风险，并在这些新的问题和利益相关者在公司内部得到认可和"合法化"之前对其进行管理。

韦伦公司（Wellen）使用图 8-3 这类模型方面的经验可能有助于说明外部事务经理扮演的角色。韦伦公司是一家主要在美国一个特定地区运营的多产品和服务公司。韦伦公关部门的几位经理被委派了一个任务，即对可能影响公司发展方向的未来战略问题进行分析。特别是，这些问题目前应该是"微弱的环境信号"，但可能对公司具有重要的现实意义。因此，这些公关经理面临着一项艰巨的任务：如何将环境分析的范围既能扩大到足以不遗漏重要的未来问题，又能缩小到足以感知问题对公司运营的影响。经理们首先确定了几个会产生近期和长期影响的明显问题，如性骚扰（韦伦是人员密集型公司）、使用韦伦的一项关键技术的长期累积影响、韦伦运营所在地区的商界实力，以及其他几个问题。"问题报告"被编制完成并分发给所有高管，该报告不仅列出了问题，还解释了可能出现的后果。然而，经理们发现，他们并不知道这些问题是如何联系在一起的。在发布几次这样的问题报告之后，尽管每一篇都得到了其他高管的高度赞扬，经理们还是决定他们需要建立某种总体框架。因此，他们构建了一个类似于图 8-3 的矩阵，作为更全面了解他们未来环境的一种途径。他们列出了利益相关者以及之前报告中提到的问题，并保留了一份内部利益相关者的"秘密名单"。然后，经理们开始着手做两件事：第一件是确定每个问题对每个利益相关者的影响；第二件是寻找模型、可能的联盟和相互矛盾的影响，即公司可能在问题 A 上采取一种立场，在问题 B 上采取与之相矛盾的立场。

韦伦公司的公关经理没有成为算命先生，也不是环境预测专家。他们已经开始尝试使用不同的方法来组织他们的环境研究，最近他们开始通过与重要群体建立对话来验证对利益相关者的潜在影响。通过逐步完善图 8-3 的内容，公关经理可以开始改变他们的角色，以帮助公司理解为什么外部环境会像那样影响公司。通过使用他们作为公关专业人员与利益相关者沟通的技巧，韦伦的经理将获得另一个环境参考点，并使韦伦的业务单元的经理能够制定适当的行动路线。

韦伦公司的经历不一定是独一无二的。公关部门甚至被分配到特定业务的单个经理人，都可以进行变革，以使公共关系部更加高效，并使其更符合战略管理的利益相关者方法。公共关系部如何走到现代企业管理的前沿？

让我来通过回顾过去并主张不同的未来来开始讨论这个问题。简言之，需要反击的论点是："为什么要从利益相关者的角度思考？为什么要对一个新的'流行语'如此重视？我们作为公共关系或公共事务专业人士，多年来一直如此行事，如此思考。"

第一种回应是，公共关系部作为服务"公众"或"公共机构"或"与各种机构或观众打交道"的传统角色，以及公共事务部作为"游说"和"跟踪政治问题"的传统角色并没有取得显著成效。最近的调查显示，这些"公众"对商业机构的信任度极其糟糕，而且正在迅速下降。

第二种回应是，公共关系部和公共事务部必须承担起变革的责任，并制定明确的变革战略。这些战略必须着眼于组织问题，而不是职业风采。这个问题比制作一盘华而不实的录像带，或者从传统的捐款、新闻稿等项目中获得最后 2% 的收益要意义深刻得多，也更加重要。

第三种回应是，承认沟通需求的有效性，也就是说，措辞非常重要。美国的管理实践需要真正的改变，而不是表面上的改变，我们使用的词汇会改变经理人看待世界的方式。经理人必须清楚外部群体对它们实际上拥有的利益的看法。简言之，使用"利益相关者"这一词汇很重要，因为它产生了"合法性"的内涵。

变革议程上的第一项是外部事务经理必须面对这个问题的现实：变革是必要的。从一个小小的改变开始，比如使用一个不同的词汇，要比从一份 500 页的关于公司弊病的研究报告开始，或者以一个表达对利益相关者和我们自己作为外部事务经理缺乏合法性的愤怒的白皮书开始容易得多。议程上的第二项是构建公司的利益相关者地图。如果我们和我们的高管层不去承担领导变革的责任，使其更好地响应外部环境，那么未来可能真的是黯淡的。议程上的第三项是我们要为组织构建如何管理当前利益相关者关系的路线图。议程上的第四项是让公关经理处理一个或一组重要但可控的问题，并展示增加价值的能力。只有增加价值，才能建立信誉。展示如何在一个问题上增加价值并不是一件容易的事情。它不一定涉及尝试进行成本 / 收益分析，例如，给文法学校提供一台视图仪器。我们必须开始思考如何为运营经理的工作增值，这意味着要详细了解运营经理的工作，从而了解公司的运营和业务。

市场营销部经理：连接客户的纽带

在现代企业中，市场营销涵盖了广泛的管理活动。[8] 从典型的热情洋溢的推销员到市场调研中的书呆子，市场营销部经理的任务涵盖了公司与客户打交道的方方面面。在过去的几年里，市场营销学科发生了根本性的变化，从销售技巧到产品的战略规划。产品生命周期的发现和市场份额的重要性，以及多维尺度法等营销研究的新量化方法，意味着当今环境下的市场营销部经理拥有广泛的用以与客户打交道的概念性手段和工具。

图 8-4 是典型组织中市场营销部经理（相对较高级别）的利益相关者地图。营销、服务和管理之间存在典型的分裂，这也是市场营销组织各部门之间存在大量冲突的原因。此外，其他关键的内部利益相关者包括生产部、研发部、规划部和其他职能部门（或业务单元）经理。如图 8-4 所示，市场营销部是联通客户和竞争者的渠道。市场营销部既可以接触到这两个利益相关者群体，也可以获得有关他们的信息。内部利益相关者群体将对每种商品的营销施加压力，市场营销部经理

必须对内部和外部利益相关者做出回应。

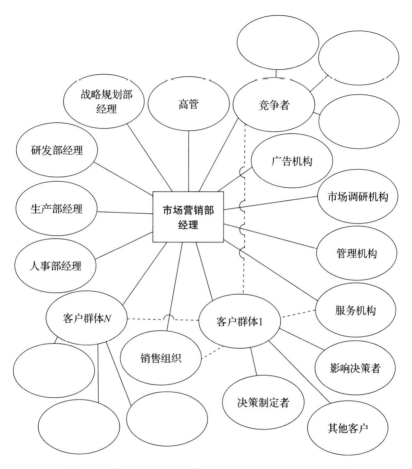

图 8-4 典型组织中市场营销部经理的利益相关者地图

在一些组织中，市场营销部对内部利益相关者比对外部利益相关者更为敏感。这些组织三心二意，与客户和竞争者隔离开来。市场营销人员花费大量时间完成内部报告，而客户策划本身成了目的。服务和行政人员淹没在文书工作和程序中。重点是组织内的可见性。我们可以假设，在国外竞争者进入市场的某些行业中，行业内那些组织的市场营销职能出现了严重的问题。汽车行业、消费电子行业和钢铁行业都可以作为验证这个假设的候选对象。

如果组织内其他人不把市场营销部视为与客户和竞争者沟通的渠道，那么两个重要的利益相关者群体就会被忽略。作为一个整体，该组织将目光从市场上移开，无论其在其他领域的管理才华如何，随着时间的推移，它都无法在竞争激烈的全球竞争中长期生存。

因此，利益相关者方法要求市场营销部经理加强营销的作用，并强调客户和竞争者的重要性。每一位市场营销部经理都必须绘制类似于图 8-4 的特定地图。市场营销经理必须学会在图中所描述的这个不分等级的社会里工作，就像公共关系部和其他职能部门的经理那样。此外，市场营销经理必须了解他们的处境是非常普遍的。也就是说，每个职能经理都是与某些利益相关者群体沟通的渠道，或是扮演着"纯粹支持者"的角色。在这种方法中，每个职能部门都必须是"服务于利益相关者"的。内部群体是达到目的的手段，而不是目的本身。

财务部经理

财务部经理和财务分析师，包括一些公司的会计和审计员，最近受到了越来越多的攻击。[9] 理由很简单，金融系统的复杂程度导致了"数字管理"（management by the numbers），过分强调公司的短期业绩。通货膨胀、经济衰退、全球化导致的相互依存和货币贬值都在对日益复杂的金融控制系统的需求方面发挥了作用。

财务分析师、财务主管、财务副总裁或任何有合适头衔的人，他们的工作都是相当复杂的。除了计算每股收益并确保报告的准确性，他们还有更多的事情要做。图 8-5 描绘了现代大公司中一名典型的财务部经理的利益相关者地图。"老式账房先生"的刻板印象在这里是完全不合适的，因为财务部经理是一流的边界人员。他必须与从政府机构到竞争者的众多利益相关者群体进行交易，以了解公司在财务方面的相对优势。

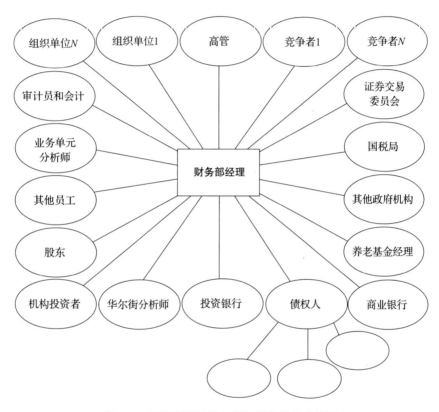

图 8-5 典型的财务部经理的利益相关者地图

世界经济的复杂性使这项工作变得更加困难。财务部经理必须了解战略决策在多个经济体中的财务影响，并且必须了解东西方国家不同经济体之间存在的不同规则。如果没有政府明确的政策指导，那么财务部经理必须了解通货膨胀对公司的影响，并且必须将这种影响公之于众，否则公司无法获得准确的业绩指标（Drucker，1980）。

　　由于这项工作十分复杂，会出现"数字管理"的病态情况就不足为奇了。公司根本没有管理多个利益相关者影响的总体框架。宏观经济变量是对实际影响公司的利益相关者具体行为的概括，学者和业界人士对于特定的经济预期对战略行为的影响知之甚少。

　　很容易看出财务部经理是如何受短期衡量指标驱动的。事实上，在通胀时期，投资回报率（ROI）和贴现现金流（DCF）等衡量指标如果以不考虑通货膨胀影响的简单方式实施，就会扭曲现实。

　　图 8-5 中的财务部经理必须充当连接这些重要的外部利益相关者群体的渠道。而财务部经理的工作聚焦于公司内部的可能性是很大的，这将给公司带来灾难。他们会制定出复杂的测量标准，但这些测量标准与那些与该组织有利益关系的群体几乎没有相关性。图 8-5 中的财务部经理必须特别注意财务信息系统的有效性，因为它是公司健康状况的晴雨表。International Harvester 和其他一些公司往往第一年资产负债表和利润表显示状况良好，第二年却遭到严重的冲击，他们的经历代价过于昂贵，不能重蹈覆辙。我们必须寻找能够平衡短期和长期收益的衡量标准。我们必须找到设定适当的每股收益水平和现实的资本最低回报率的标准，使我们能够满足多个利益相关者的需求。

人事部经理

　　没有比人事，或更现代的说法"人力资源管理"，更受诋毁的公司职能了，但它比以往任何时候都更重要，因为它需要帮助公司经理为他们的工作做好准备。[10] 当今的人事或人力资源部门经理必须是思想开阔的思想家和冒险家，而不是那些提前退休并急于保护自己"退休"地位的经理。发生在通用汽车洛兹敦工厂（Lordstown Vega plant）的工人破坏装配线的故事应该成为所有人事部经理的一个教训，让他们认识到需要与工会、员工、当地社区、学院和大学等可能影响人力资源工作的外部利益相关者保持联系。人事部不仅要负责人员招聘或协助招聘，还要制定解雇程序，它必须遵守一系列政府法规，如平等就业机会委员会（EEOC）的规定和失业补偿等，还要为员工的职业变动做计划，对最近出现的双职工婚姻、工作狂等热点问题保持敏感。

　　图 8-6 描绘了一个典型的人事部经理的利益相关者地图。这里可以提出一个类似公关经理的论点，因为人事部经理在许多大公司中的地位并不是很高。因此，人事部经理需要启动类似的变革流程，包括根据图 8-6 明确创建特定的利益相关者地图，为每个利益相关者群体制定战略，并选择一个问题来显示人事部如何为运营经理在这一问题上增值。

图 8-6　典型的人事部经理的利益相关者地图

对美国管理方法的批评中，至少有一部分是对人事部工作效率的直接抨击。如果人事部应该关注"人"，那为什么刻板印象恰恰相反，是没完没了的官僚和文件？对管理方式和技巧的关注是人事部和组织中的其他部门的责任。大内（Ouchi，1981）以及帕斯卡尔和阿索斯（Pascale and Athos，1981）认为，日本人只是在"人事管理"方面超过了他们的美国竞争对手。美国公司的人事职能需要重新定位，以服务于它负责的利益相关者。

生产部经理

海斯和阿伯内西（Hayes and Abernathy，1980）等人批评美国的管理实践不重视生产部门，尤其是生产制造过程。[11] 其批判的焦点在于，经理人忽视了生产制造过程中的质量和创新问题。库存积压严重、质量控制失控、员工和工会关系不佳，以及对工厂在当地社区的影响缺乏关注，这些都是困扰许多生产部经理的不适症状。联邦德国和日本的例子不断地被摆到美国生产部经理的面前，尤其是当一家公司面临来自这些国家的竞争者时。

图 8-7 是美国典型的生产部经理的利益相关者地图。这里提出了两个核心问题：生产部经理如何使员工工作更有效率，以及生产部经理如何成为工会和员工之间的渠道。"建议箱"等老把戏正被用来解决这些基本问题，但问题并不那么简单。公司和员工之间的关系是多方面的，涉及复杂的心理契约。期望的实现与否，要在较长一段时期之后才能显现出来。除非改变这些预期，否则快速解决方案根本行不通。美国劳资关系的敌对性质在很大程度上促成了美国工业的衰落，这种敌对关系必须在工厂层面得到扭转。必须尝试用新的思维方式来看待员工所做的工作，尝试用新的思维方式进行管理，否则这种衰落将会

继续下去。在利益相关者方法中，生产部经理的责任令人敬畏。这些经理不仅必须从战略的角度思考，他们还必须接受变革过程，以获得或重新获得竞争优势。他们必须充当连接他们所服务的利益相关者的纽带。

图 8-7 典型的生产部经理的利益相关者地图

组织的利益相关者结构

通过对几个关键管理职能部门的分析，应该明显可以看出，利益相关者方法可以应用于从职能角度理解公司的运作。[12] 每个经理人都有一组由他负责的利益相关者，以及一组将经理人视为沟通外部环境的渠道的"内部利益相关者"。我在前面描绘了一幅"激进的外部主义"的图景，即每个经理人的工作要么是为了外部利益相关者群体的利益，要么是作为连接外部利益相关者群体的渠道。在上述职能部门的工作中，每个经理人都是边界人员，由此产生的组织是一个"为利益相关者服务"的组织。我没有规定哪些利益相关者是重要的，也没有规定哪些利益相关者应该是最重要的。这一任务是高管人员在企业层面确定战略方向时应该确认的。

在现代复杂的公司结构中，包括多个战略业务单元、集团、行业、部门、公司员工、矩阵配置等，利益相关者的责任很容易分散。没有人知道公司对某一特定利益相关者的影响。责任必然是分散的，因为工作是有区别的。责任集中发生在业务或产品层面上，但不一定发生在总结公司对特定利益相关者群体的影响的层面上。如果特定的利益相关者有自己的整合流程，那么误解的可能性就会增加。从 IBM 购买了一台出色的计算机和一台糟糕的复印机的客户可能不明白 IBM 试图在它的客户那里达成什么目标。同样地，一个从 AT&T 购买了优质的本地和专用网络服务以及糟糕的用户交换机（PBX）的客户，可能不会理解导致这种产品差异的组织差异。我并不是说组织与利益相关者群体所做的一切都必须与其他事情保持一致。只有反应迟钝到令人难以置信的组织才能履行这一章程。然而，我主张有这样一位经理人，他要负责让公司的其他组织单位不断地注意到某些利益相关者群体的需求。

通过创建一个简略的"利益相关者结构"，我相信组织可以与外部环境更紧密地联系在一起。这样的组织应该专门把利益相关者的需求放在首位，尤其是组织目前没有满足的那些需求。这些"利益相关者经理"没有正式的权力。相反，他们将通过自己的专业知识获得权威，并逐渐被部门经理认可，成为可以提供帮助的群体。要让大家都知道自己的"增值"能力，这些经理人必须将运营部门视为客户，并寻求为利益相关者和内部"客户"提供服务。为法庭及其委托人服务的律师就是这种模式。律师既是法院对委托人的辩护人，也是委托人对法院的辩护人。图8-8描述了这种组织的一种可能的结构图。每个重要类别的利益相关者经理将被任命为"客户经理""环保组织经理""媒体经理""政府机构经理"或其他职位，并将负责以下几项关键任务：（1）确保对利益相关者关切事务的响应；（2）成为利益相关者专家；（3）记录组织和利益相关者之间的得分；（4）确保组织规划的整合；（5）担任组织和利益相关者之间的监察员。让我简要地解释一下每项任务。

利益相关者 组织单位	客户	消费者权益倡导者团体	环保组织	政府	……	利益相关者n
战略业务单元1 战略业务单元2 战略业务单元3						
战略业务单元m						

利益相关者经理的职责：
1.确保对利益相关者关切事务的响应
2.成为利益相关者专家
3.记录组织和利益相关者之间的得分
4.确保组织规划的整合
5.担任组织和利益相关者之间的监察员

图8-8 组织的利益相关者结构图

拟议的组织可以很容易地被覆盖到战略业务单元类型的组织上，原因很简单，因为"利益相关者经理"几乎没有正式的权力。他们将负责制定一份"章程"，说明组织关于特定利益相关者的目标和目的。利益相关者经理的目标是制定一份尽可能符合利益相关者对组织的期望的章程，或者在脑海中有一个清醒的计划来改变这些期望。然后该章程将成为战略业务单元经理的路标，而不是铁板钉钉的政策。偏离章程的行为是可以接受的，甚至是鼓励的，特别是当这些偏离能够更好地满足利益相关者的需求时。利益相关者经理还将负责特定群体的"交易审计"，以确保（或至少协助确保）公司成员针对特定利益相关者执行的交易与公司声明的战略方向保持一致。

通过履行这些正式职责，利益相关者经理将成为其特定利益相关者的专家，确保组织为未来的行动建立知识库。通过与特定利益相关者持续互动，这个知识库将不断更新。数据文件、简讯、"利益相关者评论"和其他一些机制可以作为信息传播过程中向关注该利益相关者的其他人传播信息。

利益相关者经理将负责制定和实施与其利益相关者群体之间的"计分"机制。第六章中建议的计分卡将针对每个特定的利益相关者群体进行调整，并将以适当的时间间隔进行测量，或者在必要时收集原始数据。这种计分功能不会被取代，而是可以补充由战略业务单元中的战略方案实施者开发的其他方法。这一思路是，两个独立的测量方法能够比单一的测量方法提供更多有用的信息。个人偏见、测量误差等都可以被降至最低。

利益相关者经理还将负责实现跨多个组织单位以及一个组织单位内的多个战略方案的某种意义上的整合。整合的正式责任仍将由战略业务单元的经理承担。然而，利益相关者专家将被要求就某些战略方案的"交互影响"提供建议。在理想情况下，利益相关者专家将作为公司内部的利润中心运作，将他们的服务出售给战略业务单元的经理。公司需要制定激励措施，鼓励利益相关者经理对各级公司战略都了如指掌、反应灵敏并有所助益。我倾向于一种"增值"的方法，在这种方法中，战略业务单元的经理能够感知到有足够的增值来回报利益相关者经理提供的帮助。利益相关者专家有责任让战略业务单元的经理相信，有专家可以帮助他们解决其"利益相关者问题"。增值的测量首先是客户和外部利益相关者的一种看法。然而，随着经验的积累，可以设计出更加复杂、更为客观的测量方式。

最后，利益相关者经理将成为"监察员"，也就是利益相关者可以去能够听取争议并可能解决争端的地方。监察员的概念在公司中有很大的发展潜力，因为公司严重缺乏可用于解决纠纷的流程。通常情况下，想要在公司事务中行使发言权的利益相关者必须在某种程度上向政府提出申请，结果是烦琐的法规或政府的无动于衷。通过与特定利益相关者建立关系，利益相关者经理可以避免政府领域的潜在冲突，因为这对各方来说代价都是高昂的。

虽然这里简要描述的结构具有很大的推测性，但需要建立一些这样的机制，尤其是针对那些目前仍然对公司不利的利益相关者。这里提出的组织结构的另一个特点是，利益相关者专家可以聚集在一起，组成一个"既成的"环境扫描小组，这些专家了解公司的利益相关者未来可能期望什么的具体信息。

小　结

我曾指出，必须从利益相关者的角度重新思考职能部门的管理。

每个职能部门都有一组它为之服务或应该为之服务的利益相关者，以及一组"内部利益相关者"，它们是针对其利益相关者采取行动的渠道。我所建议的变革并非重大变革，而是代表了一种"回归基本面"的管理。我已经概述了每个部门的变革流程，特别是公共关系部，并表明需要实施一项使公司对外部环境做出更灵敏反应的战略。我设想了这样一个战略所需的组织结构，并简要提出了如何将这样的组织覆盖到更传统的战略业务单元上。这样的设想需要对管理工作和高管人员的角色有不同的概念。

注 释

1. Mintzberg（1979a，第 2 页）.

2. 例如，参见 Galbraith 和 Nathanson（1978），Miner（1979）。

3. Lawrence 和 Lorsch（1967）展示了环境如何决定任务的差异化程度、特定职能部门经理负责的利益相关者群体，以及必要的协调机制。

4. 公共关系部和公共事务部在利益相关者方法中具有特殊的作用，原因很简单，因为组织指望这些职能来做一项不可能完成的工作，即抵御第一章所列出的外部变化。

5. 这一想法的进一步阐述将是另一本书的内容。基本前提是，将组织视为层级的概念忽略了组织中发生的事情的本质。

6. 在这里我要感谢 Vinnie Carroll 与我进行了许多有益的讨论，帮助我们厘清了利益相关者概念客观应用于项目管理时的"内部利益相关者"的概念。

7. Freeman 和 Carroll（1983）更详细地分析了这项研究的结果。

8. 参见 Abell 和 Hammond（1979）的营销战略方法。

9. 有关这些问题的介绍，请参阅 Weston 和 Brigham（1978）。

10. Schein（1978）对当前的一些问题进行了讨论。

11. 参见 Hayes（1981），Wheelwright（1981）对美国和日本生产部门政策的比较。

12. 这里提出的组织结构应该被理解为推测性的，并能够根据特定组织量身定制。

CHAPTER 9

第九章

高管人员的角色

引　言

　　前面章节提出的利益相关者方法规定了一个关于高管人员角色的概念，即为公司的利益相关者服务的人，以及企业方向和价值观的守护者。在本章中，我将简要说明利益相关者战略管理方法对负责公司健康运营的高管人员的影响。我将从负责整合多个职能部门的总经理开始阐述，接着讨论首席执行官的工作，我认为他必须学会在动荡的环境中进行管理。最后，我将对本书的主要论点进行总结，并提出进一步研究的路径。

总经理

　　在本书的开头，我就讨论了鲍勃·科林伍德的问题，他是一家大型跨国公司伍德兰国际公司美国子公司的首席执行官。在伍德兰内部，有许多这样的经理，他们负责整合许多职能领域。甚至在鲍勃的子公司中，也有负责特定业务的经理，从某种意义上说，他们是特定业务的"首席执行官"。随着现代企业权力下放并开始使用战略管理模式，总经理的数量及其职责范围都在不断扩大。如第四章至第六章所述，战略管理涉及来自公司各个领域的许多经理。把这些不同的思想和行动整合到一起的任务就落在了总经理的肩上。

对企业级战略管理的审查立即提出了高管人员在组织各级制定发展方向方面的作用的问题，包括企业层面、公司层面、部门层面和业务层面。在业务层面，战略业务单元经理的工作重点是以当前和未来的新产品和新市场、现有技术的新应用形式，并以富有成效的方式管理公司的资源，定义并为市场带来独特的业务能力。然而，即使在业务层面，利益相关者问题也比比皆是。特定战略业务单元的经理必须与工会、供应商、客户群、政府机构、当地社区等打交道。在部门层面或业务群层面，或者在一些组织的国家层面，经理人必须在更大的范围内处理相同类型的问题和应对更大规模的利益相关者。因此，每个业务或"部门"层级的总经理都会发现自己陷入了一个相当庞大且无处不在的权力和依赖网络中，这与第八章中为职能经理绘制的地图类似。一些利益相关者将是外部的，而有些利益相关者将是内部的。

在大型组织中，总经理的角色是管理一个庞大的利益相关者网络。至关重要的是，这些利益相关者不能被视为约束，因为经理人可以据此最大化某些目标职能，无论是利润还是市场份额，甚至可能是政治影响力。相反，占主导地位的管理隐喻必须是谈判。总经理需要从外部和内部吸收的信息量实在太大了，这会使层级结构不堪重负。如果总经理想要成功，就必须将如横向关系、矩阵、适当的战略信息系统和非正式谈判[1]等概念与仔细的利益相关者分析相结合。

当你考虑到这些经理人被要求承担风险，出去与可能是批评者的利益相关者群体会面，尽管总经理是出于善意，但他们可能会制造麻烦时，较低层级的总经理的角色就更加难扮演了。此外，公司较低级别的总经理正处于职业生涯的关键时期，他们很可能正处于上升期，并不希望事业脱轨。大多数大型组织的奖励制度，无论是正式的还是非正式的，都是以短期结果为导向的。对于总经理来说，在问题变成危机之前主动出击，这往往与他们获得奖励的方式背道而驰。虽然改变这样的奖励制度是可能的，但可能性不是很大。

价值观可以成为一种控制机制，正是在这一点上它们发挥着最重要的作用。如果公司的主导文化是"为利益相关者服务"的文化，那么不论奖励制度如何，总经理都会知道，他们的工作就是走出去与关键利益相关者群体（从客户和供应商到批评者和媒体）进行沟通和谈判。而且，他们也会明白，如果公司要取得成功，就必须完成这项外部工作。如第六章所述，将价值观作为一种控制机制，必须针对作为和不作为的实际成本和收益，而不是可见的成本和收益。总经理在晋升过程中存在的内在偏见是仅关注短期、可见的成本和收益，即组织中的其他人同样能够看到的东西。而动荡的企业环境要求的是实际成本。

高管人员在公司中的角色

图 9-1 是典型的大型组织中首席执行官的利益相关者地图，它描绘了一个必须担任多个角色并且必须具备多种技能的经理人的忙碌生活。如今，大公司首席执行官的任期越来越短。当事情变得糟糕时，就像许多组织的情况一样，首席执行官往往直接站在中间肩负起责任。

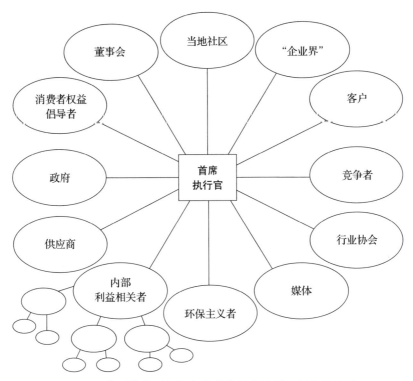

图 9-1　典型的大型组织中首席执行官的利益相关者地图

　　为了使战略管理的利益相关者方法取得成功，公司的高管人员必须参与明确制定企业战略或完成利益相关者审计。在这些流程中输入的最重要的数据就是公司高层经理们的信念。利益相关者和利益关系之间更合理的映射（图 3-1 和表 3-1、表 3-2）确实可以作为这些判断的检查点，但如果不检查高管人员运营公司的基本前提，那么理性分析就无济于事。

　　特别是，首席执行官必须参与到利益相关者、价值观和社会问题的分析中，对这些因素的分析决定了企业级战略的选择。第四章从企业战略层面探讨了几个自欺欺人的案例。管理层的行动与公司声明的战略方向不一致。如果首席执行官领导了检查企业战略的过程，这种病态情况的危险就会降至最低，因为首席执行官愿意坦率地表达自己的价值观及其与公司的关系。如果没有这样的参与，企业战略的制定只是年报上看起来不错的另一份"新闻稿"，但它既不能愚弄公司的管理团队，也糊弄不了许多利益相关者，更不会提高业绩。

如果这个过程解决的是棘手的问题，理解"我们代表什么"可能会带来巨大的痛苦。在领导探索企业价值的过程中，首席执行官的任务十分艰巨。分析师的悟性、首席执行官的商业判断力和古人的智慧，对任何一个人来说要求都太高。因此我认为，大公司中高效的首席执行官只有通过创造真正的"团队"意识，在团队成员之间建立高度的信任，并且相对较少强调在等级制度中的正式职位，才能生存和蓬勃发展。

首席执行官和高管团队的其他成员必须付出特别的努力，以实现企业战略结果的沟通交流。如果在基本的价值观以及对利益相关者的关注方面，大家几乎完全不一致，那么企业层级的战略就会重蹈其他公司政策的覆辙。利益相关者方法的本质是，高管人员可以在整个公司范围内获得帮助。研究开始表明，企业文化或共同价值观很可能是最重要的变量。迪尔和肯尼迪（Deal and Kennedy，1982）和彼得斯（Peters，1981），以及对密理博公司（Millipore）和特百惠公司（Tupperware）等案例的分析，已经开始支持这样一种说法，即价值观在公司中发挥着重要的控制作用。

此外，高管团队必须让董事会积极参与这些发展方向的制定。从纯粹以自我为中心的角度出发（以免被怀疑），以及从董事会可以在分析利益相关者和社会问题的过程中充当资源的角度来看，董事必须参与到这一决策过程中来。一些公司在董事会中设有公共政策委员会，负责部分利益相关者管理的任务，但这些委员会并不总是将经济和社会问题结合起来。"象征主义"的时代必须结束了。第七章中概述的管

理"所有权"代表时遇到的问题太过复杂，以致在现实中不可避免地
要去处理它们。

　　也许首席执行官和高管团队最大的内部角色是在控制过程中。我
在第三章中指出，战略审查显然是无效的，因为它们很容易变成"展
示和陈述"，而不是有意义的"问题和回答"。首席执行官可以很容易
地纠正这一点，并将战略审查的重点放在外部问题上，安排"利益相
关者审查"，接受审查的经理人必须拿出确凿的证据，证明其商业战略
对关键利益相关者群体的影响。首席执行官在这些利益相关者审查会
议上提出的问题必须与以下问题相关：为了解决利益相关者的担忧，
采取了哪些新的和支持性的战略方案？已经主动采取了哪些措施来避
免未来的担忧。必须对利益相关者群体数据的有效性提出质疑，以确
保较低级别的经理人与利益相关者进行了沟通，确保公司战略真正解
决了利益相关者的担忧，而不是公司战略师所以为的利益相关者的担
忧。通过进行有意义的战略审查，高管团队可以将公司的注意力集中
在外部问题上。表 9-1 列出了可用于审查的问题示例。

表 9-1　"利益相关者审查"的问题示例

1. 我们目前的利益相关者是谁
2. 我们潜在的利益相关者有哪些
3. 每个利益相关者对我们有什么影响
4. 我们如何影响每个利益相关者
5. 对于每个部门和业务，谁是利益相关者
6. 我们当前的战略对每个重要的利益相关者（在每个级别）做出了什么假设
7. 目前影响我们和我们的利益相关者的"环境变量"是什么［例如，通货膨胀、国民生产总值、最优惠利率、对企业的信心（来自民意调查）、企业形象、媒体形象等］
8. 我们如何衡量这些变量以及它们对我们和我们的利益相关者的影响
9. 我们如何与利益相关者保持联系

　　在公司内部，高管团队必须充当变革的推动者，努力打造一家关
注外部、反应迅速的公司。要成为一名成功的变革推动者，高管人员

必须了解公司所处的外部环境，不仅要对公司及其内部制度和人员进行变革，而且必须在实时管理某些利益相关者关系方面发挥积极作用。

高管人员的外部角色

首席执行官花费在应对外部环境上的时间越来越多。许多首席执行官将多达90%的时间花费在处理一系列利益相关者关心的事务上，从参加华盛顿的会议到与工会领导人会谈。如今，游戏的名称是如何有效应对外部群体。因此，首席执行官和高管团队在公司内部除了扮演更传统的管理角色外，他们还必须：（1）在与重要利益相关者群体的会议上担任公司发言人；（2）作为社会和政治进程的参与者；（3）作为联盟的建设者。

许多企业批评家只是不愿意和那些不能做决定或者不能让公司采取行动的经理人交谈。因此，有必要让高级管理人员直接参与利益相关者会议和谈判，这样才能取得真正的进展。一个明显的例子是，AT&T与美国司法部进行了谈判，修改了1957年的"同意法令"，从而撤销了悬而未决的反垄断诉讼。在这种情况下，AT&T的首席执行官查理·布朗（Charlie Brown）不得不密切关注各种细节。没有其他人能够更好地代表公司的利益。在随后的国会关于H.R.5158号法案的讨论中，布朗和高层管理人员不得不再次亲自提交证据，并会见代表。

然而，即使在不那么戏剧性的情况下，首席执行官也需要亲自参与其中。在克莱斯勒公司扭亏为盈期间，李·艾柯卡（Lee Iaccoca）曾担任该公司的代言人，甚至制作广告大力推荐客户尝试克莱斯勒的产品。其他不太知名的首席执行官花了大量时间与州长、消费者领袖和环保团体的领导人、工会以及商业圆桌会议等贸易组织的其他商业领袖会面。

　　一家公司的高级经理与利益相关者会面以及与批评者交谈的能力，必须远远超出战略的实施和对公司的直接影响。高管必须认真对待自己作为社会和政治进程积极参与者的角色。他们必须在各自公司相对狭隘的利益和更广泛的公共利益概念之间寻求平衡，特别是在涉及"公共物品"的问题上，如清洁的空气、水，获得公职和权力的机会等。除了游说和通过政治行动委员会为竞选活动捐款之外，高管还可以鼓励其他人的参与和积极性。也许，如果像林德布洛姆（Lindbloom，1977）所倡导的那样，认真对待高管人员作为公仆的角色，本书第一章中列出的弊病就不会存在了。随着高管人员以更广泛的方式参与政治进程，而不是反对每一项可能对他们的公司产生负面影响的立法，大型组织的信誉将随之提高。领导"联合劝募会"⊖活动，以及为交响乐和公共电视广播捐款都是有价值的社会活动，但在社会和政治变革中的领导作用方面，这些活动并不突出。2

　　在整个分析过程中，我一直重点关注高管人员在与目前可能是对手的群体的谈判中所扮演的角色。然而，在"朋友"之间结成联盟可能同样困难。波斯特（Post，1978）讲述了婴儿配方奶粉行业的公司在制定自律政策以试图阻止日益增长的争议方面的困难。首席执行官通常认为，他们的方式才是唯一的方式。"老板说了算"仍然是内部规则，但当决策舞台是外部环境时，它就不再适用了。严格意义上由思维相似的人组成的联盟往往缺乏灵活性。没有改变的空间，最初也没有必要进行变革。此外，广泛的利益联盟很难团结在一起，因为利益的分布是如此广泛。首席执行官必须将自己的角色视为在一系列棘手问题上放弃联盟的领导地位。几乎没有人会反对"联合之路"的目标，

　　⊖　联合劝募会是一个以社区为基础的系统，其组织遍及全世界。它是一个自给自足的系统，并且能动员来自社会各领域的地方领袖。这些领袖共同合作以确认社会的需求并协助解决人类的健康与福祉问题，他们也举办社区内的募款活动，以支持组织本身及其项目的运作——译者注

因此，一个支持其活动的联盟很容易形成并团结在一起。像"公司中的妇女权利"这样的问题则是另一回事，这些问题相当棘手且被认为是颇具"争议性"的，以至于几乎没有人会试图组建一个致力于女性机会平等的联盟。

利益相关者方法意味着高管不能回避争议，特别是当争议影响到公司，或者为了实施连贯的企业战略必须面对争议的时候。然而，这种方法需要在公司内部和更广泛的外部层面上有不同的领导理念。

领导任务

有关组织领导力的文献非常丰富，包含了各种模型和隐喻。从巴纳德（Barnard，1938）关于"接受区"的观点，以及高管需要向员工灌输道德目标的必要性，到"保健因素""预期"和"路径和目标"等更流行而不那么令人激动的说法，有大量的研究试图理解人们对被要求领导而不是服从情况下的反应。[3]

在采用利益相关者方法进行战略管理的组织中，高管人员的角色是一种延伸意义上的领导者。组织的边界被扩大，鉴于特定的企业战略，高管必须领导利益相关者联盟。这种领导任务将涉及协调相一致的利益，并解决不相一致的利益之间的冲突。

利益相关者方法为理解其他组织变量提供了环境。正是在这样的背景下，借用帕斯卡尔和阿索斯（Pascale and Athos，1981）的术语，高管必须以连贯的方式将其他各部分，如结构、系统、员工、风格、技能和最高目标整合在一起。[4]战略管理、组织结构及其流程脱离了那些影响组织并受组织影响的利益相关者就无法进行管理。例如，如果公司的信息系统不定期收集和传播关于公司的批评或影响公司的政府法规的报告，那么信息系统很可能会与公司的利益相关者背道而驰；

或者，如果一家公司的经理人的管理风格和技能不利于与利益相关者谈判，那么同样有可能产生"不契合"。使用利益相关者方法的领导任务很简单（！），就是要理解并考虑利益相关者为管理决策提供环境或背景这一事实。决策必须整合许多管理任务，战略只是其中之一。[5]

　　任何组织框架的基本要素都必须包括公司的核心构件——员工。首席执行官的工作是以一种保护和守护的方式管理这一资源，这可能是公司最有价值的资产。通过花费大量高管的时间在人员的选择、训练和培养上，首席执行官使领导角色变得更加容易。这在一个由多个利益相关者组成的世界中尤其如此，因为公司现在比以往任何时候都像生活在一个可见度如玻璃鱼缸一样的世界里。"鱼缸式管理"需要的技能本质上是政治技能，而这些技能不一定是经理人所受的正规培训的一部分，无论是在管理学院时，还是当他们为晋升做准备的时候。通过鼓励不同管理层之间以及组织中的经理人和利益相关者之间的导师和教学关系，首席执行官可以帮助下属获得在动荡中进行管理所需的洞察力。

总结与未来研究

　　利益相关者的概念看起来很简单。它之所以"简单"，是因为很容易确定哪些群体和个人会影响组织目标的实现，或者会受到组织目标实现的影响。它又具有"欺骗性"，因为一旦确定了利益相关者，管理组织与他们之间关系的任务就非常艰巨。"利益"的多样性，需要考虑多个层面的分析，以及需要构建新的流程以将利益相关者的关注考虑在内，这使得战略管理的利益相关者方法相当复杂。

　　本书的主要目的在于阐述组织必须积极处理其利益相关者的"案例"；通过第四章、第五章和第六章阐述的制定和执行流程，发展出一种解决这一想法的方法；并简要分析由此产生的对公司传统结构和职能的影响，特别是董事会（第七章）、管理职能部门（第八章）和高管人员的角色（第九章）。在每一个领域可探讨的和有必要探讨的东西还有很多。在概述未来的研究计划之前，让我简要概括一下利益相关者方法作为战略管理的可选择手段这一论点的主要特征。

在过去的几年里，大多数企业的外部环境经历了两种变化：第一种变化发生在传统的企业框架内部，它将原材料转化为产品出售给客户，为股东提供回报，为员工提供就业机会；第二种变化是这个架构之外的改变，包括消费者、环境及其他激进团体的出现，政府的管理范围的扩大，全球化市场和由此产生的外国竞争者的力量的增强；媒体的质疑日益浓厚，社会人士对商业机构及其经理人的信心普遍下降。我们解释外部事件的框架需要修改，以便它能够解释已经发生的变化，这样管理者就可以开始以更有效的方式重新应对这些变化带来的需求。

作为修正经理人概念图的一种方式，"利益相关者"的概念被提出。借鉴战略规划、系统论、企业社会责任和组织理论的研究，这一概念的发展可以作为一种整合力量，将广泛的研究基础汇集起来加以解释。组织的环境可以用利益相关者的术语来解释，这一事实意味着这个概念可以作为发展战略管理方法的保护伞。

这样的战略管理方法必须至少包括三个层次的分析：它必须帮助经理人理解和解释公司中的利益相关者是谁，他们的利益关系是什么，以及他们对公司的诉求的依据是什么；它必须帮助经理人制定流程，从总体战略到产品开发，在多个组织层面上定期解决利益相关者的关切；它还必须在与这些利益相关者群体进行交易的计划和执行方面提供指导，并帮助监控这些交易的进展，因为它们与组织的目标相关。

利益相关者方法产生了具体的分析工具和管理流程，如"利益相关者地图和利益关系图"、企业战略的制定和价值分析、战略方案的制订和执行以及监控系统。

利益相关者方法对管理公司事务有许多影响。即使制定了严格的"股东型"企业战略，经理人仍可以使用利益相关者的概念来解释和管理与董事会的关系。通过将"内部利益相关者"作为通往外部群体的渠道的概念，经理人可以以一种不分等级的方式理解自己的职能型工作。最后，作为"为利益相关者服务"的组织的领导者，高管人员的角色是公司的代言人、政治和社会事务的参与者以及公司人力资源的管理者。

我的重点在于开始构建一种管理方法，以系统和常规的方式考虑外部环境。我并没有将重点集中于验证我在前九章中提出的许多主张，而是通过解释利益相关者概念的逻辑，为未来的研究奠定基础。为了将利益相关者方法转变为成熟的"管理理论"，未来至少有四个领域的研究需要开展。让我对每一个领域都做一个简单的评论。

1. **利益相关者理论。**在将利益相关者概念与我们研究依赖的学科（主要是组织理论学科）中的其他概念联系起来方面，需要做更多的工作，更重要的是将它与经济学和政治学联系起来。我提出的"利益相关者困境"博弈只是应用正式决策理论深入了解组织行为的冰山一角。在将产业经济学应用于战略管理时，波特将非产业利益相关者包括在内，这对未来研究并不具有决定性，而是具有启发性。我在定义组织的利益相关者管理能力及其一系列通用战略时使用的概念图，将产生一些额外的假设，这些假设我还没有加以表述。最后，在将利益相关者概念与其他密切相关的概念联系起来方面，还需要做更多的工作。第二章仅涉及相关文献。

2. **实证效度。**我在第二章中总结道，越来越多的研究在使用利益相关者的概念来衡量组织对社会问题的响应性，但仍然需要做更多大量的研究。尤其是"利益相关者计分"和"制定企业战略"这两个问题需要经受实验验证，而且数据可能很容易得到。目前有许多相关的实证研究可以在利益相关者框架内重新解释，这样的修正主义任务需要着手进行。本研究中产生的许多假设需要进行细化和操作，以便进行测试。此外，我在制定利益相关者方法时非常依赖的临床分析方法不适合进一步测试，必须通过仔细研究事件的事实来加强概念和逻辑上的严谨性。需要进行超越特定临床干预的组织实验（Evan，1971）。

3. **价值观的作用**。令人惊讶的是，在像战略管理这样的"规范"学科（尤其是它起源于"商业政策"的学科）中，很少有人关注价值观在战略流程中的作用。主流观点认为，价值观是与人相关的，因此不是战略理论家和实践者的范畴。我相信，正如我在第四章中所指出的那样，这种观点是错误的。关于价值观，还有很多东西可以讨论，它们既不是"纯粹的观点"，也不是对"某人的价值观恰好是什么"的枯燥的实证研究，更不是对"所持观点"的研究。通过关注价值观概念的逻辑，理论家可以为经理人提供更好的描述和更有效的对策。最后，"利益相关者问题"必须在"分配公正"的领域得到解决。任务很艰巨，但问题是不可避免的。

4. **经理人作为利益相关者的受托人**。也许未来研究最重要的领域是，是否可以构建一种管理理论，利用利益相关者的概念来丰富"管理资本主义"，即经理人与股东或公司所有者之间存在信托关系的概念，能否为经理人必须为组织内部利益相关者行事的管理概念所取代。这样的理论将很难形成。必须进行的研究范围很广，从对市场经济的影响和某种意义上合理的"集体选择"规则的存在，到这一理论对公司经理人、员工和利益相关者个人行为的影响。然而，正是通过对这些选择方案进行讨论，我们才开始了解组织及其对社会和我们自己的影响。

至少可以说，20世纪80年代及以后的企业环境是复杂的。如果企业想要成功地应对这种环境带来的挑战，它必须开始采用综合战略管理流程，将管理层的注意力集中在外部环境上。组织研究人员可以加快这一流程，建立逻辑严谨且与经理人实际相关的理论和模型。我试图说明战略管理的利益相关者方法如何有助于开始这一流程。其利益是巨大的。

注　释

1. Galbraith（1973），Galbraith 和 Nathanson（1978）以及 Galbraith 和 Joyce（1983）探讨了这些和其他相关概念。

2. 当然，这里扮演的角色必须与公司的企业战略保持一致，因为高管人员知道他们的企业战略是什么。

3. 我相信，在最近几本关于越南的书中，可以找到一个有趣但被忽视的洞察领导行为的来源，这些书以历史小说的形式写成，是曾在越南服役的人士的口述历史。例如，参见 Caputo（1977），Santoli（1981）以及 Baker（1981）。总体而言，可以说，文科、文学、哲学、历史等学科提供了对领导力概念的大量见解。编纂和衡量这些见解的"科学"尝试并不总是令人信服的。

4. 在 Pascale 和 Athos（1981）的框架中，"利益相关者"可以看作第 8 个"S"。然而，从概念上来说，从战略及其为其他管理变量提供的环境或背景方面来理解环境可能更有用。

5. 我对"战略管理"的使用相当广泛，包括对经理人和组织价值观的分析，以及对影响公司的社会问题的分析。此处的"企业战略"与在战略文献中通常提到的企业战略有所不同，因此需要做更多的澄清和研究。

最新版

"日本经营之圣" 稻盛和夫经营学系列

任正非、张瑞敏、孙正义、俞敏洪、陈春花、杨国安 联袂推荐

序号	书号	书名	作者
1	9787111635574	干法	【日】稻盛和夫
2	9787111590095	干法（口袋版）	【日】稻盛和夫
3	9787111599531	干法（图解版）	【日】稻盛和夫
4	9787111498247	干法（精装）	【日】稻盛和夫
5	9787111470250	领导者的资质	【日】稻盛和夫
6	9787111634386	领导者的资质（口袋版）	【日】稻盛和夫
7	9787111502197	阿米巴经营（实战篇）	【日】森田直行
8	9787111489146	调动员工积极性的七个关键	【日】稻盛和夫
9	9787111546382	敬天爱人：从零开始的挑战	【日】稻盛和夫
10	9787111542964	匠人匠心：愚直的坚持	【日】稻盛和夫 山中伸弥
11	9787111572121	稻盛和夫谈经营：创造高收益与商业拓展	【日】稻盛和夫
12	9787111572138	稻盛和夫谈经营：人才培养与企业传承	【日】稻盛和夫
13	9787111590934	稻盛和夫经营学	【日】稻盛和夫
14	9787111631576	稻盛和夫经营学（口袋版）	【日】稻盛和夫
15	9787111596363	稻盛和夫哲学精要	【日】稻盛和夫
16	9787111593034	稻盛哲学为什么激励人：擅用脑科学，带出好团队	【日】岩崎一郎
17	9787111510215	拯救人类的哲学	【日】稻盛和夫 梅原猛
18	9787111642619	六项精进实践	【日】村田忠嗣
19	9787111616856	经营十二条实践	【日】村田忠嗣
20	9787111679622	会计七原则实践	【日】村田忠嗣
21	9787111666547	信任员工：用爱经营，构筑信赖的伙伴关系	【日】宫田博文
22	9787111639992	与万物共生：低碳社会的发展观	【日】稻盛和夫
23	9787111660767	与自然和谐：低碳社会的环境观	【日】稻盛和夫
24	9787111705710	稻盛和夫如是说	【日】稻盛和夫
25	9787111718208	哲学之刀：稻盛和夫笔下的"新日本 新经营"	【日】稻盛和夫